河南省高校哲学社会科学优秀著作资助出版

GAOXIAO CAIWU NEIBU KONGZHI YANJIU

高校财务内部控制研究

曲岩　孙金玟　任莹　著

河南大学出版社
HENAN UNIVERSITY PRESS

·郑州·

图书在版编目（CIP）数据

高校财务内部控制研究 / 曲岩，孙金玫，任莹著 .
郑州：河南大学出版社，2025.3. -- ISBN 978-7-5649-6267-8

Ⅰ. G647.5

中国国家版本馆 CIP 数据核字第 2025TJ1733 号

责任编辑　陈　炜
责任校对　陈晓林
封面设计　马　龙

出版发行　河南大学出版社
　　　　　地址：郑州市郑东新区商务外环中华大厦 2401 号
　　　　　　　　0371-86059752（大众文化出版中心）
　　　　　电话：0371-86059701（营销部）
　　　　　网址：hupress.henu.edu.cn　　　邮　编：450046
排　　版　河南大学出版社设计排版中心
印　　刷　郑州尚品数码快印有限公司
版　　次　2025 年 3 月第 1 版　　　　印　次　2025 年 3 月第 1 次印刷
开　　本　710 mm×1010 mm　1/16　　印　张　22
字　　数　350 千字　　　　　　　　　定　价　68.00 元

（本书如有印装质量问题，请与河南大学出版社营销部联系调换。）

前　言

在新时代高等教育高质量发展的背景下，高校作为国家科技创新、人才培养和社会服务的重要阵地，其财务管理水平直接关系到教育资源的配置效率、科研活动的持续发展以及社会公信力的维护提升。随着高校办学规模的扩大和资金来源的多元化，财务活动日益复杂，涉及财政拨款、科研经费管理、社会捐赠、校企合作等多种资金类型。在此过程中，如何通过科学有效的内部控制体系防范财务风险、提升资金使用效益、保障国有资产安全，已成为高校治理现代化的重要课题。

近年来，国家层面出台了一系列政策文件，对事业单位内部控制建设提出明确要求。财政部《行政事业单位内部控制规范（试行）》和财政部、教育部《关于进一步加强高等学校内部控制建设的指导意见》等文件，均强调高校需以内部控制为抓手，完善财务管理机制。特别是在深化"放管服"改革、扩大高校办学自主权的背景下，高校财务管理的权责边界不断扩展，内部控制的重要性愈发凸显。然而，实践中部分高校仍存在内控意识薄弱、制度执行流于形式、风险防范机制不健全等问题，导致资金挪用、资产流失、预算超支等现象时有发生。这些问题不仅影响高校自身的可持续发展，还可能损害教育事业的公共利益属性。因此，构建系统化、标准化、信息化的财务内部控制体系，不仅是政策要求，更是高校实现内涵式发展的内在需求。

全书以《行政事业单位内部控制规范（试行）》为框架，结合高校财务管理特点，从内部控制环境、风险评估、控制活动、信息与沟通、内部监督等五大要素出发,系统梳理高校财务活动的关键环节与风险点。同时,本书不仅探讨了如何建立健全财务控制机制,还特别关注了现代信息技术在财务管理中的应用,强调信息化手段对提升财务内部控制水平的巨大作用。我们相信,随着各项改革措施的逐步落实,高校财务内部控制管理体系将更加规范、高效和透明。

本书共有二十章。其中曲岩撰写了第一章至第十一章,21万多字;孙金玫撰写了第十二章至十五章,5万多字;任莹撰写了第十六章至第二十章,5万多字。

本书的编写立足理论与实践相结合的原则,旨在为高校财务管理者、内审人员及相关研究者提供理论支持和实践指导,推动高校财务管理的不断进步,为实现高校财务管理目标、促进高等教育健康发展贡献力量。

目　录

第一章　相关理论基础 ……………………………………………… 1

　　第一节　内部控制的含义和发展 ………………………………… 2

　　第二节　高校财务内部控制的概念与原则 ……………………… 4

　　第三节　高校财务内部控制的目标与要素 ……………………… 8

　　第四节　高校的风险管理框架 …………………………………… 12

第二章　高校财务内部控制的运行环境 …………………………… 19

　　第一节　高校财务内部控制环境概述 …………………………… 20

　　第二节　高校发展规划与内部治理架构 ………………………… 26

　　第三节　高校财务运行机制 ……………………………………… 32

　　第四节　高校财务岗位设置和队伍建设 ………………………… 38

　　第五节　高校财务信息化建设 …………………………………… 43

第三章　高校财务内部控制存在的问题及对策 …………………… 47

　　第一节　加强高校财务内部控制的必要性 ……………………… 48

　　第二节　高校财务内部控制存在的问题 ………………………… 51

　　第三节　采取措施完善高校财务内部控制 ……………………… 65

第四章　预算业务控制 ·················· 83

　　第一节　预算业务控制的基本概述 ·················· 84
　　第二节　高校预算业务控制目标 ·················· 86
　　第三节　预算业务控制的风险描述 ·················· 88
　　第四节　预算业务控制的具体措施 ·················· 93

第五章　收入业务控制 ·················· 103

　　第一节　收入业务控制的基本概述 ·················· 104
　　第二节　收入业务控制的目标 ·················· 106
　　第三节　收入业务控制的风险描述 ·················· 107
　　第四节　收入业务控制的具体措施 ·················· 112

第六章　支出业务控制 ·················· 123

　　第一节　支出业务控制的基本概述 ·················· 124
　　第二节　支出业务控制的目标 ·················· 126
　　第三节　支出业务控制的风险描述 ·················· 128
　　第四节　支出业务控制的具体措施 ·················· 129

第七章　资产业务控制 ·················· 135

　　第一节　资产业务控制的基本概述 ·················· 136
　　第二节　资产业务控制的目标 ·················· 138
　　第三节　资产业务控制的风险描述 ·················· 140
　　第四节　资产业务控制的具体措施 ·················· 143

第八章 债务业务控制 ······ 151
第一节 债务业务控制的基本概述 ······ 152
第二节 债务业务控制的目标 ······ 155
第三节 债务业务控制的风险描述 ······ 158
第四节 债务风险控制的具体措施 ······ 160

第九章 基本建设经费业务控制 ······ 167
第一节 基本建设经费业务控制的基本概述 ······ 168
第二节 基本建设经费业务控制的目标 ······ 169
第三节 基本建设经费业务控制的风险描述 ······ 172
第四节 基本建设经费业务控制的具体措施 ······ 176

第十章 科研经费业务控制 ······ 187
第一节 科研经费业务控制的基本概述 ······ 188
第二节 科研经费业务控制的目标 ······ 193
第三节 科研经费业务控制的风险描述 ······ 194
第四节 科研经费业务控制的具体措施 ······ 200

第十一章 财政专项资金业务控制 ······ 205
第一节 财政专项资金业务控制的基本概述 ······ 206
第二节 财政专项资金业务控制的目标 ······ 208
第三节 财政专项资金业务控制的风险描述 ······ 211
第四节 财政专项资金业务控制的具体措施 ······ 213

第十二章　教育基金会业务控制 …… 217

第一节　教育基金会业务控制的基本概述 …… 218

第二节　教育基金会业务控制的目标 …… 222

第三节　教育基金会业务控制的风险描述 …… 224

第四节　教育基金会业务控制的具体措施 …… 227

第十三章　财务信息系统业务控制 …… 235

第一节　财务信息系统业务控制的基本概述 …… 236

第二节　财务信息系统业务控制的目标 …… 238

第三节　财务信息系统业务控制的风险描述 …… 240

第四节　财务信息系统业务控制的具体措施 …… 243

第十四章　高校会计核算实务 …… 249

第一节　高校会计核算中存在的问题及解决建议 …… 250

第二节　建立健全高校财务内部稽核制度 …… 258

第十五章　高校财务报账对账工作实务 …… 265

第一节　现行高校财务报账存在的问题与解决措施 …… 266

第二节　高校财务对账工作两大主体的实操指导 …… 272

第十六章　高校财务窗口高效服务实务 …… 275

第一节　高校窗口报账模式现状分析 …… 276

第二节　高校财务窗口高效服务模式的构建 …… 278

第十七章 构建高校财务激励机制实务 ………………………… 285

第一节 高校财务人员激励机制现状分析 ………………… 286
第二节 建立健全高校财务人员激励机制 ………………… 290

第十八章 高校财务绩效评价实务 ……………………………… 295

第一节 高校财务绩效评价指标体系现状分析 …………… 296
第二节 建立健全高校财务绩效评价体系 ………………… 298
第三节 基于绩效评价的高校财务分析指标设计 ………… 304

第十九章 高校财务电子档案管理实务 ………………………… 311

第一节 高校财务电子档案管理现状分析 ………………… 312
第二节 高校财务电子档案管理的改善措施 ……………… 315

第二十章 高校财务内部控制的评价与监督 …………………… 319

第一节 高校财务活动内部控制评价 ……………………… 320
第二节 高校财务活动内部控制监督 ……………………… 332

参考文献 ………………………………………………………… 335

第一章

相关理论基础

第一节　内部控制的含义和发展

一、内部控制的含义

内部控制是企业治理层和管理层在依法依规前提下为提升管理效率和经济效益、确保财务报告真实性而采用的有效手段和程序。在构建内部控制框架时，企业需坚持全面性、重要性、适应性、制衡性和成本效益原则，将控制措施贯穿于企业所有经济活动的决策、执行和监督环节。这种全面性的控制体系不仅有助于防范和减少风险，还能提升企业的运营效率和透明度，增强内部管理的稳健性和可持续性。通过有效的内部控制，企业能够更好地应对外部环境的变化和市场竞争的挑战，从而实现长期的经济发展和价值创造。

二、内部控制的发展

最初，内部控制理念是出现于内部牵制时期，通过岗位分离实施内部牵制和相互约束，旨在防止舞弊行为的发生。随着时间推移，内部牵制逐渐演变为更为完善的内部控制制度，不仅涵盖内部管理概念，还强调提升企业的经营效率和实现长期战略发展的目标。这一演进过程中，内部控制不仅仅是对财务信息的保障，还承担着促进公司治理和经营管理的重要角色，通过合理的组织结构和管理制度，确保企业运营的稳定性和可持续性。内部控制的发展使企业能够更有效地应对市场挑战和外部环境变化，提高内部运营效率，并有效实施战略目标，以实现长期价值的创造和持续发展。

20世纪中叶，随着内部控制理论的进一步深化，有西方学者提出内部会计控制与内部管理控制是相互关联、难以分割的看法，并认为企业内部控制是使用各种合理的政策和适当的程序来实现企业经营目标的，称之为内部控制结构，同时将控制企业经营管理环境、控制会计系统、控制程序纳为内部控制结构的三要素。20世纪70年代，全球范围内频繁爆发企业财务报告造假事件，这一现象引起了广泛关注。为遏制这一趋势，美国成立了反虚假财务报告委员会，其中的COSO委员会（发起组织委员会）专门负责研究内部控制问题。1992年，COSO委员会发布了一个包含五大要素的内部控制框架，这些要素包括控制环境和风险评估等。该框架的发布在实务界引起了极大反响，并为企业提供了一个系统的内部控制管理指南。随着时间的推移，COSO委员会对原内部控制框架进行了深入研究和反馈调查。2004年，COSO委员会将风险管理概念正式融入内部控制框架，将原有的风险评估要素细分为目标设定、事项识别、风险评估和风险应对四个要素，并与其他原有的四个内部控制要素整合，形成了包含八要素的企业风险管理整合框架。这一框架的发布标志着企业风险管理理论的进一步完善和实践应用的深化。在此基础上，COSO委员会不断对框架进行修改和优化。2017年9月，经过多次修订和完善，新的企业风险管理整合框架正式发布。新框架对企业风险管理的定义进行了简化，并明确了风险管理与内部控制管理之间的关联。此外，原五大要素的23项基本原则被删减至20项，以使框架更为精简和实用。

我国在内部控制研究方面起步较晚，由于亚洲金融危机、亚洲"四小龙"的衰落，以及琼民源的造假等一系列事件的影响，中国资本市场经历了巨大的动荡。为了解中小企业在防范内外风险方面的问题，我们借鉴了国外先进的企业内部控制理论与经验，在我国逐步建立起了富有中国特色的内部控制理论与体系，如1996年中国注册会计师协会发布了《独立审计具体准则第9号——内部控制与审计风险》，1999年第二次修订了《中华人民共和国会计法》（以下简称《会计法》），在第二十七条写道：各单位应当建立、健全本单位内部会计监督制度。这是中国第一次以立法方式对内部控制作出严格要求。从2001年开始，财政部颁布了《内部会计控制规范》等一系列规定；2008年，财政部会同证监会、审计署、银监会、保监会联合制定了《企业内部控制基本规范》，并相继发布了具体实施指南以及相应的配套指引，逐步形成了一套比较完善的中小企业内部控制标准与规范体系。

同企业相比，我国行政事业单位内部控制起步迟滞，2012年由财政部颁发的《行政事业单位内部控制规范（试行）》（以下根据行文需要，可简称为《单位内控规范》），无疑是行政事业单位内部控制发展的里程碑式的重大事件。2015年，财政部发布了《财政部关于全面推进行政事业单位内部控制建设的指导意见》。2016年，教育部印发了《教育部直属高校经济活动内部控制指南（试行）》（以下根据行文需要，可简称为《高校内控指南》），这对于指导高校进行内部控制建设工作有着很大的指导作用。高校内部控制一直在探索中不断发展和完善。2018年，河南省教育厅、河南省财政厅颁布了《关于加强省属高校资金管理的若干意见》《关于省属高校落实财务管理领导责任严肃财经纪律的若干意见》等，明确对高校财务管理内部控制提出了具体的要求。

第二节 高校财务内部控制的概念与原则

一、高校财务内部控制的概念

《行政事业单位内部控制规范（试行）》中明确规定，行政事业单位的内部控制是指行政事业单位为实现控制目标，通过制定行政事业单位的制度、实施行政事业单位的措施和执行相关程序，对行政事业单位的经济活动的风险进行防范和管控。这一定义涵盖了静态和动态两个方面。从静态来看，内部控制作为一个内部管理系统，包含了控制环境、风险评估、控制活动、信息与沟通以及监督等关键要素。这些要素共同构成了单位防范和管控经济活动风险的基础框架。从动态来看，内部控制的实质在于通过制度的制定、措施的实施和程序的执行，实现控制目标的自我约束和规范的过程。这不仅仅是静态的制度建设，更是一个动态的循环往复、不断优化和完善的管理实践过程。在高等学校财务制度的具体执行细则方面,有若干关键要求,包括严格执行国家财务部的相关规章制度文件,确保预算编制、执行和决算编制工作的及时完成,确保财务信息的真实可靠性,并建立完善的核算和绩效评价体系,充分利用资产以提高资金使用效率。此外,高等学校还应持续加强内部监督和外部监督作用,以预防贪污腐败现象的发生,确保财务管理的透明度和有效性。

高校作为我国的非营利性服务机构,其主要职能集中在教学和科研领域,致力于培养优秀人才,为社会发展贡献力量。与企业不同,高校按照行政事业单位体制进行管理,由教师、行政管理人员和学生构成复杂的组织结构。为确保高校内部有效管理,各部门和人员需依据其职能特点制定相应的管理制度,以促进高校运作的高效性和透明性。财务制度作为高校管理的重要组成部分,需要全体员工深入理解并遵守,以确保财务活动的规范性和透明度。高校的财务工作涉及多个部门的协同配合,有效的财务内部控制体系不仅能够提升经济活动的效率,还能有效防范潜在风险,确保资源的有效配置和利用。因此,建设健全的财务内部控制体系不仅是高校管理的基础保障,也是推动高校经济活动健康发展的关键举措。

因此,本书中所称高校财务内部控制是指高校为了确保资产安全,规范学校经济活动和秩序,及时发现和规避各种风险,保证会计信息质量真实完整,提高资金使用效益,提升管理水平,实现办学目标而制定和采取的一系列财务制度和管理措施。建立和实施高校内部控制,对于高校的健康持续发展,内部治理的优化,高校资产的安全有效使用等具有重大的现实意义。

二、高校财务部门内部控制的原则

根据《单位内控规范》和《高校内控指南》的要求,高校财务部门内部控制应遵循以下四个原则:全面性原则、重要性原则、制衡性原则、适应性原则。

(一) 全面性原则

《单位内控规范》第五条规定，单位建立与实施内部控制，应当遵循全面性原则，即内部控制必须贯穿学校经济活动全过程，包括活动的决策、执行和监督等，并且还应该覆盖各种经济活动，实现对高校经济活动全过程和全体职工的控制。这一规定明确了财务内部控制具有全面系统性。内部控制在高校管理中的重要性不可忽视，必须贯穿管理的各个环节和所有部门，确保每个角落都得到有效监控和管理。特别是完整的会计记录控制制度，作为核心，包括凭证制度、簿记制度、核对制度以及合理的会计政策和程序等，不仅确保财务信息的可靠性和透明度，也有助于提高财务管理效率。在制度设计上，应采用系统论的视角和方法，确保内部会计控制系统具备整体性、全面性、层次性、相关性和动态平衡性，形成一张密切交织的控制网络。

(二) 重要性原则

《单位内控规范》第五条规定，单位建立与实施内部控制，应当遵循重要性原则，即在全面控制的基础上，内部控制应当关注单位重要经济活动和经济活动的重大风险。实施财务内部控制本身就是通过完善的内部控制，降低成本和人为因素，最大程度保护高校财产，提高高校办学效益。如果实行这项制度所花费的成本大于其本身所能带来的效益，意义就不大，生命力就不强，也很难为高校领导接受。因此，在设计、建立和实施财务内部控制时，关键在于实施有选择的控制策略，精心确定控制点，以确保经济效益和有效性的平衡。同时，努力缩小控制支出，通过精简部门和精减人员，优化控制方法和流程，避免冗余和重复操作，以提高工作效率并节约成本。这种策略不仅有助于高校在财务管理上实现精细化和优化，还能够通过流程简化和效率提升，有效支持高校的资源配置和经费管理，从而促进整体运营效果的提升和持续改进。在全面控制基础上，要特别关注学校重要经济活动的重大风险，并采取更加严密的控制措施，确保不出现重大缺陷。

(三) 制衡性原则

《单位内控规范》第五条规定，单位应建立与实施内部控制，应遵循制衡性原则，即内部会计控制应当保证单位内部涉及会计工作的机构、岗位的合理设置及其职责权限的合理划分，坚持不相容职务相互分离，确保不同机构和岗位之间权责分明、相互制约、相互监督。内部控制要求每项经济活动必须经过至少两个不同的职能岗位和环节，彼此独立。从纵向来看，上下级之间至少要有两级关系。确保纵向上至少有两级关系，使得上级能够有效监督下级，同时下级也能通过反馈制约上级。在横向关系中，至少跨越两个互不相隶属的部门或岗位，实现部门之间相互制约。做好内部控制，同时也要求高校内部各部门及人员，必须相互配合，做到既有分工又有协作，各个岗位和环节要密切配合，各项业务流程和办理手续要紧密衔接，防止出现推诿扯皮和断层脱节的现象，降低内部冲突和矛盾，保障经济活动的连续性和有效性。

(四) 适应性原则

《单位内控规范》第五条规定，单位建立与实施内部控制，应当遵循适应性原则，即内部控制应当符合国家有关规定和单位的实际情况，并随着外部环境的变化、单位经济活动的调整和管理要求的提高，不断修订和完善。高校的情况千差万别，不可能存在一个完全固定的、统一的财务内部控制模式，必须根据学校各自实际情况，因地制宜地制定内部控制制度。内部控制应当根据国家法律法规和单位的实际运营情况，并伴随着内、外部环境的变化和经济活动而做出调整，适时地对内部控制系统加以评估和完善，从而满足自身发展需求。

第三节 高校财务内部控制的目标与要素

一、高校财务部门内部控制的目标

2012 年《行政事业单位内部控制规范（试行）》中关于内部控制目标有以下规定：保证单位经济活动的合法合规性，各项资产的安全完整性，财务信息的真实准确性，进而切实提高公共服务效率。本次研究中的高校财务内部控制的目标与《行政事业单位内部控制规范（试行）》一致。

（一）合法性

高校经济活动要保证合法性与合规性。高校在开展各项经济活动时，必须严格遵守国家法律以及事业单位的相关规定。保障高校经济活动合法性是高校开展教学和科研工作的基础。高校的财务工作应严格按照国家法律法规规定的制度开展，在法律制度以及校内管理制度允许的情况下进行，杜绝高校违规违法行为的发生，这是高校实施财务内部控制基础的目标，也是高校开展财务内部控制活动的前提保障。

（二）安全性

保证资产的安全性和完整性。高校建立健全的财务内部控制制度可以有效避免国有资产的流失问题以及非正常损耗等问题。当前，我国高校采用行政事业单位的管理体制，其资产归属于国有财产。然而，由于高校内部存在产权划分不清和组织结构不合理等问题，从而引发了社会和国家对高校财务内部控制提出更为严格的要求。为了应对这些挑战，高校需要引入新颖的管理思想和先进的技术手段，以健全和完善财务内控体系，最终实现内部控制的目标。

（三）可靠性

保证财务信息的真实性和准确性。为使高校适应自身发展并制定更明确的发展规划，财务信息必须客观真实，这样才能使高校的各项目标更加精确，更加贴合实际，保障高校的科研、教学和管理活动顺利开展。财务信息在高校管理中具有重要作用，它客观准确地反映了财务工作的实际情况，为管理层和监管部门提供了关键的了解和监督基础。因此，高校的财务内部控制必须确保信息的真实性和可靠性。这不仅有助于管理层及时决策和进行有效资源配置，还能够满足监管部门对高校财务管理的要求，促进高校治理的透明度和规范性。

（四）效率性

提高高校科研、教学和管理的效率和质量。在当前的管理和服务环境下，高校可以通过结合自身实际情况完善财务内部控制制度，以确保日常工作的经费稳定性和可靠性，进而提升教学水平和科研能力。这一举措不仅有助于提高高校公共服务的效率和质量，还是实现长期可持续发展的重要步骤。

（五）可持续发展

当前，教育事业需要实现科学、和谐、有序可持续发展，是国家和全社会的必然需求。高校财务内部控制的实施旨在通过部门间权责划分，建立相互牵制和制衡的机制，从而有效监督各部门和岗位，预防和减少贪污腐败行为的发生。通过确保财务信息的真实性和透明度，高校能够增强治理的透明性和规范性，为管理层提供决策支持，并满足监管部门对财务管理的要求。

二、高校财务部门内部控制要素

高校财务部门应当根据内部控制五要素要求，结合高校自身实际，基于当期的内部控制环境，对单位层面和业务流程层面的风险作出评估，并针对风险评估结果认定的风险点制定相应的控制措施，并实施控制活动；与此同时建立相应的信息沟通机制，及时对相关的内外部信息进行收集、加工和整理，及时反馈到内部控制相关的各方，并同步进行日常监管和专项监督，以增强控制措施落实的有效性。

（一）财务控制环境

财务控制环境包括财务部门的人员素质、制度环境和文化环境等多方面因素。建立完善的财务内部控制环境是确保其他控制要素有效实施的基础和前提条件。环境不仅影响高校教职工和学生的内部控制意识形成，还体现了高校管理层的治理理念和决策风格。通过组织机构的设置，人事政策、办学理念的明确，权责分配的合理性以及文化建设的积极推动，高校可以创建一个良好的控制环境。这种环境不仅有助于内部控制工作的顺利进行，还能提升高校管理的效率和透明度，增强高校的治理能力和整体运作的合规性。

（二）财务风险控制

高校的经济活动存在着与既定目标偏离的风险，这可能带来财务风险的潜在威胁。因此，确立合理的财务目标至关重要，它不仅是降低财务风险的首要步骤，也构成了有效风险管理工作的核心和基础。管理者应以实际情况为依据，制定科学可行的风险管理策略，以引导和推动高校在面对复杂和多样经济活动时的风险防范和应对措施。高校所面临的财务风险源自其经济活动的复杂性和多样性，而缺乏相应的风险管理方法则可能成为其最大的短板。因此，对财务风险的来源进行深入认知，对风险进行评估显得尤为重要。通过全面评估风险，高校能够有效地应对各种潜在的财务风险，确保高校财务的安全稳健，为其可持续发展提供有力支撑。具体的控制程序主要包括三个方面：一是风险识别，二是风险评估，三是风险应对。

（三）财务控制活动

高校财务工作中的控制活动至关重要，其中包括风险评估和风险防范，对于指导高校的经济活动具有重要意义。这些控制活动涵盖了固定资产、预决算、科研经费、采购和基建工程等方面，直接关系到高校财务工作的有效性和可持续发展。通过对风险的评估和防范，高校能够有效地管理财务工作中的各种风险，从而确保财务工作的顺利开展。控制活动不仅是高校财务工作的基础内容,也是保障高校财务工作的重要环节,为高校的经济活动提供了有效的指导和支持。

(四)财务信息与沟通

作为财务部门,对于财务信息的交流与沟通问题,需要做到及时、准确和有效。财务部门需要将相关信息及时准确收集,确保信息可以在单位内外有效传递,以此保证财务内控决策的有效合理。信息与沟通在高校财务工作中扮演着至关重要的角色,直接影响到工作的有效性和高效性。高质量的信息系统是保障财务工作沟通质量的关键,其质量不仅关系到信息的及时性和准确性,还影响到财务内部控制的实施效果。因此,建立健全完善的信息系统和通信网络是非常必要的。这不仅可以确保财务信息在高校各个部门和岗位之间快速、准确地传递,还能提升工作的协调性和效率,确保各项任务的及时完成和准确执行。信息与沟通的优化不仅能够增强高校内部各部门之间的协调和合作,也能够为高校的整体运行提供更加稳定可靠的支持,从而促进高校财务工作的顺利进行和持续发展。

(五)财务监督

内部监督在高校财务管理中具有至关重要的作用。它是对高校财务内部控制制度执行情况进行定期和不定期检查的重要手段,通过这种检查方式,可以及时发现财务内部控制过程存在的问题,并向相关部门及时反馈情况。除了定期检查外,内部监督还通过日常监督,不断地审视财务内部控制过程中的细节,以便更加全面地把握高校财务管理的状况。在发现问题的同时,内部监督也会提出针对性的建议和改进方案,以便及时调整和完善财务内部控制制度,确保其执行效果的持续提升。除了对财务内部控制制度的检查和改进,内部监督还需要重点关注高校财务经济活动中涉及的大额资金资产项目。这些项目往往涉及的资金较大,风险较高。因此,内部监督需要加强对这些项目的监督和管理,及时发现问题,并采取有效措施加以解决,以确保高校财务活动的正常开展和稳健运行。纪检部门在内部监督工作中扮演着至关重要的角色,其独立性和专业素质直接影响到内部监督工作的有效性和权威性。只有具备较高的专业素质和独立性的纪检部门，才能够对高校财务管理进行全面、深入的监督，确保高校财务管理的合规性和稳健性。因此，高校需要加强对纪检部门的建设和培训，提高其专业素质和独立性，进一步发挥其在内部监督工作中的重要作用。

随着高校办学规模的扩大和经济业务的日益复杂化，高校内部控制建设的重要性愈发凸显。在这一进程中，财务内部控制作为高校内部控制的关键组成部分，扮演着至关重要的角色，其有效性直接影响着高校的可持续发展和运营稳定性。因此，高校有必要充分重视财务内部控制建设在其发展中的地位和作用。

第四节 高校的风险管理框架

一、风险管理的概念

对于企业或单位而言，风险是指可能影响其日常运营和未来发展的不确定因素。这些因素既有正面作用，推动企业创新和成长，也存在负面影响，可能导致经济损失或声誉受损。因此，风险管理成为至关重要的战略性活动，旨在有效应对和管理这些风险，以确保企业持续运营和发展。风险管理的核心在于识别、评估和应对风险，其过程涉及整个组织的各个方面和层级。

第一，风险管理需要全面的风险识别和评估机制。企业或单位需要系统地梳理可能影响其运营的各类风险，包括市场风险、操作风险、法律风险、技术风险等。通过风险识别和评估，企业可以了解每种风险对其经营活动的潜在影响程度，进而有针对性地制定应对策略和措施。

第二，风险管理要求制定科学有效的风险应对策略。这些策略应该根据风险的性质和影响程度来确定，包括风险的避免、减轻、转移和接受等不同处理方式。例如，对于高概率和高影响的风险，可以采取积极的避免或减轻措施；对于低概率但高影响的风险，可以考虑购买保险或采取风险转移方式；而对于风险较低且影响可控的情况，可以选择接受风险或通过内部控制机制进行管理。

第三，风险管理需要建立有效的监控和反馈机制。一旦风险应对策略实施，企业需要持续监测风险的演变和应对措施的有效性。这需要企业建立起及时的信息收集和反馈系统，确保在风险发生或变化时能够迅速做出调整和应对。监控和反馈不仅限于内部，还应包括与外部利益相关者的有效沟通，以增强风险管理的透明度和信任度。

第四，风险管理需要贯穿于企业或单位的日常运营中。这意味着风险管理不是一次性的活动，而是一种持续的、系统化的管理过程。企业应该将风险管理融入战略规划、业务流程设计、员工培训等方方面面，使其成为企业文化的一部分。只有这样，企业才能在动态和复杂的市场环境中保持灵活应变的能力，有效降低不确定性对其经营活动的影响。

综上所述，风险管理是企业或单位管理的重要组成部分，其目标不仅是应对风险，更是通过有效的风险管理措施，提升企业的稳定性、竞争力和持续发展能力。通过科学的风险识别、合理的风险应对策略、有效的监控和持续的管理，企业可以更加有效地应对和规避风险，为未来的发展创造更加稳固的基础。

二、高校风险管理框架

2004年，COSO委员会基于原有的内部控制五要素，进一步强调了风险管理的重要性，形成了风险管理框架。该框架通常包括目标设定、风险识别、风险分析和风险应对四个要素。目标设定帮助单位明确内部控制的目标和预期效果，为后续活动提供了方向和依据。风险识别是根据单位内外部环境的变化，辨识可能对单位运营造成不利影响的因素。随后的风险分析阶段旨在全面审视单位整体和具体业务流程层面的风险，并进行深入的分析和评估，以确定其影响程度和可能性。最后，通过风险应对措施，单位能根据评估结果采取相应的应对措施，有效处理不同类型的风险。这一内部控制框架为单位提供了一套系统化的风险管理方法，不仅增强了对潜在风险的识别和评估能力，也提高了应对风险的效率和效果，从而有助于保障单位的稳健运营和可持续发展。

（一）目标设定

风险可能会导致高校的经济活动偏离既定目标，因此建立内部控制是为了纠正这种偏差，确保目标的顺利实现。经济活动风险评估的关键在于明确控制目标。对高校而言，内部控制目标至关重要，涵盖合规性、资产利用、财务真实性、反舞弊以及公共服务效率的提升。这些方面不仅影响机构的稳健运作，也直接关系到资源的有效管理和社会责任的履行。尽管如此，由于各项经济活动具有各自特点，因此它们的控制目标也会有所不同。这一点需要我们根据具体情况进行侧重考虑，以确保高校经济活动的内部控制能够有效实施，最终实现既定目标。例如，支出业务的控制目标重点是支出事项是真实的、支出金额符合开支范围和标准并经过了适当的授权审批。实物资产的控制目标重点是保证实物资产的安全完整和账实相符。所以，风险评估工作小组应当根据各项经济活动的自身特点和相互联系，采用适当程序设定控制目标，以确保所确定的目标与单位的实际情况契合和相辅相成。

（二）风险识别

风险识别是对高校所面临的各种不确定因素进行综合梳理、整合，形成风险点清单的过程。这一步骤需要对高校的经济活动管理现状进行全面摸底，是一个动态连续的过程。在进行风险识别时，高校需要综合考虑内部和外部环境因素，并结合其经济活动特点，设计和选择适当的方法来全面识别面临的风险。在单位层面的风险识别中，重点关注组织、机制、制度、岗位以及信息系统等方面；而在业务层面的风险识别中，则主要集中于梳理业务流程、明确业务环节。通过这样的识别，高校能够更好地了解和评估自身所面临的风险，从而有针对性地制定相应的应对措施，提升风险管理水平，保障经济活动的顺利开展。

（三）风险分析

风险分析是在风险识别的基础上，通过评估可能性和影响程度，成为制定风险应对策略的重要依据。通过系统的风险分析过程，机构能够全面了解不同风险事件的潜在发生概率及其对日常目标实现的影响程度。这种定量和定性方法的结合，有助于识别和优先处理那些对内部控制尤为关键的风险点。高校在进行风险分析时，需结合其独特的运营环境和风险承受能力，制定相应的应对策略，以确保有效应对可能影响到教育质量、资产管理及公共服务效率等方面的各类风险。通过这一过程，单位能够更好地了解风险的性质和影响，有针对性地采取相应的措施来应对风险，从而提高风险管理的效果。

（四）风险应对

风险应对是基于风险分析，通过提出解决方案并选择最优方案实施的关键过程。在面对各类风险时，可以采取风险规避、风险降低、风险分担、风险承受等策略，以有效管理和应对风险带来的潜在影响。确定应对策略后，还需要有针对性地选择控制方法。

1. 风险规避

风险规避是高校在面对超出可承受范围的潜在风险时采取的一项关键策略。其基本目标在于通过审慎的风险评估和全面的风险分析，识别并避免那些可能对高校带来重大不利影响的风险。这种策略的实施通常涉及对潜在风险相关的业务活动进行全面审查，并在必要时放弃或暂停这些活动，以最大程度地降低风险对高校的潜在损失。举例而言，一个高校正在考虑在校园内投资一项新的项目，然而，经过对外部环境和内部资源的深入评估后，高校发现该项目存在诸多潜在风险，包括市场不确定性、投资管理能力不足等。鉴于这些潜在风险可能会给高校带来不可承受的损失，高校可能会选择放弃这一投资计划，以避免未来的潜在损失。

2. 风险降低

风险降低是高校在综合考虑成本效益后的重要策略，通过采取适当的控制措施来减少风险或减轻损失,并确保将风险控制在可承受的范围内。这包括实施预防性措施以控制可能导致风险的因素,同时设置应急机制以有效应对风险事件的发生,降低风险损害程度。例如,建设项目的工程变更随意无序、缺乏监管,则容易发生超概算的情形,甚至发生利用虚假事项套取建设项目资金,导致公共资金流失的风险。针对这一问题,首先要加强设计控制和投资控制,确保施工设计合理,施工预算在概算范围之内,尽量防止随意变更的情形,降低超概算的风险。工程确需变更时,要求建设项目管理人员严格审核或聘请外部专家对变更事项进行审核,重大变更导致超概算的情况应当按照国家有关规定报经批准,会计人员还应当加强工程变更所涉及价款的支付审核,确保手续完备、凭证真实。

3. 风险分担

风险分担,又称风险转移,是高校在面对潜在风险时采取的重要策略之一。这一策略涉及高校与外部资源的合作,通过外包业务、购买保险等方式,来分担可能超出其可承受范围的风险。以贵重资产为例,高校可以选择购买保险,以降低因保管不当或不可抗力造成的资产损失风险。同样地,对于专业性强的建设项目,高校也可以将工程设计、监理等任务外包给专业机构,以利用其专业能力来规避设计不合理或工程监管不到位等潜在风险。风险分担策略的实施有助于高校将风险控制在可接受的范围内,从而确保其资产安全和项目顺利实施。同时,通过与外部资源合作,高校可以充分利用外部专业知识和经验,提升自身的风险管理能力,进一步保障其长期发展的稳定性和可持续性。

4. 风险承受

风险承受作为高校的一项战略选择,在考虑成本效益后显得尤为重要。这种策略意味着高校在面对风险时不采取额外的控制手段,而是选择自行承担可能发生的损失。这样的决策是基于高校对自身实力和资源的充分评估,当高校认为自身具备足够的能力来承担可能产生的损失时,就会选择采取这种策略。这意味着高校愿意接受风险带来的潜在损失,并相信其内部资源和应对能力足以应对可能发生的不利影响。

三、高校风险评估关注事项

根据《单位内控规范》的规定，高校结合自身经济活动的特点和各类业务的具体情况，可以将风险划分为单位层面的风险和业务层面的风险。

单位层面的风险评估是一项复杂而关键的任务，要想有效实施，需全面关注多个关键要素。首先，内部控制的有效性至关重要，包括确保内部控制职能部门或核心部门建立有效的沟通协调和联动机制。这种组织结构不仅有助于风险的及时发现和处理，还能增强单位内部控制体系的整体稳定性和适应能力。其次，审视内部控制机制的建设情况，特别是确保经济活动的决策、执行和监督能有效分离，权责关系得以平等。建立健全的议事决策机制、岗位责任制和内部监督机制，能有效预防和减少风险的发生。此外，管理制度的完善对于风险管理也至关重要，确保其健全性和有效性，是保证各项工作顺利开展的基础保障。关键岗位工作人员的管理情况更是不可忽视，需要建立科学的培训、评价和轮岗机制，以保证他们具备应有的专业资格和工作能力。最后，财务信息的编报准确性和规范性直接影响到风险评估的全面性和准确性。确保按照国家统一的会计制度进行账务处理，并依据相应规范编制财务会计报告，是保障单位财务信息可靠性和透明度的关键步骤。通过对这些关键要素的全面审视和有效管理，单位能够更精准地评估面临的各类风险，从而及时采取有效的措施进行管理和控制，确保单位的稳健运行和可持续发展。

在进行业务层面的风险评估时，应重点关注预算管理、收支管理、资产管理、债务管理、建设项目管理、科研项目管理以及财务信息系统管理等几个方面，以确保各项工作流程的规范性、透明性和高效性，从而有效控制风险并保障业务顺利进行。首先，预算管理方面，需要关注各部门沟通协调是否充分，预算是否与资产配置、战略目标及工作任务紧密结合，并严格执行预算，确保决算的真实性和及时性。其次，收支管理要确保收入按规定入账，支出凭证的真实性和合法性得到严格审核，同时确保印章和票据的使用符合规范。资产管理上，应确保资产归口管理、使用责任明确，并定期盘点和处置资产，避免不当流失。债务管理则要求确保债务结构规范，避免负债过度或资金短缺带来的财务危机。建设项目管理方面，应关注是否存在超概算投资，并确保项目资金的透明使用与管理规范，防范资金挪用风险。科研项目管理需要特别关注科研资金的合规使用与成果管理，避免资源浪费和成果流失。最后，财务信息系统的管理要确保系统的安全性与稳定性，防范信息泄露、数据窜改等风险，确保财务数据的真实性、准确性和保密性。通过对以上各方面的综合评估，可以有效识别潜在风险，并采取措施规避或减少风险，保障单位业务活动的合规性和顺利进行。

第二章

高校财务内部控制的运行环境

第一节　高校财务内部控制环境概述

高校财务内部控制的基础是内部控制环境，它支撑着所有控制方法及系统的存在和运行。控制环境的设计和操作对于高校财务管理的总体目标以及其他内部控制要素都具有重大影响。自 2012 年 11 月财政部印发《行政事业单位内部控制规范（试行）》以来，高校内部控制的建设逐步完善，控制环境的重要性日益凸显。2016 年 4 月教育部印发《教育部直属高校经济活动内部控制指南（试行）》，将控制环境作为首要内容进行了明确规定。相对完善的内部控制环境，对于形成有效的内部控制体系，有着强劲的助力作用。因此，对高校财务内部控制环境及其构成要素的深入探讨具有重要意义。

一、高校财务内部控制环境的含义及分类

（一）高校财务内部控制环境的含义

COSO 对内部控制环境的描述包括以下几个方面：组织核心人员及其个人特质和工作环境，涵盖个人诚信和道德观念，以及履行组织义务的能力；董事会和稽核委员会的作用；管理层的经营理念和运营风格；组织的结构、职责分工以及人力资源政策与程序。

《教育部直属高校经济活动内部控制指南（试行）》对控制环境的定义为：指高校内部控制存在和发展的空间，是实施内部控制的基础，直接影响、制约着内部控制的建立和执行，主要包括发展规划、内部控制组织结构、运行机制、关键岗位与人员、会计及信息系统等方面。

无论是 COSO 的定义，还是我国高教行业的认识，内部控制环境都充分体现了工作环境、员工队伍及其内在的思想理念、价值取向。内部控制最终是否能有效执行在很大程度上取决于控制环境的好坏，高校财务内部

控制环境，是高校内部控制环境的主要组成部分，两者基本一致。在此就不另行定义。

（二）内部控制环境的基本理论

1. 系统论

系统论认为，系统是由具有特定功能并相互作用的要素按特定结构组合而成的有机整体。它不仅考察系统内部各要素与系统之间的关系，还探讨系统与外部环境的有机联系，即部分与整体、整体与外部之间全面的联系。并且系统与环境之间具有相互作用性。

根据系统论的论述，内部环境作为内部控制的重要构成要素之一，与其他要素相互作用；同时，内部控制与外部环境也存在相互作用。内部环境也是在不断变化的，原因在于外部环境的变化，例如政策、法律的修正完善，会间接推动内部环境的变化，进而推动内部控制的进步。内部控制目标的达成取决于高校是否拥有良好的内部控制环境。

2.COSO《内部控制——整合框架》

COSO在1992年发布的、2013年全面修订的《内部控制——整合框架》始终强调，内部控制环境在内部控制体系中处于最重要的地位，可以理解为基础，对内部控制的方方面面起到制约和促进的作用，实现有效的风险管理和风险控制。

内部控制环境涵盖了组织的总体氛围，影响组织成员的风险意识。它是所有风险管理要素的基础，为这些要素提供了限制和框架。已建立有效内部控制环境的组织，能够在面临内部和外部的压力时，不论长期还是短期，该组织更具有应变能力。内部控制环境还可以被看作是内部控制文化的同义词，其形成过程受到组织自身历史和文化的影响，每个组织的管理高层都应该意识到组织文化受到已经嵌入或建立的控制环境的影响。组织的管理核心层必须在追求实现组织目标的过程中以身作则，形成组织特有的价值观、管理理念和运行风格。

3. 内部控制整体职能论

内部控制整体职能论认为，内部控制的本质就是一项管理职能。其"形于内"的是一项管理职能，而"形于外"的是控制活动。管理的各项职能是一个有机的整体，相互之间"你中有我，我中有你"，相互依赖存在。内部控制环境是内部控制这项管理职能的一个有机组成部分，融入内部控制的方方面面，对内部控制的效率、效果具有直接的影响。

（三）内部控制环境与高校财务内部控制的关系

1. 内部控制环境是内部控制的基础

作为高校内部控制的重要组成部分，内部控制环境是高校财务内部控制其他要素运作的基础，决定了这些要素的有效性和整个控制系统的实施效果以及职能的持续发挥。若内部控制环境存在缺陷，即使其他要素设计得再完善，其效率也必定会受到严重影响。内部控制环境的缺陷，必然影响监督机制的平衡作用，甚至会使内部控制形同虚设，影响控制目标的实现。

2. 内部控制环境与内部控制相互影响

内部控制环境功能作用的有效发挥，反过来依赖于内部控制整体的其他相关要素，依靠健全完善的内部控制的有效运行来推动。控制环境当中的"道德信念""文化价值"等具体因素，脱离了强有力的制度保障和高效率的体制运行，作用也是有限的。从这个角度来说，道德建设和法制建设并举，对优化内部控制环境具有同等重要意义。

二、高校财务内部控制环境的特点及分类

（一）高校的独特性决定其财务内部控制环境的特点

高校作为行政事业单位的重要组成部分，其工作性质、业务范围和活动相对稳定。在经费管理方面，高校实行预算管理，明确了资金的来源和使用目的。相比企业和其他事业单位，高校的风险种类和范围具有特殊性和复杂性。

高校的主要职能是知识传播、人才培养、科学研究、社会服务，提供公共产品或服务受到已经嵌入或建立的控制环境的影响。组织的管理核心层必须在追求实现组织目标的过程中以身作则，形成组织特有的价值观、管理理念和运行风格。

（二）高校财务内部控制环境的分类

1. 内部环境和外部环境

从主体的角度来看，内部控制环境分为内部环境和外部环境。高校财务相关的内部环境指的是单位内部的客观现状，主要包括学校的发展规划、人力资源政策、内部审计制度、校园文化氛围、组织架构以及信息化水平等。外部环境则涵盖影响高校财务内控的因素，如政策法规、经济、社会文化和技术等。政策法规因素决定了内部控制的标准和监督方式，对内部控制的建设和运行起到指导和约束作用；经济因素决定了财政资金的使用范围；社会文化因素影响单位内部人员的价值观和道德观念；技术因素则影响信息处理和沟通方式。这些因素不断影响着高校的内部控制，尤其是政府审计、相关法规、财政资金、信息技术的发展以及社会文化环境的变化对高校内部控制有显著影响。

2. 软环境和硬环境

从构成因素形式的角度来看，内部环境可分为硬环境和软环境。软环境与人、文化和管理理念等非物质因素相关，例如文化、道德观念等。硬环境与组织结构、制度和技术等物质因素相关，例如组织架构、规章制度等。这些因素通常可以通过具体的措施进行管理和控制。

以上是我们从不同角度对高校内部控制环境的认识，本书重点从内部环境的角度研究高校财务内部控制环境问题。

三、外部环境及其对高校财务内部控制的影响

（一）外部环境的主要内容

就高校财务内部控制而言，外部环境主要包括政策法规环境、高等教

育行业环境、技术环境、社会文化环境等因素。

政策法规环境是指影响内部控制的法律法规和监管要求的总和。具体到高校来说，主要指上级财政部门的监督、政府审计及其他相关法律法规。高校的内部控制建设和运行极大程度上受政府治理理念的影响。近年来政府治理中越来越显示出加强监督与问责的主线。随之而来的就是政府审计和上级财政部门对高校的监督力度越来越强，也因此对高校内部控制的建设和运行产生了重要影响。法规主要有《中华人民共和国会计法》《中华人民共和国审计法》《中华人民共和国预算法》以及2014年开始正式实施的《行政事业单位内部控制规范（试行）》，在《行政事业单位内部控制（试行）》中，明确了审计机关和财政部门对各单位内部控制的监督责任，成为高校财务内部控制的一个外在制衡力量，影响单位内部控制的建设和完善。

高等教育行业环境是高校所在行业的环境，对高校的基本构建模式、运行机制、人员队伍等方面具有决定性作用。高校的各级主管部门，通过各项约束性政策或指导性政策，促使高校向特定的方向、层次、规模发展，也就必然影响到高校内部控制的建设，例如《教育部直属高校经济活动内部控制指南（试行）》的颁布实施。

技术环境主要指信息技术及相关硬件设备的进步，对高校信息化建设产生重要影响。这些技术为企业内部控制提供了工具和手段，能够帮助提高内部控制的效率和效果。

社会文化环境是指组织所处的社会和文化背景，对内部控制产生重要影响的非物质因素。具体到高校来说，这些因素包括校内所有职工的道德观念和职业氛围等。直接影响全校教职工和学生的行为和态度，进而影响内部控制的有效性和执行情况。

（二）外部环境对高校财务内部控制的影响

对高校而言，内部控制制度的建立健全很大程度上受制于外部环境。外部环境是随时变化的，为适应环境变化，内部控制需不断调整。外部环境对内部控制的影响有两方面：一方面是通过影响内部环境，例如政策法律对单位职能和组织结构的约束，以及上级部门出台的内控规范对内部控制建设的推动；另一方面是间接通过影响高校的全体教职工和学生来影响内部控制，例如整体氛围、社会文化对个人价值观和道德观念的影响，从而影响内部控制的实施。

四、高校财务内部控制的内部环境的内容和建设

（一）高校财务内部控制的内部环境的内容

根据《教育部直属高校经济活动内部控制指南（试行）》，高校内部控制环境主要包括以下几个方面：

发展规划是指高校结合自身定位，在对现实状况进行综合分析和对未来趋势进行科学预测的基础上，制定并实施的长远发展愿景与发展计划。

组织架构是指高校按照国家有关法律法规、大学章程，结合高校实际，明确内部各层级机构设置、职责权限、人员编制、工作程序和相关要求的制度安排，包括组织机构和岗位设置等。

运行机制是指包括决策机制、执行机制、协同机制、监督机制等在内的保证高校内部控制目标实现的内部运行和制衡机制。

高校内部控制关键岗位主要包括预算业务管理、收支业务管理、政府采购业务管理、资产管理、建设项目管理、合同管理以及内部监督等经济活动的重要岗位。

高校的会计与信息系统，包括会计系统和信息系统，其中会计系统是指高校会计机构、会计人员和会计工作的有机组合，信息系统是指高校利用计算机和通信技术，对经济活动过程中产生的数据进行集成、转化和提升所形成的信息化管理平台。

（二）高校财务内部控制的内部环境的建设

在内控环境建设过程中，领导重视是至关重要的因素。单位负责人应统一领导和指挥内部控制的建立，无论是在单位层面还是业务层面。他们需对内控体系的有效运行承担最终责任。内部控制活动不限于财务部门，它是全员和各部门共同参与的控制活动。倘若没有单位负责人的重视和支持，将无法实现全员参与，也无法形成良好的内控环境。

目前，有的高校负责人对加强内部控制的重要性、紧迫性、复杂性重视不够，认为内部控制是给自己设置障碍，会导致工作效率低下，不愿意在内部控制建设上下功夫。有的学校对内部控制认识停留在内部牵制或财务控制的层面，认为内部控制是财务部门或审计部门的事，或是制定了内控制度，但是缺乏有效的执行和监督，导致内部控制流于形式，缺乏刚性控制，不能发挥应有的作用。

内部控制建设被视为"一把手工程"，领导的重视与支持对于创立和维护良好的控制环境至关重要。这不仅为全面推行内部控制体系奠定了坚实基础，也在其中扮演着关键角色。尤其是在高校，由于内部控制缺乏内在动力，更是要依靠领导者的自觉意识。领导的重视程度直接影响到内部控制实施的成败。同时，内控建设必须全员参与，需要业务部门、内部控制职能部门、内部审计及纪检监察部门，分别发挥不同的作用，形成内控建设的整体合力，营造高效的内部控制环境。

第二节　高校发展规划与内部治理架构

一、高校发展规划

高校发展规划是一项系统性、综合性并具有前瞻性的工作。一方面，高校发展规划是办学理念、宗旨以及未来发展方向的具体体现；另一方面，发展规划对于高校职能的发展具有重要作用和价值，尤其是人才培养、科学研究方面。科学合理、符合校情的规划能够有效推动高校的改革发展。它能够引导学校紧紧围绕重点任务和目标，把握发展机遇，促进学校各项事业的科学快速发展。

高校发展规划是立足历史和现实，放眼未来的一个系统表现，反映出大学的管理理念，就是高校的战略管理目标。高校发展规划实质是一个学校发展进程中的动态变化过程，也是一个决策过程。

高校是一个以"人"为中心的活动场所，其管理活动是一种事实与价值相统一的过程。大学管理理念应当以人为核心，这不仅体现了大学管理的本质，也是高等教育发展的必然趋势，同时符合人类社会管理的一般规律。大学的发展规划制定、实施和评估过程都是围绕培养人才展开的，需要在特定的教育背景下激发所有参与者的教育智慧和教育经验。因此，作为高校管理体系中至关重要的一环，财务管理工作必然和大学发展规划紧密相联。

高校发展规划的着力点体现在学科建设、科研规划等，支撑这些活动的是资源的投放和配置。以财政资金为主的各类资金进入高校，继而流向各个教学、科研领域，在这个过程中，财务部门涉及记录、核算、监督、评价等具体环节，进而向决策层提供数据信息，为发展规划的高效执行、动态调整，起到基本的支撑作用。

不同层次、规模、类型的高校，自身定位、实现路径、落实的办法，必然各有特点，从起点上决定了高校在资源获取、配置、管理以及核算、监督等环节，大同之下存在小异。例如进入"双一流"建设序列的高校，资金预算过百亿属于常态，地方院校资金预算规模远不能相比，但这并不是说其财务管理和相应的内部控制有本质区别，只是随办学规模、层次不同，具体工作有差异而已。正是存在差异，各高校的发展规划对自身财务内部控制环境提出了不同的要求和任务。

目前，国内高校普遍独立设置了发展规划部门，例如发展规划处或者办公室，具体负责学科建设等战略性任务。从具体职能来观察，发展规划部门实际上承担了资源配置的操盘手任务。在规划学科建设、科研战略的同时，也同步提出了相应的资源配置需求，而财务管理部门随后承担了具体的资金管理工作，包括分配、核算、监督、风险控制和绩效管理等具体工作。

二、组织架构和内部控制环境建设

（一）组织架构是权责分配的直观反映

《教育部直属高校经济活动内部控制指南（试行）》指出，高校在设定组织结构时，应根据科学、精简、高效、透明、制衡的原则，综合考虑发展战略、管理需求和学校文化等多方面因素，以合理设置各个机构的结构，明确其职责权限、人员任职条件、议事规则和工作程序，以避免职能重叠、缺失或权责集中过度的问题。高校应将内部控制与组织机构设置有机联系起来，确保组织机构设置科学、机制运行顺畅、控制监督有力。

在决策、执行和监督活动中，权责分配应当稳定地贯穿于内部控制的全过程。任何一个环节的具体的业务，都要进行适当、全面、对等、明确的权责分配。如果权责分配"过度"或"不足"甚至存在盲点，都会造成权力和责任不对等，从而在内部控制环节留下漏洞，形成风险点。

高校财务管理不同于企业，重点考虑的问题是资源配置，通俗地讲，就是"花钱"的事情。因此，高校财务管理的组织架构有两个层次的表现。首先，是财务管理部门在学校宏观层面的制度安排，其定位、功能体现的是学校层面的权责分配；其次，是财务管理部门内部的科室设置，各科室的定位、功能体现的是财务管理部门内部的权责分配。

组织架构直观地反映出高校权责分配的状态，这正是财务内部控制环境的实际基本状态。

（二）组织架构和高校财务管理理念

近年来，随着我国高等教育事业的发展，高校的资源投入、办学规模、社会地位都发生了较大的变化，高校财务管理理念也面临创新的要求。财务管理部门在高校组织架构中的具体安排及其内部的架构安排，能够助推财务管理理念的进步，这就是内部控制环境的意义所在。

在高校财务管理工作中应树立优质服务理念，使财务管理工作可以更好地服务于高校各部门的运行与发展；树立新的理财理念，实现决策民主、办事透明，加强预算管理，确保预算的科学、合理、公正、公开安排和执行，提高财务管理的经济效益，实现有限财务资源的高效利用；强化按制度办事理念，在财务管理实践中做到以制度约束人，以制度优化财务环境，以制度增强财务管理工作的规范性、标准性和及时性；强化风险控制理念，将学校的财务风险控制在合理、可控的范围之内；强化财务公开理念，高校逐步实现分层次、多形式全过程按程序进行财务公开管理，推动财务管理的公开化、透明化。

（三）组织架构中的不相容职务原则

高校应当根据内部控制的总体要求，合理划分校内各部门的职责，明晰各部门在组织和业务层面内部控制中的角色和分工，确立具体岗位、职责和工作要求，明确各岗位的权限及其相互制衡关系。

运用内部控制理念设置组织架构的最主要原则是不相容职务分离。所谓不相容职务，是指在经济业务处理中，一个人集中处理容易导致漏洞和弊端的两个或两个以上职务。不相容职务的分离控制要求授权者与执行者分离，执行者与记录者、监督者分离，物资财产的保管者与使用者、记录者分离。不相容职务分离的核心在于内部约束，各职务之间需要相互监督、相互制约，形成有效的制衡机制。

不相容职务原则要求岗位设置不得交叉、重叠或由同一人担任。经济业务通常分为五个步骤：授权、签发、核准、执行和记录。若这些步骤由不同的人员或部门分别执行，则可以确保不相容职务的分离。一般来讲，不相容职务主要包括五种类型：授权批准、业务经办、会计记录、财产保管和稽核检查。

COSO委员会提出，不相容职务相分离要求每项经济业务都要经过两个或两个以上的部门或人员的处理，使得单个人或部门的工作必须与其他人或部门的工作相一致或相联系，并相互监督和制约，形成相互制衡的机制。《中华人民共和国会计法》第二十五条规定："记账人员与经济业务事项和会计事项的审批人员、经办人员、财物保管人员的职责权限应当明确，并相互分离、相互制约。"

作为内部控制制度的基本原则，不相容职务分离控制也是实施内部控制的一种基本手段，更是构建有效内部控制环境的重要路径。

三、高校财务管理文化

高校在特定的发展规划、组织框架之下，必然形成反映自身特性的文化特征。因此，财务管理文化在高校财务内部控制环境中具有现实意义。

（一）高校财务管理文化的本质和组成元素

高校财务管理文化是指在财务管理实践中形成的一种价值观、行为准则和管理方式，它直接影响和塑造着高校财务管理的执行和结果。从本质上看，高校财务管理文化是内部控制环境的组成要素，体现了以人为本的理念。

具体来说，高校财务管理文化包含三个层次：首先是物质层面，即环境和工作条件等；其次是制度方面，包括财务管理体制及相关财经法律、规章制度等；第三是精神文化方面，主要包括财务人员的理想信念、价值观、道德标准和专业素养等。这三个层次相互依存、相互作用，共同构筑了高校的财务文化体系，其中，物质文化为基础，制度文化为保障，精神文化为灵魂。

（二）高校财务管理文化建设内容

高校财务管理文化是组织机构建设的重要补充，对于实现大学规划、提升组织机构建设效果、优化财务内部控制环境，具有积极作用。

可以从以下方面着手进行文化建设：

第一，调研了解高校财务文化的历史变革及现状，结合实际情况提出财务文化建设方案。同时，领导的支持是财务文化建设的重要前提，对于财务文化入脑入心，形成良好的氛围至关重要。

第二，重视财务制度的制定与完善，正确规范会计行为。制度是会计人员执业的工作准则和基本底线，维护会计制度的强制性和权威性，规范会计人员的职业操守。

第三，开展教育活动和警示教育。自觉遵守会计职业道德规范，提升师生及会计人员对会计职业的认可度。同时，宣扬和表彰在会计工作中表现突出的先进典型，发挥榜样的示范作用。

第四，建立财务文化课程，利用后续教育丰富各类培训和继续教育活动，增加效果显著的各类培训。同时，在工作之余要注重开展精神文化活动和体育活动,使团队充满团结互助的氛围。

财务管理文化建设具备复杂性和系统性,必然经历一个逐步渐进的过程。财务文化贯穿于财务管理活动中,既影响又引导着这些活动,具有潜移默化的作用。高校应该达成共识:先进的财务管理文化对会计人员的逆向选择具有正向的作用,虽不能立刻显现,不容易被察觉,但长此以往却是有效且深远的。

四、完善发展规划和优化组织架构

(一)做好发展规划工作,完善内部控制环境建设

《教育部直属高校经济活动内部控制指南(试行)》明确指出了做好发展规划,促进内部控制环境建设的明确思路,包括:

高校应当设立或指定相关机构负责发展规划的制定与落实工作,明确部门职责、议事规则和岗位要求。

高校在制定战略规划时,应根据发展愿景进行,这一愿景制定需基于充分的调查研究、科学的分析预测以及广泛征求意见。发展规划需要明确每个阶段的具体目标、工作任务和执行策略。

高校发展规划方案按照学校法定程序批准后实施。需报送教育部审批的,应在报经教育部审批后方可实施。

学校应当根据发展规划编制年度工作计划;同时完善发展规划贯彻落实的保障制度,确保发展规划的有效实施。

高校规划管理部门应强化对规划实施情况的监控,定期收集和分析相关信息。一旦发现明显偏离发展规划的情况,应及时报告;确需对发展规划做出调整的,应当按照规定权限和程序调整发展。

(二)优化组织结构是长期任务

高校组织结构体系建设是一项复杂的系统工程,涉及教学、科研以及经济活动的方方面面。校长在党委领导下全面负责学校的内部控制各项工作,党政领导班子其他成员按照"一岗双责"的要求,根据分工抓好职责范围内的内部控制工作。

加强组织结构建设，需设立专门机构或指定负责部门，以确保内部控制的建立和实施工作有组织的支持。各相关职能部门或牵头部门要制订具体的内控方案，组织协调、研究部署跨部门的重大决策、重大风险、重要业务流程的设计，提出风险管理策略、落实内部控制的各项措施。

建立沟通协调机制，内部控制职能部门或牵头部门做好各项业务活动的流程梳理和风险评估等工作，认真评估组织结构安排的科学性、合理性；落实内部控制相关要求，加强对各部门实施内部控制，进行日常监控。

充分发挥内部审计和纪检监察的监督作用，履行内部监督责任。有效的内部监督有助于及时发现内控建立和实施过程中的问题和弱点，及时进行改进，以持续优化组织结构体系。

高校应当制定内部管理制度，最好以流程图的方式下发给教职工，这样能使组织机构、业务流程以及权责划分更清晰地呈现，便于正确履行职责。

第三节　高校财务运行机制

一、高校财务运行机制的重要性

高校财务管理内涵丰富，财务管理体制顺畅是高校发展的重要保障。目前，部分高校的财务管理模式仍以校长主导、中层干部协助为主，财务部门主管仅专注于财务管理工作，实际上对各单位的财务监督不够严格；另外，一些高校管理制度缺乏统一性，可能导致各部门之间的资源分配差异，影响教职员工的教学积极性，对高校的健康发展构成不利影响。

随着我国高等教育事业进入新阶段，深化财务管理机制改革对于高校提高资金使用效益，实现开源节流，防范财务风险具有重要意义。实际工作中，要建立"三重一大"决策机制，提高决策的科学性，科学合理编制预算，加强预算执行的刚性约束，加强监督与制约，以满足高校内涵式发展的新需求。

二、高校财务运行机制的主要内容

（一）决策机制

高校的财务管理体制是"统一领导、分级管理、集中核算"，党委常委会是高校财经活动的最高决策机构，校长是学校财经工作的第一责任人。高校在处理重要的经济决策、重大经济事项和大额资金支付业务时，应按照规定的权限和程序实施集体决策审批或者联签制度，并且必须以纪实方式记录集体决策的过程。针对重大事项，任何个人都不得单独做出决策或私自改变集体决策的意见。

重大经济决策、重大经济事项、大额资金支付业务的具体内容或标准由高校根据实际情况自行确定。

（二）内部控制执行机制

高校应当建立并完善内部控制执行机制，包括但不限于不相容岗位的分离、内部授权审批的控制、归口管理、预算管理、资产保护、会计控制、单据管理、信息公开以及信息技术的控制措施。这些措施有助于确保高校内部运作的有效性和合规性。

（三）业务流程协同机制

高校应当建立完善"以预算为核心、资金管理为主线"的业务流程协同机制，充分发挥财务、政府采购、基建、资产管理、科研和合同管理等相关部门或岗位的作用，以保证内部控制在分权基础上的高效运行。

（四）监督机制

高校应充分发挥内部审计、纪检监察部门的作用，通过有效的内部控制评价和内部审计监督，及时发现问题和薄弱环节，并及时改进，以确保内部控制体系有效运行。内部监督应当与内部控制的建立和实施保持相对独立。

（五）内部控制自我评价机制

高校应该建立完善的内部监督制度，明确各相关部门或岗位在内部监督中的职责和权限，规范内部监督的程序和要求，对内部控制的建立与实施情况进行内部监督检查和自我评价。

目前，高校对内部控制自我监督和评价工作的看法不尽一致，有的高校在财务管理部门设置了专门的科室开展此项工作，更多的高校则依赖内部审计部门。今后随着高校的发展，高校应积极思考、研究内部控制自我评价体系的建设。

三、会计稽核与高校财务内部控制环境

（一）会计稽核对高校财务内部控制环境有重要意义

几经修订的《中华人民共和国会计法》，始终强调各单位应该建立、健全内部稽核制度。会计稽核是会计机构自行进行的核算工作自查或审核。建立内部会计稽核制度的目的在于预防会计核算中的错误和可能的舞弊行为。通过稽核，及时发现和纠正日常会计核算中的疏漏和错误，以提升会计核算工作的质量。会计稽核不仅是会计工作的核心内容，也是规范会计行为、提升会计数据质量的重要保障。建立稽核制度是加强会计监督的需要，是发挥会计信息作用的需要，是会计系统自我控制和自我发展的需要。

会计稽核制度本身是内部控制制度的重要组成部分，但是从会计稽核的开展过程和效果来看，对于促进高校财务内部控制环境的微观生态十分有益。之所以定位于"微观"，就是缘于这项工作的范围局限于财务管理部门自身，最终影响最大的就是财务管理部门的基本核算及管理业务。目前不少高校在日常财务管理工作中，对稽核工作的重视程度有待提高，尤其是完善内部控制环境的过程中，更需要清晰认识会计稽核的重要性。

会计稽核和内部审计虽然最终都是起到监督的作用，但是相对而言，前者是财务管理部门内部的自我监督机制，后者则是外部监督主体，实施监督工作的角度、方式、方法、人员以及责任定位均有不同。尤其从内部

控制环境的角度来看，稽核工作的微观属性更为清晰。因此，在内部控制环境建设的过程中，不但不能用内部审计简单替代会计稽核，而且要进一步加强稽核制度和工作。

（二）高校会计稽核工作的主要内容

各会计岗位都必须接受稽核人员的审核与监督。

审查各项事业性收费和其他社会有偿服务收费。依据国家有关财经法规、政策及学院财务管理规定、财务收支审批制度等，审查各项收费的合法性、合理性以及手续是否完备，管理环节是否衔接，收缴是否及时、足额。

审查会计核算工作，定期对原始凭证、记账凭证进行审查；定期对现金、银行存款、有价证券进行核对，审查其内容是否真实，手续是否完备，数字是否正确，所属会计科目是否正确。

定期对工资性支出、助学金、奖学金、各类补贴等发放表册、会计账簿、报表等进行审查。审查其内容是否真实，手续是否完备，数字是否准确，依据是否符合有关制度、规定。

（三）会计稽核的组织与开展

1. 稽核组织需要相对独立性

开展稽核工作，应设立相对独立的科室或岗位，确保会计稽核人员能够从独立的视角开展工作并发现问题。这样可以避免受到各部门的干扰或限制，从而保证稽核工作的独立性，不影响稽核工作的质量和效果。

2. 稽核需要复合型人才

财务管理作为一项高度专业化的工作，对于高校会计稽核人员而言，要有效开展稽核工作，必须深入了解各项会计核算和财务管理业务，具备专业的会计稽核能力和素质，方能胜任此职责。在实际工作中，为了适应不断发展的财务管理知识、方法和技术，高校要不断挖掘和培养高水平高素质的复合型人才。

3. 稽核方法需要多样化

根据现有的稽核程序，稽核工作比较关注在现场通过查账表、查凭证等方式进行稽核,然而这种形式过于单一,不能全面覆盖,深度不够。因此,有必要探索和总结一种更加深入的稽核方式。

4. 重视会计稽核整改环节

会计稽核过程固然重要,稽核后的整改落实更为重要,但在实际工作中,却常常流于形式。作为会计稽核的重要环节,稽核工作在具体实施后,需对稽核事项进行总结,分析发现的问题及其原因,并提出整改措施,积极督促相关科室落实。这些措施不仅可以推动财务管理工作的提升,而且在当前高校实践中,稽核整改阶段的结果考核和执行普遍存在不到位的情况,缺乏有效的执行制约机制,未能有效促进整改措施的落实,影响了财务稽核的效果。

四、内部审计与高校财务内部控制环境

(一)高校内部审计概况

自 1985 年我国高校内部审计依照教育部的规定启动以来,根据国家教委在 1990 年颁布的《教育系统内部审计工作规定》和 1996 年颁布的《教育系统内部审计工作规定》,对高校的财务收支及经营情况进行了合法性和合规性的审计。2004 年 4 月,教育部修改并发布了更新的《教育系统内部审计工作规定》,要求高校内部审计在现有审计业务基础上增加内容,包括对高校各项经济活动进行评价,并为管理改进提供指导。这一措施推动了高校内部审计职能的扩展,从财务收支审计向基建项目审计、学校中层领导干部经济责任审计等方向延伸。

2009 年,中国内部审计协会发布了《内部审计实务指南》,其中《内部审计实务指南第 4 号——高校内部审计》首次提出,高校内部审计应当由监督职能向管理服务职能转变,充分发挥其控制、管理、决策服务和咨询等多重作用。这不仅标志着审计职能的转变,即从"把关型"向"管理型"转变,更在一定程度上促进了内控审计的发展。

2013 年 8 月,中国内部审计协会发布了新修订的《中国内部审计准则》,使我国内部审计定义与国际内部审计师协会(IIA)接轨,进一步强

调了内部审计在组织治理和风险管理中的作用和重要性。2015年3月，教育部发布《教育部关于加强直属高等学校内部审计工作的意见》，要求加强直属高等学校的内部审计工作，充分发挥其"免疫系统"的作用。

同时，高校的扩张引发了高校内部审计环境中的审计风险，并进一步加剧了高校间的竞争，促使高校内部审计向风险管理导向审计的转型成为必然趋势。

（二）高校财务管理内部控制需借力内部审计

从财务管理部门的角度来看，高校内部审计相对属于外部监督机制，影响高校财务内部控制环境的宏观生态。因此，财务管理内部控制环境建设，需要借力内部审计。

高校内部审计应站在高校整体战略的高度，不仅需关注内部控制制度和财务报告，还需重视高校的风险管理工作。审计工作不仅要关注自身的审计风险，还需关注高校面临的各种潜在风险。高校内部审计能够协助风险管理部门进行风险诊断和分析，支持有关部门改善风险管理和加强流程控制，提升高校风险管理的效果。通过咨询服务，帮助高校全面展开风险防控和应对管理，为高校的战略规划提供相关数据和建议。高校内部审计工作的重点是在传统财务审计基础上，挖掘在风险管理领域的各种潜力和优势，服务范围广泛，从评价、确认职能到提供增值、咨询服务等，积极推动高校战略目标的实现。

五、高校财务运行机制的改进

高校应充分运用内部控制的基本原则，即权力制衡原则。在单位内部，应进一步完善决策权、执行权和监督权的三权分立机制，以及评价和监督内控规范的机制，有效发挥流程控制的作用，以预防腐败的发生。根据《单位内控规范》要求，要明确各项经济活动的管理机构。高校在确定岗位职责和分工的过程中，应当体现不相容职务相互分离的要求。

决策过程即为授权审批的过程，应建立适当的授权审批制度。对于"三重一大"事项，应设立集体决策和会签制度。在执行过程中，必须严格按照审批结果和适当的权限办理业务。需明确授权和审批程序,以确保所有经济活动的业务和事项都经过适当的授权审批,并保证经办人员依据授权要求和审批结果履行职责。

建立健全的议事决策机制对高校至关重要。高校应设计议事决策规则,包括确定议事成员组成,决策事项范围,投票表决规则,撰写、流转和保存决策纪要,以及决策事项的贯彻落实和监督程序等。根据各校具体情况,明确需要集体决策的重大事项,通常包括大额资金使用、重要资产采购、基础建设项目、重大外包业务、资产处置、信息技术建设以及预算调整等;同时要有效管理决策纪要的保管工作;建立决策执行的追踪问责制度,并严格依据制度追究相关人员的责任。

第四节 高校财务岗位设置和队伍建设

一、高校财务岗位设置

(一)高校财务岗位设置的一般要求

高校的岗位分为三大类别,即管理岗位、专业技术岗位和工勤技能岗位。管理岗位是指在学校、学院及其他内设机构中负责领导或管理任务的职位,旨在提升工作效率、服务水平和运转效能。专业技术岗位则包括教师岗位、其他专业技术岗位和附设专业技术岗位。这里的其他专业技术岗位指的是为教学科研提供技术支持或辅助服务的岗位,要求具备相应的专业技术水平和能力。

高校财务管理岗位主要涉及管理岗和其他专业技术岗,管理岗主要是部门负责人,其他专业技术岗覆盖了其他大部分人员,通常具有相应的专业资格。《高等学校财务制度》规定:高等学校财务机构应当配备专职财会人员。财会人员应当具备与其工作岗位相适应的资格和能力;财会人员的调入、调出、专业技术职务评聘以及校内二级财务机构负责人的任免、调动或者撤换，应当由学校一级财务机构会同有关部门办理。

（二）高校财务内部控制关键岗位的设置情况

目前，我国高校一般都设置了独立的财务处（部），负责学校的财务管理工作。

从高校整体经济活动来看，高校内部控制的关键岗位涵盖了预算业务管理、收支业务管理、政府采购业务管理、资产管理、建设项目管理、合同管理以及内部监督等与经济活动相关的重要职位。

细化到具体岗位包括预算业务岗、会计核算岗、资金业务岗、会计稽核岗、信息系统管理岗等。前四个岗位是传统的关键财务业务岗位，信息系统管理岗则是近年来高校会计信息化程度不断提升的结果。

关键岗位就是高风险岗位，此类岗位在业务管理和流程操作中面临风险较多，执行失败将会给单位带来重大损失。各高校应当综合考虑自身经济活动的规模、复杂程度和管理模式等因素，加强财务内部控制各关键岗位的科学设置和专业人才的合理配备，为关键岗位配备能力和资质合格的业务人员。

二、高校财务内部控制关键岗位的职责

（一）预算业务岗

《行政事业单位内部控制规范（试行）》第十九条规定："单位应当合理设置岗位，明确相关岗位的职责权限，确保预算编制、审批、执行、评价等不相容岗位相互分离。"

一般而言，预算业务岗负责预算业务的日常工作，主要职责包括：负责学校综合财务预算的编报，对学校综合财务预算及专项资金预算执行进行监督管理和分析；负责学校部门预算和部门决算的编报工作；为学校领导提供必要的财务资料，例如有关会计核算和经费分配的数据，向其他部门对外编制报表提供基础的财务数据。

（二）会计核算岗

会计核算业务涵盖了收入和支出业务，主要的职责就是正确记录经济

活动。具体到业务岗位，主要职责包括：审核原始单据（发票、收据、合同、请款单和领款表等），编制并复核记账凭证；监督各项经费的使用进度，准确做好经费的年终结转等，保证经费财政、银行和账面等各方一致；定期清理往来款账户，提高学校资金使用效率；定期与学校资产管理部门核对国有资产的报账情况，做到账实相符；整理装订会计凭证及账簿，做好会计档案管理工作。

（三）资金业务岗

资金业务，传统会计业务主要是出纳岗位。《行政事业单位内部控制规范（试行）》第四十一条规定："单位应当建立健全货币资金管理岗位责任制，合理设置岗位，不得由一人办理货币资金业务的全过程，确保不相容岗位相互分离。"

随着技术手段的快速进步，会计电算化、信息化水平不断提高，现金业务已经在高校财务的日常管理中逐渐淡出，甚至消失，现金保管、送存银行等业务随之隐退。

因此，资金业务岗的主要职责包括：准确处理资金的往来收付，严格核查控制资金流动，确保账、表、单彼此相符；建立健全并严格执行资金支付的控制制度，确保资金收付安全；保管好涉及资金支付的网络设备的硬件，确保密码不得外泄。

（四）会计稽核岗

会计稽核岗位主要的职责就是对财务管理部门的各项业务、各工作岗位进行内部核查，及时发现问题，化解风险，并正确指导日常业务的开展，起到引导、营造良好工作状态的作用。

我们已经在本章第三节讨论了会计稽核的有关内容，此处不再赘述。

（五）信息系统管理岗

随着技术手段的进步，信息系统管理工作的重要性与日俱增，在可预见的会计核算人工智能化的趋势下，信息系统管理岗的人员和地位有着较大的发展空间。

就目前而言，信息系统管理岗的主要职责包括：会计电算化管理工作，软件的开发及使用；财务部门相关网站功能的维护、网络数据库的更新工作；严格执行会计电算化管理的有关规定，确保财务处计算机网络的安全和正常运转；做好会计数据的备份工作；做好内部其他岗位人员的专业教育培训工作。

三、财务队伍建设

作为内控建设的重要内容之一，会计机构设置和人员配备十分重要。为加强会计机构建设，应完善机构设置，加强会计人员队伍建设，设立会计人员上岗条件，建立定期轮岗制度、培训制度、激励机制以及关键岗位退出机制等。目前一些高校存在财务机构不健全、会计人员短缺、不符合岗位分离原则、一人多岗情况，缺乏必要的内部控制机制。各高校应根据单位实际情况、经费规模、财务部门职责及新的管理要求，加强财务工作力量，科学配置财务人员编制和数量，根据事业发展需要进行动态调整，逐步优化性别、年龄、学历和职称结构，保持财务干部队伍的相对稳定，以确保财务工作顺利进行。

（一）财务管理队伍的基本结构

高校财务管理队伍的结构，应当从专业技术结构、年龄结构和性别结构三个角度把握。

从专业技术结构的角度看，高校财务管理队伍的主体应当是经过专业教育、具备相应职业资格、专业技术职称的专业人员，具体专业包括会计、计算机、税务、金融、工商管理、法律等。就是说，高校财务管理队伍的专业技术结构是以会计为主的复合型结构。今后，更需要注意会计和计算机复合型人才的培养。

从年龄结构的角度看，高校财务管理队伍需要注意老中青的梯度建设。2000年以来，我国高等教育事业投入不断增加，财务管理队伍也随之扩充。但就目前观察到的情况来看，财务人员面临青黄不接，年龄结构不尽合理的问题。

从性别结构的角度看，当前高校财务管理队伍男女比例失调的现象较为突出，女性人员比例偏高，有些高校占比甚至高达90%。从内部控制环境的角度来看，这是队伍建设必须注意的一个问题。

各高校应按照专业化队伍建设的要求，严格控制新进财务人员的招聘和管理。需要合理设置会计系列职称的评定条件和标准，以培养财务人员的专业素养和执业能力，逐步提升中、高级及以上专业技术资格人员的比例。这样可以有效保障财务人员的合法权益，确保他们能够享受与其他专业技术职务同等的待遇。

（二）定期轮岗制度和关键岗位人员的退出机制

高校财务人员定期轮岗至少具有两个重要作用：一是减少个人长期在关键岗位工作的风险；二是促进财务人员多岗位、多能力的培养。

为保证科学的财务人员轮岗制度能够有序、合理地实施，高校财务管理部门要设置详细计划，包括但不限于轮岗对象、周期、考核机制等内容。同时，奖惩机制也必不可少。还要注意轮岗交接阶段人员的沟通协调问题，使轮岗交接平稳过渡，有序进行。

关键岗位人员的退出机制，主要针对已经不适合再从事关键岗位工作，同时不适合轮岗的人员，例如无法从事财务管理工作的、违反纪律必须清退的有关人员。退出机制，体现的是能上能下、能进能出的财务队伍管理状态，是高校财务内部控制环境自我清洁的机制。

（三）财务管理人员的培训制度

财务人员必须具备与其工作岗位相适应的资质和能力。学校要采取合理的人事用工管理制度，确保关键岗位管理人员的配备，加强工作人员业务培训和职业道德的教育，制订切实可行的培训计划，加强关键岗位人员的道德、法制、诚信和自律建设，使每名管理者都能自觉地贯彻执行国家的相关法律规定。

从中国高等教育供给侧结构性改革的视角来看，高校财务人员的培训工作一方面要提升培训的质量、效率和创新性，使培训更贴近财务人员的实际工作，满足他们个性化发展的需求，并与高校转型发展保持一致；另一方面则是丰富财务人员培训的供给结构,为其提供多元化、丰富且可选的培训模块、资源和环境,以取代和打破原有的单一培训模式和统一课程资源的供给结构。

(四) 财务管理人员的激励制度

激励制度是营造高校财务内部控制环境良好氛围不可或缺的一个重要内容,对于振奋士气,提高工作效率,提高工作质量,有积极的作用。通过满足财务管理人员的物质、荣誉、情感等需求,来调动工作人员的积极性和创造性。所以,要确立一套完整的激励体制用在高校财务队伍管理上,从而达到效率最优的目的。

一般而言,激励措施包括物质激励、精神激励、奖惩激励等形式。结合高校财务管理的实际情况看,精神激励、奖惩激励起到的作用可能远大于物质激励。

第五节　高校财务信息化建设

一、财务信息化对内部控制的影响

随着高校财务信息化水平的提高,传统的会计内部控制制度和方法面临着多方面的挑战。具体表现在以下几个方面:

第一,以往的会计岗位设置是基于手工账的基础。信息化水平的提高促使高校重新设立会计相关岗位,划分岗位职责。例如,高校普遍采用会计软件进行会计核算与报表生成,账表数据从凭证库获取,能实时显示是否平衡,因此传统会计试算平衡已失去存在的必要性。

第二,随着信息化手段的全面应用,信息存储方式也会发生改变,相应地对信息安全也就提出了更高要求。以往手工记账,载体在纸张上,任何修改的痕迹都可以清晰地追踪到。但信息化实施以后,所有信息都会存在磁盘等介质上,这就容易造成修改不留痕迹,还容易受到病毒等袭击,导致数据丢失。

第三，财务信息化手段的运用极大提高了资金收支效率，但也对内部控制提出新的要求。网上银行接入后，学校几乎不再采用现金、支票等支付方式，原有的库存限额、支票印章等相关规定也就无须存在。

第四，财务信息化对内部监督提出新的要求。内部监督需要适应信息化技术的发展要求，针对信息化技术的引入导致会计工作的形式发生改变，再加上信息化存在固有风险，审计过程中要重点关注信息系统处理数据和控制权限方面的检查。

二、会计信息化和技术手段的进步

随着技术手段的进步，大数据、云计算、电子发票、数据挖掘、移动支付、机器学习、移动互联、图像识别、区块链、数据安全技术等一系列手段付诸实践，逐步应用于财务信息化的建设，给财务从业人员、从业环境带来快速、深刻的变化，挑战和机遇携手而来。

高校财务信息化必然随着社会整体的进步而推进，相应的具体工作从业务流程到档案管理，都将遇到新的问题，新的风险随之而来，这些必然要求我们不断改造内部控制环境，跟上时代的步伐。未来人工智能取代财务会计电算化、凭证录入、数据分析等工作，人类应该专注于做一些创造性工作，近年来管理会计在实践层面的推广运用就是很好的佐证。

三、财务信息化与财务风险防范

（一）风险的类型

风险即影响目标实现的不确定性因素。财务信息化风险具体可分为内部因素引起的技术风险和非技术风险，外部因素引起的环境风险和管理风险。

（二）风险的防范

应对高校财务信息化的新特点，从内部控制环境的角度，可以加以改进，防范风险。

在建立财务信息管理系统时，高校应当根据财务内部控制相关要求，结合组织机构、业务过程、技术能力等因素，制定总体规划，健全管理程序，设置管理岗位，明确管理责任，实施归口管理。

高校在建立财务信息系统时，要综合考虑嵌入经济活动内部控制，保持系统之间的信息共享、协同共建、融合汇通，最大程度减少人为操纵因素，提高办事效率和管理水平，重视信息公开和廉政建设，力争保证经济活动处理过程与结果的透明化、公正化。

高校要强化财务信息系统的安全管理，建立用户管理制度、系统数据定期备份制度、信息系统安全保密和泄密责任追究制度等措施，确保重要信息系统安全、可靠，增强财务信息安全保障能力。有针对性地调整岗位分工，分离职责，防范新型舞弊行为，降低财务风险。

高校还要注重完善内部控制制度。为了适应信息化要求，高校需建立健全相关制度，例如网络维护制度、信息安全制度、权限控制制度等，从根源上保护信息安全。同时，要营造信息安全无小事的财务文化，严格授权管理，防止数据被窃取、程序被破坏的情况发生。建立健全安保体系，为网络畅通和信息安全提供有力保障。

第三章

高校财务内部控制存在的问题及对策

第一节　加强高校财务内部控制的必要性

随着我国高等教育体制的改革不断深入，高校规模迅速扩大，资金筹集途径日益多样，经济业务也变得更加复杂，这使得财务管理的难度显著增加，并对财务管理人员提出了更高的要求。为了适应这一变化，必须加强财务内部控制，确保高校能够应对管理体制改革的挑战，促进高校财务廉政建设，有效开展高校财务内部控制工作，降低高校财务风险，提高高校绩效评价效果，从而促进高校持续、稳定、健康、和谐的发展。

一、高校财务内部控制及其特征

财务内部控制的概念最早于20世纪初提出，并在随后的发展过程中得到了企业界的广泛认可和推崇。内部控制，是指企业在本单位采取一些控制方法和手段，来进行自我调节、约束、规划和评价。只有将措施更好地实施，才能确保经营方针的贯彻执行，同时保护资产安全的完整性，以及经营活动的经济性、效率性和有效性。

对于高校而言，财务内部控制应在遵循上述定义的基础上，结合高校自身的其他内部制度，确保资产安全的前提下，最大限度地减少财务损失，降低财务风险，维护学校声誉。同时，在日常运营和教学科研活动中，保持良好秩序，实现相互促进与共同发展。

高校财务内部控制具有以下三个特征。

（一）营利性

作为事业单位的高校，其主要职能是通过教学为社会输送全能型人才，同时在科学研究和服务社会方面做出杰出的成绩。为了保证高校的持续稳定发展，要在财务的内部控制中保证资源的合理利用。

（二）广泛性

在高校的经济活动中，常见的活动内容有教学管理、科研活动和基础建设等等。由于活动的多样性，其在财务内部控制方面涵盖也特别广泛，包括各个学院、行政部门等，还包括校外盈利部分的财务工作。

（三）复杂性

高校财务涉及的部门较多，营利和非营利的部门之间经营活动差异较大，所以高校的财务核算相对于企业而言更为复杂。

随着社会不断发展，高校的教育体制也在不断改革，在资金来源方面也更加多样化，政府、社会和银行等都以各种形式给予了高校大力的支持。但是相对的各种资金支出也多种多样，例如：基础设施建设、教学科研、学生补助等等。这些多种多样的支出与收入，同时也提高了高校财务内部控制的难度。

二、高校财务内部控制的重要作用

在当今的大形势下，教育体制的改革在各高校中已经逐渐形成规模，发展为多经营主体、多学科建设、多层次办学的综合体。在资金来源方面，已由过去单纯依赖政府拨款转变为通过多种渠道筹集资金，并实施多样化的支出管理模式。高校的管理水平和领导干部的职业操守，直接影响着财务内部控制的有效性。因此，加强高校财务内部控制工作显得尤为重要。高校财务内部控制的重要作用体现在以下五个方面。

（一）有助于进一步深化高校改革

在我国的教育改革中，长期实行"放管服"的改革措施，包括管理体制改革、政府会计制度改革、加强高校绩效管理等一系列的改革措施。由于高校在享有更多自主权的同时，也面临着更高的要求，尤其是在全面管理方面，财务内部控制的管理尤为关键。随着时代的进步和改革的深入，经济的快速发展推动了管理要求的逐步提高，高标准、高要求使得高校肩负的责任更加重大。承担的责任增加了，那么所面临的风险也同样在加大。在这种情况下，如果想把财务内控工作做好，就要对自身加强约束，严格把控内部财务，以应对不断发展的社会形势。

（二）有助于促进廉政建设

近年来，媒体频繁报道高校涉及经济犯罪的恶性事件，特别是在基本建设、科研经费、政府采购等领域。为了打击经济犯罪，政府加大力度，严肃查处相关案件，许多涉案人员被"双规"或依法处理。令人遗憾的是，其中不乏一些高级知识分子和领导干部，他们虽然接受了多年党组织的教育，但党性不强，自我约束力薄弱，最终丧失了理想和信念。

但不可否认的是，高校出现经济犯罪，也是高校约束制度的缺失，以及内部控制不严格导致的。所以，要不断加强高校的内部控制，严查漏洞，尽力完善不健全的制度，不给腐败分子以可乘之机。

（三）有助于实行有效的高校内部控制

高校财务内部控制的主体是各党委、各职能部门和所有工作人员。高校的每一项经济业务都要做好内部控制，包括教学、科研、后勤、基建等。另外，资金控制、资产控制、投资筹资控制、采购控制、收入控制、支出控制等都要加强巩固。因此，必须加强财务内部控制工作，为内部控制的顺利实施奠定坚实的基础。

（四）有助于降低财务风险

高校在进行财务管理的过程中，伴随着一定的风险。例如，资金使用风险、财务透明度和合规性风险、预算执行风险、资产管理风险以及其他不可预知的风险。作为高校集体智慧的体现，财务内部控制就成了首选。财务内部控制虽然不能完全规避风险，但它可以最大限度地降低人为因素带来的风险，是一种较为完善的管理方式。健全的管理体系不仅是防范财务风险的最有效保障，还能对可能出现的紧急和重大情况提前发出预警。

（五）有助于提高绩效评价效果

当前高校执行的会计制度是由政府最新发布的，一般采用收付实现制和权责发生制。这两种模式不仅为新会计科目的制订和确立提供了重要依据,也为高校的成本核算提供了便利。其以费用代替支出的方式,让当年教育成本的全面核算成为现实。为了加强高校财务内部控制,高校要在保证各项工作正常运行的前提下,强化收入管理,并积极降低成本支出,以此提升资金使用效率,实现资源的最优配置。

第二节 高校财务内部控制存在的问题

财务内部控制在高校的实施,可以确保高校教研活动和日常经营活动的有序开展,使高校实现持续、稳定、健康、和谐的发展。但目前高校财务内部控制还存在着预算管理、机构设置、财务风险、内部审计等方面的问题,必须引起足够的重视。

一、缺乏有效性、科学性和可操作性的预算管理

预算管理是高校进行财务内部控制管理的重要环节,高校各项收入和支出都应该严格按照财务部门预算执行。但目前许多高校存在着预算管理缺乏有效性、科学性和可操作性等问题,具体表现如下:

(一)预算编制参与人员存在观念误区

这种误区包括两方面:一方面是认识问题,有一部分的高校在预算管理方面认识较为片面,认为预算管理就是简单地推进经费争取和预算执行工作,而预算执行的快慢、经费的多少,则是财务部门的主要工作,财务部门可以决定二级院系的发展资金多少;另一方面,高校预算编制涵盖了高校的各个方面,其中的具体情况只有执行人才最了解,二级院系部门经费执行人需要参与预算的编制,但在这个过程中,往往因为一些特殊的因素导致经费分配不均匀。所以,要严格把控经费的分配,不要偏离高校的发展目标。

(二)预算编制方法存在局限性

目前还有许多高校沿用传统的预算编制,教育管理模式也还是老一

套。这种预算编制早已脱离了现今的实际情况，所以可行性较差，缺点较多，在各部门经费的分配上常常出现不合理的状况，资源方面也不能得到最大限度的使用。比如，有一些高校还在使用"增量预算"的方法，这种方法虽然简单易行，但它不能准确地了解上一年度的预算安排是否合理，最后导致增加不必要的预算额度，致使预算资金被盲目占用，降低使用效率。同时，这种方法考虑因素较为单一，缺乏科学性，实际计算结果的准确性低，后期也常常需要调整。这些弊端会在无形中给预算管理增加难度。

（三）预算内容不够细化和精准

在预算编制过程中，编制人员往往以项目名称作为预算科目的设置依据，且预算科目缺乏足够的细化，未按照高校会计制度的规定进行设置和使用。预算科目的设置与使用过于随意，导致会计核算与预算管理之间严重脱节。这种情况不仅影响了高校内部经济决策的有效性，还妨碍了高校管理制度的落实。

（四）预算编制时间短

一般来说，投入时间和产出质量是成正比的，只有具备相对充足的时间，才能更好地保证预算编制的质量。时间在这里是一个重要条件，不可或缺。当前高校的预算编制部门在"一上"（指按照学校统一部署，各部门报送基础数据和专项项目立项材料。按照年度部门预算编制要求，根据本部门发展规划、年度工作目标和重点编制本部门年度预算建议计划，报送财政部门，同时报送人员、资产等基础数据和项目支出安排依据等情况）时只报送项目支出预算和非税收入征收计划，"二上"（指各部门在财政部门下达的部门预算控制数以内，汇总编报本部门及所属单位年度预算草案，在规定时间内报送财政部门）时报送基本支出预算和项目支出预算。整个过程持续2到3个月，由于上报项目较多而时间过短，所以在很多地方准备不充分，缺乏民主程序，最后导致在执行的过程中不断出现追加经费、调整预算等问题，严重影响了预算的执行及其严肃性。

高校在进行预算编制时，通常按规定执行"一上"和"二上"两个阶段的预算报送程序。首先,在"一上"阶段,各部门根据学校统一部署上报基础数据和专项项目立项材料,同时提交年度预算建议计划,涵盖项目支出预算和非税收入征收计划等内容。然而,由于报送项目种类繁多,且周期较短,这一阶段常常处于仓促之中,导致各部门的预算编制不够充分,且缺乏足够的论证与讨论。接下来的"二上"阶段,部门需要根据财政部门下达的控制数编报本部门的年度预算草案,其中包括基本支出预算和项目支出预算。然而,预算编制的过程中,整体时间安排过于紧凑,导致预算的编制质量较低,难以实现预算方案的全面性与准确性。

在这种紧张的时间框架内,各部门往往未能充分准备相关预算资料,或未能深入审视项目预算的合理性与可行性。此外,预算编制过程中往往缺乏有效的民主程序与充分的沟通协商,导致预算方案未能充分考虑到各方意见,决策过程较为封闭,缺少对关键问题的充分讨论。另外,由于预算编制过程的不充分与不合理,各部门在执行过程中频繁出现追加经费、调整预算等现象,严重影响了预算的执行效果与严肃性。

(五)预算的执行不到位

在高校的预算管理中,大型专项开支通常经过审计部门的严格审核和监督,从而确保其资金使用的规范性和透明度。然而,除了这些大型项目,其他零星支出往往缺乏有效的监督和审计,导致预算执行过程中出现一定程度的浪费。尤其是在预算执行过程中,由于缺乏对项目进度的有效跟踪和分析,许多预算支出的实施情况存在盲点,导致资金使用的效率大打折扣。这不仅影响了预算执行的透明度,也削弱了预算的权威性和有效性。更为严重的是,许多预算在执行前并没有经过充分的可行性论证和绩效评估,预算额度先行确定后,再进行资金的批示和执行,这种做法缺乏理论依据,导致很多项目在执行过程中缺乏合理的指导。由于这些项目缺乏充分的前期论证和后期评估,预算执行往往显得草率和随意,无法确保资金投入的最大效益,也严重损害了预算管理的严肃性。

(六)后勤部门单独核算模式不合理

高校将后勤财务部门进行独立核算的做法,虽然在一定程度上符合后勤部门的社会化属性,却带来了预算编制中信息不全的问题。具体来说,由于后勤部门的服务性收入和经营性收入未被纳入部门预算之中,导致这一部分收入无法在预算中得到反映。同时,后勤部门的相关支出,也未能完整地列入预算范畴。这样一来,高校的预算编制只能涵盖后勤部门的人员支出和公用支出,而忽视了后勤部门的其他收入和支出情况,从而无法全面呈现学校的财务状况和收支全貌。这种做法使得高校预算的透明度和准确性受到影响,无法真实反映学校资金的流入流出,进而影响到资源的合理配置和预算执行的有效性。更为重要的是,缺乏对后勤收入和支出的全面监管和纳入,可能导致高校预算执行过程中出现资金使用不规范或不合理的现象,影响整体预算管理的严谨性。

二、机构设置、人才招聘及制度方面存在的问题

内部控制环境是影响各政策实施效率的因素,是一切程序发挥效用的基础。而机构设置、人才招聘和制度都是极为重要的内部控制环境因素,但高校目前在这些方面也存在短板。

(一)高校机构设置存在的问题

1. 高校管理机构的管理职能不健全

高校管理机构的功能不健全,导致在管理过程中存在一系列问题,严重影响了高校管理的有效性与科学性。首先,由于高校管理机构的职能设置不完整,很多高校仅具备决策机构和执行机构,如校领导班子和各职能处级机构,而缺乏功能齐全的咨询机构、监督机构和反馈机构。这种结构上的不平衡,导致信息流通和反馈机制不畅,无法形成有效的信息反馈环路。信息反馈不顺畅使得管理者无法及时了解执行部门的工作进展和问题,进一步削弱了对执行环节的监督与调控,造成管理失衡,影响整体工作效率和质量。

其次,考评工作在很多高校中也存在薄弱的情况,具体表现在考核指标过于简单,主要依赖定性评价,缺乏对工作成果的量化评估。此外,考核方法过于单一,容易受到人为因素的影响,无法保证评估结果的公正性

和准确性。在职称晋升、职务评定等与个人利益密切相关的考评环节中，缺乏足够的权威性和公信力，无法激发教师和管理人员的积极性，进而影响了高校的整体发展和管理水平。

最后，决策能力的不足也是高校管理体制中的一大问题。由于缺乏专业的咨询机构，许多决策在缺乏充分调研和科学论证的情况下做出，这不仅影响了决策的合理性，也降低了决策的先进性和前瞻性。决策层难以依据准确的信息和全面的分析做出最优选择，导致一些决策在实施过程中遇到困难，无法达到预期效果。总的来说，高校管理机构职能的不健全，使得管理工作缺乏有效的支持和保障，阻碍了高校管理模式的创新与提升，影响了高校的长远发展。

2. 高校管理职能划分与机构设置不配套

高校在管理职能划分和机构设置上，仍然普遍沿用传统的模式，主要是根据上级机构的职能进行对口设置，而没有根据实际工作需求来科学地设置管理机构和划分职能。这种基于行政层级的划分方式，虽然在一定时期内曾起到一定的作用，但随着高校管理日益复杂和多样化，这种传统模式显然显得不够合理和科学。

首先，很多高校的管理机构设置过于笼统，规模大但不精细，缺乏针对性，导致一些职能部门职能过于宽泛，无法专注于某一具体问题。其次，由于职能划分没有充分考虑实际工作的需求，很多部门之间出现了职能重叠和交叉的情况，不仅降低了工作效率，还可能导致不同部门之间在职责上的模糊和推诿，使得管理工作难以顺利推进。此外，某些机构的职能设置不完善或过于简单，导致一些重要的管理环节无法有效覆盖，进而影响到决策的质量和执行的效果。总之，管理职能划分与机构设置不配套，严重制约了高校管理的科学性和合理性，从而降低了整体的工作效率和管理水平。

3. 高校管理机构的职责权力不明确

许多高校管理机构中，职责、权力和利益的划分不明确，导致管理上的混乱和效率低下。尤其是在涉及国有资产管理和后勤管理等职能时，由于这两个领域的管理经常合并为一体,导致职能交叉、责任不清,进而出现管理重叠的现象。

具体来说,权力与责任的界限模糊,使得一些部门或个人在工作中有权力但没有责任,或有责任却没有相应的权力,甚至有些人在没有权力的情况下,依然可以从中获利,这种不对等的权力与利益分配,极大地影响了管理的合理性和公正性。在这种情况下,激励机制失效,工作积极性受到抑制,部分工作人员尽管想要发挥作用,却因缺乏决策权和支持,无法做出实质性改变;而有些人则因为手握权力,却不愿意承担责任,导致管理工作停滞不前。这种责权不清的局面不仅削弱了管理效率,还造成了许多不良现象,如决策失误、推诿扯皮和责任缺失,进而影响了高校的整体运作和发展。

(二)高校在人才招聘上存在的问题

人力资源被视为一种独特且宝贵的资源,是组织发展的关键要素。对于高校而言,作为以人力资源为主要驱动力的机构,为了保持可持续发展和增强核心竞争力,十分重视人才队伍的建设,尤其是在高层次人才的引进方面。同时,高校有着非凡的使命,它们为社会培养全能型人才,同时作为科技创新以及社会智力的重要基地,肩负着发展科学、技术、文化,建设社会主义现代化的重要任务。高校需要组织一支热爱教育事业、具有创新精神的高素质人才队伍,这支队伍就是高校实现办学目标的首要条件。因此,高校在招聘人才时,必须对招聘、培养、薪酬、绩效、规划、员工关系等进行多方面考量。

1. 高校对人才市场的人才供给情况了解不足

在高校的招聘工作中,没有具体分析以及了解自己对招聘对象的要求,只是随大流,没有针对性。对应聘者的信息了解不够透彻,前期对人才市场的了解太少,导致最终的招聘结果不尽如人意,这种行为其实对学校所要招聘的人才存在很大的盲目性和随意性。

2. 人才需求信息不能有效送达

在高校进行人才招聘时,人才信息是否可以有效送达,是决定成功与否的主要步骤。不能仅在招聘会议上临时宣传就算完了，因为这种信息的覆盖率和送达效果不是很高，会导致招聘结果不理想。与此同时，一个应聘者也不会在招聘会议上看了宣传单就轻易决定自己的应聘目标。

3. 缺乏岗位要求的分析与公布

在高校的招聘广告中有一个比较普遍的问题，就是招聘宣传页上面只是标注了高校的概况、薪酬、优惠政策等，对于应聘者只要求他们提供个人简介，高校只提供岗位，却并没有对岗位要求有具体解说。这种宣传方式会使应聘者对岗位认识不清，也会造成招聘后期的隐患。例如，应聘者因为缺乏认识，发现自己除了学历和专业符合以外，自己其他方面都有所欠缺，而自己也根本不适应在高校任职，结果就是放弃，选择离开。这种无用功使双方都受到损失，而这种例子在高校的招聘中屡见不鲜。

4. 单纯地靠熟人"引荐"

一些高校在招聘过程中利用各种私人关系，如同乡关系、同学关系等。这种做法不是不可以，但必须严格规定选人标准，如果在这一点上缺少必要的管理，就会滋生许多负面问题，如新人的能力不胜任岗位工作，甚至容易形成裙带关系等，单纯地靠熟人"引荐"是不提倡的。

5. 招聘工作程序不清晰

在高校进行人才招聘的过程中，会产生对接误差的问题。也就是说，招聘人员和面试人员不是同一批人，招聘人员掌握的资料较多，但是并不参与面试；反之，面试官对前期应聘者的很多问题都没有掌握，当面试官面试时，仅凭着手里的一份简历进行面试不免产生偏颇。在这里值得一提的是，面试作为一个单位挑选职工的必不可少的重要环节，请不要将人事面试与一般的专业面试混为一谈，二者对应聘者的考量是完全不同的。还有一点就是面试官的不专业，甚至有的面试官在选拔过程中敷衍了事，这会严重影响到招聘的质量。另外，应聘者的入职审批环节过于复杂，这也会影响到整个招聘的进度和质量。

6. 聘后管理环节存在的问题

高校管理入职新人涉及很多方面，诸如岗位分配、薪酬待遇、业务培养、绩效考核以及晋升规划等等。比如在岗位分配方面，许多大学仍沿用"教师职称评审"的方式，而没有真正落实"教师岗位聘任制"，导致管理成本过高，进而引发一系列重大问题。再如，对于刚刚入职的新人，首先是做好"传帮带"工作，但许多高校在这方面做得很差。有的高校并没有让新老教师结对子，实行"传帮带"制度。其实不仅这些，高校在聘后管理环节存在的问题还有很多，必须引起高校领导层的高度重视。

（三）高校在内部控制制度上存在的问题

现实中高校内部控制的实行都取得了一些经验和成绩，但是这点成绩对于经济高速发展的今天还是远远不够的，所以在高校内部控制方面要警惕以下一些问题。

1. 领导和教职工对内部控制认识不足

在我国的高等教育体制不断改革的今天，高校的内部控制已经在高校的人事、财务、设备、后勤等各方面都有所涉及。而在一大部分的高校中，为了使资产安全、完整，也制定了一些制度，但由于对内部控制理念和实务的认识不明确不深入，所以还是会有很多员工把内部控制理解为仅仅是一种制定、汇总，认识不足会导致一批员工觉得自己可以高于单位内部控制的规章制度之上。还有一部分人没有责任感，做事敷衍，不务实，循规蹈矩，致使高校频频发生违纪现象。

2. 内部控制制度不健全，执行不力

在许多高校，内部控制制度的建立和执行存在明显不足。一方面，部分高校对内部控制的认知存在不足，往往仅在会计部门进行控制，而忽视了管理决策层及其他部门的约束，导致内部控制体系缺乏全面性。另一方面，内部控制制度的执行力不足，很多高校没有对制度的执行进行严格督察，执行过程中常常流于形式，甚至敷衍了事，缺乏有效的落实。此外，部分高校在制定内部控制制度时，没有进行充分的环境调研，未能针对实际情况细致分类任务和岗位，也未对变化的环境做出及时调整，导致制度操作性差，目标不明确。

与此同时，高校内部的权责划分不清，推卸责任现象严重，管理中也缺乏有效的监督机制。更为严重的是，部分高校对权力的使用没有足够的制约，决策过程缺乏科学性，政务透明度低，监督机制不完善。这些问题导致内部控制制度无法有效执行，影响了高校的整体管理效率和科学性。此外，外部监督的缺乏，尤其是社会舆论和群众的监督，也使得高校在执行内部控制制度时更加缺乏压力和动力，进而影响了高校管理的透明度和效果。

3. 风险管理机制存在欠缺

在我国实施教育改革之前，高校的建设主要是由国家的财政拨款和计划招生来完成并实施的。事实上，计划经济下的风险管理存在风险意识不强的问题，在风险应对上也缺乏有效的预警机制，由于防范措施不到位，往往在面对问题时显得比较脆弱，由前期失误而引起的琐事也比较多。另外，财务风险管理也存在问题，融资手段较为激进，没有注意到自己的偿还能力、政府政策变化而带来的风险因素，只是单纯地注重资金的量，忽视成本的高低，风险一旦形成，就会使高校陷入重大的财务风险旋涡。

4. 财务收支不符合预算要求

在一些高校中，对收入的监管都不是很严格，票据的收管方面也没有特别的执行标准，在各项收入中也没按标准和法规实行。其中不乏有一些院系部门擅自收费，不备案，甚至有个别部门的收入不上交，自产自销，这其实属于"资金体外循环"。

所谓资金体外循环，是指高校的资金不能纳入财务系统，脱离原本的控制，不能进行有效的监管。比如有的个别院系以及部门随意扩大资金支出范围，导致资金不能做到专款专用，各种支出相互干涉，使预算严重失控，导致经费控制目标难以实现。

5. 固定资产管理不完善

有一部分高校对固定资产的管理非常不完善，在固定资产的采购过程中，不审批、不验收就入库。还有就是对先进仪器设备的盲目追求，不认真考虑其实用性，采购的过程也缺少科学性的论证，最终的结果就是浪费。另外，从不对固定资产进行清算盘点，对于报废的财产也不做销毁登记处理。这一系列的错误操作造成固定资产账账不符，账实不符。

6. 信息与沟通渠道不畅

信息渠道的畅通对于高校有着至关重要的作用。在传达制度的过程中信息不畅通，那么沟通就会不充分，反馈也不会很及时。现在有许多高校的财务信息是不公开的，审计与评估的透明度也不是很高，各种相关机制都不完善，甚至弊端明显。这些大大小小的漏洞造成了许多高校腐败案件的发生。

7. 内部审计监督职能弱化

内部审计部门是高校内部控制的重要部门，但目前高校的内部审计还存在着许多不足的地方，具体表现在以下几方面：首先，内部审计监督没有较强的独立性、权威性，因而常常会受到质疑；其次，由于审计方法的落后，审计工作的内容和范围较狭窄，只能用于常规的审计工作，在对内部控制方面的有效性审计则很少；最后，在内部审计过程中，审计人员的力量稍有不足，素质也相对较低，在高校的内部审计部门往往在工作中消极怠工，发挥不出其应有的作用。

三、缺乏对全面预算管理制度和内控制度的必要约束

对于高校而言，在对财务风险的控制上有一定的特殊性，它最终体现的目标不是以盈利为目的，而是给日常教学和科研活动提供坚实的财务保障。到目前为止，我国的高校财务内控体系建设存在风险意识淡薄的问题，缺乏全面预算管理制度以及内控制度的必要约束。

（一）管理层没有足够的风险意识

高校通过国家拨款和学费收入来增加资金来源，也会通过各种途径进行筹资，比如银行贷款等。但是，这些筹集来的资金也会相应地变为高校的自身负债率，尤其是在高校已经成了法人实体的今天，因此高校要尽最

大可能减少财务风险。这个问题在高校的管理层中很少有人真正意识到，如果控制得不及时，会导致风险问题随之越来越大。与此同时，招生率、就业率等与高校发展有利的相关工作，其风险的问题也没有得到重视，风险因素的增加，可能会形成难以承受的经济损失。另外，许多教职员工财务风险意识淡薄，普遍认为风险管理是财务部门的职责，自己只需专注于本职工作，忽视了自身在整体风险管理中的重要作用。这种"事不关己"的心态，使高校在应对潜在风险时处于被动状态，进一步加剧了风险管理的难度，可能给高校带来重大的经济和声誉损失。

（二）预算管理作用没有得到充分发挥

高校由于长期以来受到国家政策的帮助和保护，以至于高校自身的财产风险管理意识普遍薄弱，在财务管理制度方面也很不健全，尤其是缺少行之有效的全面预算管理措施。

全面预算管理是高校财务管理中的重要工具，在控制财务风险、优化资源配置、实现开源节流和降本增效方面具有显著作用。通过全面预算管理，高校可以有效预测和规划年度收入与支出，从而为财务风险控制奠定坚实基础。然而，尽管全面预算管理在理论上具备诸多优势，但在实际操作过程中却面临一系列问题，导致其效果难以充分发挥。首先，预算不平衡现象较为突出，部分高校在预算编制时未能准确预测年度支出，导致实际支出超出预算范围。此外，预支过度问题屡见不鲜，一些部门盲目扩展支出，忽视预算额度的限制，导致资金供给不均衡，财务部门不得不频繁应对资金短缺的危机，长期处于被动付款状态。其次，预算执行过程中的不严格现象也十分普遍。许多部门在编制预算时随意性较强，缺乏科学依据，执行过程中也常出现预算执行进度滞后、预算额度不足以及随意调整预算额度等情况。这不仅削弱了全面预算管理的作用，还可能进一步加剧财务风险，影响高校的整体财务稳定性。面对这些问题，财务部门难以有效发挥风险控制职能，全面预算管理逐渐丧失应有的管理效能，最终影响高校的财务管理效率和资源使用效益。

（三）内部控制制度不完善

高校内部控制的主要目的是通过系统化的风险控制措施，降低各类风险发生的可能性，从而保障校园管理和财务运作的安全。然而，当前高校在内部控制体系的实施过程中面临诸多挑战，使得内部控制难以达到预期效果。

首先，内控人才的不足是一个突出问题。由于缺乏具备专业内控知识和实践经验的人才，许多高校在内控工作中只能沿用过时的管理方法，难以适应现代化管理的需求。其次，管理经验的欠缺进一步加剧了内控效果的不理想。高校在制定和执行规章制度时，往往缺乏对整体流程的深度理解，导致内部控制体系在各个环节之间难以形成有效衔接。尤其是在部门协同方面，不同部门之间缺乏紧密合作，各自为政的情况普遍存在，导致内部控制的范围大多局限于财务部门，未能覆盖其他关键领域。此外，财务数据真实性的保护也受到影响。由于缺乏有效的风险识别机制，财务风险难以及时被发现和控制，导致高校在应对潜在财务危机时往往处于被动状态。这种状况不仅会影响高校整体的财务管理效率，还可能对高校的长期发展带来潜在威胁。

四、高校内部审计工作与国家的要求存在很大差距

对于高校来说，内部审计工作能够有效地提高工作质量和工作效率，更好地促进高校的发展。但是，当前我国高校内部的审计工作相对于国家的要求还有很大距离，总的来说存在以下问题：

（一）高校领导对审计工作重视不足

很大一部分高校只是主抓教学和科研，对内部审计的重视度微乎其微。他们认为，只有教学和科研才是高校真正应该重视的主要任务，而审计工作并没有什么巨大的经济利益，审计工作对于院校的发展和建设作用太小，所以审计工作被忽视，甚至直接被取缔。

其实，无论从高校还是从企业的角度来谈论审计工作，它都是一个必要的存在，其合理性和法定性都对企事业单位具有至关重要的作用。高校

对于内部审计不重视，只能说是相关法律意识太淡薄，对于这方面的法规没有进行深刻的了解。所以，如果想要从根源上解决内部审计工作存在的问题，那么就要普及相关的法律法规知识，从根源上解决弊病，重新认识内部审计工作的重要性和具体的效用，并能够切切实实地落实到工作中。

（二）高校需要建立一个完善的内部审计机构

目前，我国高校内部审计工作普遍面临缺乏独立性的问题，通常直接服从于领导层，导致审计工作在实际操作中容易沦为领导层获取不正当利益的一种手段。这种现象使得内部审计失去了其应有的客观性和公正性，影响了高校管理体系的健康运行。

因此，要确保高校审计工作的公平、公正、公开和透明，必须建立一个完善的内部审计机构，赋予其足够的独立性。这样，内部审计才能不受领导层的过度干预，独立行使审计职能，从而真实反映高校的财务状况和管理水平，避免审计工作成为领导谋取个人利益的工具。此外，内部审计机构应加强与领导层的沟通和协调，但这种协调应限于政策方向和工作安排，而非直接干预审计内容。为了进一步提高审计工作的有效性，审计机构还需接受高校领导和员工的监督，确保其公正性和透明度。同时，内部审计应当强化其监督职能，不仅要监督高校遵守国家法律法规的情况，还要关注高校内部制度的建设、政策的发布和执行等各个方面，确保政策得以有效落实，管理行为符合规定。

（三）高校内部审计队伍素质有待提高

内审工作质量的高低取决于审计人员的素质高低。一直以来，高校的内审人员大多数来自高校财务人员，人员的来源渠道应该说是比较单一的。高校财务人员一般不与外界交流，所以他们大多数只熟悉预算会计业务，对于专业知识则显得含金量不足，对国家的经济、财政和金融等知识也相对匮乏，同时在实际工作中业务技能和工作经验都有严重的不足。另外，有个别的内审人员严重缺乏职业道德，在工作过程中违反常规操作，与被审单位相互勾结、串通，隐瞒事实真相，对问题的反馈不能如实上报,或者以权谋私,贪污受贿,这些丑陋现象是客观存在的。其实,这种种表现的背后,就是内审人员的个人素质低下。

(四)管理制度不够完善,缺乏监督指导

高校内部审计工作在实际操作中,往往由于管理制度的不完善,导致一些不正当获利行为的产生,严重影响了高校的财务透明度和管理效率。当前,高校内部审计的管理制度普遍存在一些漏洞,导致审计工作容易受到外部干扰,未能有效地发挥其应有的监督职能。这些管理上的不足,不仅削弱了内部审计的独立性,也使得某些部门或人员在资金使用、财务报告等方面能够钻空子,牟取私利,损害了学校的整体利益。

为了有效解决这些问题,高校应当首先着手健全管理制度,明确各部门、各岗位的职能与责任,确保制度的科学性和可操作性。通过精准分工,确保每一项审计工作都能够落实到位,并做到公开透明,减少管理过程中的隐性操作和不当行为。此外,很多高校内部审计工作出现停滞不前、监督不力的现象,这与高校审计管理缺乏系统化的规划和执行不力密切相关。

因此,高校在改进内部审计管理时,可以借鉴一些成功企业的经验。通过学习先进企业在审计管理方面的做法,建立一套适合自身的内部审计机制,不仅要完善工作流程,还要确保审计过程中的信息公开与数据透明,及时发现问题并采取相应措施予以解决。企业的成功经验表明,只有通过不断改进管理、加强监督和责任落实,才能确保问题的及时发现和及时解决,避免不正当获利行为的发生,从而真正提高高校内部审计的管理水平和效率。

(五)高校内部审计工作手段落后

目前有的高校还在使用传统的手工审计方式,这已经不能适应当今社会时代快速发展的需要。有的高校的内部审计工作虽然实现了电算化,但还存在不足,并没有提高效率,甚至带来了更大的困难和风险。创新内部审计手段已成当务之急。

第三节　采取措施完善高校财务内部控制

鉴于目前高校财务内部控制存在的预算管理、机构设置、财务风险、内部审计等方面的问题，高校应致力于编制和落实审计财务预算，建立绩效考核机制，以确保高校日常活动的顺利开展；改善财务内控环境，制定会计内控制度，以夯实高校财务内部控制制度运行基础；建立健全行之有效的风险防范机制，以确保高校收支管理的完整性；加强财务内控监督，以保障高校财务内部控制工作的顺利开展。

一、编制和落实审计财务预算，建立绩效考核机制

高校财务预算管理在高校的运行体系中具有重要地位，作为财务资源分配的核心环节，它直接关系到各类经济活动的有序开展和资源利用效率的提升。科学合理的预算管理不仅是高校日常运转的基础保障，也对优化资源配置、提高管理水平、推动学校发展起到关键作用。因此，完善管理体系、提升预算管理能力，具体要做好以下几个方面的工作。

（一）对财务预算进行编制，尽量保证财务预算同实际情况相吻合

为此，需要遵循以下几项原则：

1. 收支平衡原则

随着社会的不断发展，现在高校资金来源的渠道逐渐多样化，收入也日益增长。但在收入增长的同时支出也相应地增多，比如教学设备的更新、教学环境的改善、教师待遇的提高等，其中任何一项都是一笔不菲的支出。因此必须保持收支平衡，做到量力而行，并在财务预算的编制中避免支出超出能力范围，防止造成财务危机。

2. 合理负债原则

在经济高速发展的今天，只有具有更好的教学环境、更完善的教学设

备,才能吸引到更多的生源,从而使学费、住宿费等方面的收入也随之增长,同时也能获得更多的财政拨款。但在这个过程中,收入的增加也伴随着各项经费的增加,很多高校的资金仍处于一种入不敷出的状态。当面临这种情况时,高校必须采取一定措施,比如通过贷款、借款等渠道进行筹资。通过这两种方法得到的资金,在还款时都有一定的利息,所以要求高校对需要融资的项目进行考察和分析,以自身偿还能力作为第一考量,做好财务预算的编制工作。坚决遵守"合理负债"的原则,不要让不良的贷款给高校造成不好的影响。

3. 成本效益原则

高校如果需要对一些大型项目进行建设或者投资,常常要提前做论证和分析,然后制定几种方案,最后实施。对于方案在实施过程中所需的成本及预期效益,都要在遵循"成本效益"的前提下,给出最合理且科学的方案,并从中选出高效益低成本的最优方案去实施。千万不要只顾眼前利益,那样只会得不偿失,对未来的发展也会造成极其不利的影响。

4. 统筹兼顾原则

高校在面对实际收入和现实支出不成正比的情况下,应坚持遵循"统筹兼顾"的原则,对未来的发展需要进行科学规划,对各项支出要有计划,并循序渐进地予以实施。在方案的选择方面,采用择优原则,并要在资金上做到合理化分配,让每一项资金的使用都做到精打细算,使项目在实施的过程中符合公开化、透明化的标准,这样才可以做到最有效地避免资金浪费以及腐败现象的发生。

5. 收入预算科学预测原则

高校的收入预算预测难度较大,因为影响收入的因素过多且不固定,比如招生、财政拨款等都会在一定程度上影响预算编制,所以在财务编制预算时要遵循"收入预算科学预测"的原则,把所有的影响因素全部纳入考虑范围,对收入情况要做到不隐藏、不高估。

6.长期利益与短期利益相结合原则

高校如果想要保证发展的长期稳定,就要在做财务预算编制时,坚决遵循"长期利益与短期利益相结合"的原则,不要为了节省当前的成本,而导致后期产生一系列的不良后果。

(二)加强高校预算执行审计应该成为内部审计部门的重要工作内容

1.加强预算执行审计,健全预算管理体制

加强高校预算执行的审计工作是实现高校财务规范化管理的重要环节,需要以健全的预算管理体制为基础,从制度到实践全面推进预算管理的改进与优化。在预算管理体制的建立与完善过程中,高校应以制度为核心,以保障预算执行的规范性和科学性为目标,确保预算执行的每个环节都在合理的框架内运行。

为此,设立专业化机构显得尤为必要,这些机构不仅要覆盖预算支出及执行全过程的审计,还需要通过科学的流程设计和执行监督,确保预算执行的准确性和规范性。人员配备是保障专业化机构有效运行的关键,高校需要在领导班子中吸纳具备财务、审计等相关专业知识的成员,使专业力量在预算审计中充分发挥作用。

此外,加强预算工作的指导和考核也是不可或缺的,高校应构建完善的考核机制,将考核结果作为管理决策的重要依据,从而推动预算管理更加科学合理。通过健全的管理体制、专业化的机构与人员配备、全过程的审计监督以及科学的指导与考核体系,高校预算管理的规范化水平会得到全面提升。这不仅能够提高资源使用效率,也为高校的可持续发展提供了坚实保障。

2.审计部门事前参与,提升预算编制的科学性与合理性

审计部门事前参与预算编制是提升预算管理水平的重要措施,通过主动介入预算编制流程,可以有效提高预算编制的科学性、合理性和可行性。在预算编制过程中,审计部门应深入了解预算编制的具体内容和背景信息,确保对相关数据和资料的掌握全面且准确。这一过程中,财务管理

部门需要为审计部门提供充分的预算编制资料,以便审计部门能够对预算进行细化审查。审查工作应全面覆盖预算的各个环节,包括定员定额的审查,确保编制方案符合实际需求和标准,且具有科学性和合理性。

此外,审计部门还需扩大预算管理的覆盖面,将所有财务收支统一纳入预算范围,避免遗漏和重复,从而实现对高校综合财务管理的全面把控。审计部门还应强化预算监督职能,确保预算编制过程和执行过程相辅相成,形成闭环管理。同时,通过落实责任制,将责任明确到各级预算编制环节,确保各部门在预算编制中职责清晰,任务明确。

3.建立预算执行信息传递与反馈网络,加强预算执行的监督与管理

高校要在预算执行管理中发挥更高效、更规范的作用,建立预算执行信息传递与反馈网络是不可或缺的一项工作。结合高校的实际情况,这一网络应以财务部门为核心,将各级部门紧密连接起来,形成覆盖预算执行全过程的信息流转机制。在预算编制前期,各部门之间需要通过网络实现高效沟通,确保协同配合,为预算执行的顺利推进打下基础。财务部门则需对各部门提交的预算计划进行深入分析和审核,通过实时监控保障预算草案的编制在科学合理的基础上进行。

在预算执行过程中,各级部门需要积极响应财务部门的指导,全程参与信息反馈工作,实现部门间和部门与财务间的有效沟通,避免信息断层和沟通不畅导致的预算执行问题。与此同时,严格控制资金流向,建立资金使用的计划性与规范性,杜绝超计划或无计划用款现象的发生。如果遇到意外情况,信息反馈网络能够迅速预警或阻止相关行为,将风险控制在初始阶段。

4.加强预算支出的结构性分析,提升预算支出的使用效益

审计部门在高校预算管理中扮演着至关重要的角色,其工作重点应放在提升预算支出的合理性、合规性和使用效益上。为确保预算支出能够达到最佳的预期效果,审计部门需通过深入的审计分析,全面掌握预算执行中的关键环节,对资金流向进行有效监督,尤其要关注专项经费的使用情况,确保经费用于基础建设项目以及劳务和服务等支出。

合理合规的预算支出是高校财务管理的基础，而效益性的实现则是进一步优化的关键目标。为此，审计部门需从支出结构入手，提出切实可行的优化方案，逐步改进预算分配与使用方式，推动预算执行从单纯追求真实性、合法性向注重效益性的方向转变。专项经费的合理使用与效益评估不仅是衡量高校财务管理水平的重要指标，也是高校领导决策的重要依据。通过将预算支出与实际成效相结合，审计部门能够为高校提供更加精准的财务管理建议，确保资金的使用效果最大化，同时也为高校实现资源的高效配置和长远发展提供有力保障。

（三）科学的财务预算管理是高校财务管理工作的重要保障，也是确保高校战略目标实现的基础

在高校财务预算的执行过程中，高校财务预算管理工作应该从改进高校财务预算编制方法入手，进而完善预算执行机制，并健全预算评价考核机制。

1. 改进高校财务预算编制方法

在高校财务编制过程中，需注意将现有资源进行有效的整合利用，让财务资源的合理配置得以实现，并使其经济价值得到充分发挥。在一些规划中，要保证常规项目和一般项目的正常使用，并且着重突出重点项目的进程。不要被惯性思维所主导，要学会转变思维。对于各个部门的资金使用情况，要学会运用定额、差额预算的方法，达到对各个部门的资金使用情况都有一个充分的了解，这样才能提高财务预算的科学性。在财务管理的过程中，对资金的使用要进行排序，按照发展需要分出轻重缓急并予以实施，这样才能最大限度地避免在财务管理过程中出现不科学、不公平的现象，同时才能保证财务预算的权威性。

2. 完善预算执行机制

在执行高校发展规划之前，要经过财务预算的严格审议。在财务预算中，刚性和灵活性应分别体现在财务的预算和财务的使用中，要在保证各项预算都能够严格执行的情况下，尽可能地去完善、健全财务预算管理的规章制度，建立起财务预算调整机制。为了确保财务预算的科学性和准确性，要不断地对财务预算进行调整以及程序的优化。而这些行为都是在为财务预算打基础，目的是使相关制度更加坚实，也在执行力方面更加完善。在当今这个大数据时代中，高校更应该抓住数据优势，并充分利用互联网信息技术，使其在财务管理工作过程中发挥分析及监控作用。

如果发现了问题，就应该直面问题，以问题为中心进行有效的论证，然后提出具有针对性的最优解决方案。尤其要做到申请款项无差别对待，以此来确保每一笔款项都是真实有效的。在每笔款项的审批过程中，所有签字领导也应该为这笔款项的使用状况负责，使款项具有真实性和合法性。总之，高校要对财务预算工作执行的方方面面加强监督，严格控制财务预算以外的开支，以确保财务预算目标的真正实现。

3. 健全预算评价考核机制

在高校全面预算管理实践中，应当将绩效预算纳入其中。通过这种方式，有助于对资金的申请、资金的编制及其执行的全过程进行有效的监督管理。在管理过程中，应当将院系责任制和预算绩效考核这两者结合起来共同管理，并建立起财务预算绩效考核机制，制定相应的考核方法，要有奖有罚。要全方位加强预算绩效管理的宣传工作，提升全员的责任意识和全局意识，在这个基础上，再将教职员工的实际工资与之联系到一起。在这方面，同样也可以通过绩效评价的方法来实现，具体来说就是将高校的资金使用情况拿出来做一个详细的分析，以此来判断上学年的资金使用合理程度，为下学年的资金使用打下一个坚实可靠的基础。

二、改善高校财务内控环境，制定财务会计内控制度

财务内控环境和会计内控制度是完善高校财务内部控制的两大关键要素，良好的内控环境是财务内部控制制度有效运行的基础，完善的会计内控制度是财务预算有效执行的保障。

(一)财务内控环境是内部控制体系的核心和基础,它不但直接影响内部控制的建立,还直接决定内部控制实施的效果以及内部控制目标的实现

改善高校财务内控环境,必须了解环境并优化环境。影响高校内部控制的环境因素,表现在高校领导层的合理配置和经营理念、高校组织结构与权责分配、高校员工职业素质和品行以及管理模式等方面。要健全、加强和完善财务内部控制,就必须优化财务内控的环境。

1. 建设良好的校园文化

高校要想营造一个良好的校园环境,就要不断地激发教职员工的进取心,并将其上升到一种校园文化层面,让这种文化内化于心,外化于行,在无形中影响教职员工的思维理念和行为。良好的校园文化可以使高校摆脱困境,让教职员工都保持一颗积极上进的心,同时也能强化教职员工的凝聚力,因此要让这种良好的校园文化成为一种无形的动力。

2. 建立良好的高校组织结构

规划、执行、控制和监督活动是高校组织的重要任务。良好的组织结构体系是高校所需要的,这种组织结构以执行工作计划为最初使命,并可以使职位层次更加合理科学,让信息沟通的渠道变得更为流畅,让合作关系更为愉快,让效率得以提高。良好的组织结构不但可以清晰界定"权责利",还可以更好地控制环境,使内部控制环境得到进一步优化。

3. 建立良好的高校领导的激励约束机制

内部控制是高校领导作为管理层实施管理的重要方式。当领导做出决定性的决策时,各部门要按照领导的正确意图去实施,因为高校领导在整个高校内部控制的系统运行中有着举足轻重的作用。从建立激励约束机制的意义上来说,高校领导者的自身素质尤其重要,因为自身素质会直接影响到高校内部控制的效果和效率,所以提高领导的综合素质是建立激励约束机制的重要方面。只有领导素质有了提高,才能建立起行之有效的激励约束机制并使其发挥出真正的作用,也才能让内部控制系统尽善尽美。高

校领导者综合素质的提高，需要从三个方面出发：首先，要建立人才库并将其作为一个外部机制，以此来形成一种外部约束力，对高校领导进行监督与激励；其次，要注重使用财务控制的方式，来约束和激励领导者的行为；最后，要从法律法规和制度这两个方面入手，制定合理的奖罚机制。

4.建立良好的高校经营理念

高校的经营理念，指的是高校的经营哲学以及高校的精神，是高校校园文化的浓缩，是高校领导者事业宗旨的体现，同样它也是员工精神目标的确定。在高校中，只有领导者和教职员工形成一个整体，才能把高校的经营理念体现得淋漓尽致。高校的经营理念需要具有科学性，并且可以规范教职员工的行为，凝聚教职员工的精神力量。事实上，在高校未来的长远经营过程中，以及发展战略目标的确立方面，经营理念都起着举足轻重的决定性作用。

5.提高教职员工的素质和他们对内部控制制度执行的认识

教职员工在内部控制中有着非常重要的位置，如果他们中间互相串通作弊，或者教职员工对某个内控决定不理解甚至做出错误的判断，违背内部控制制度的事情就容易发生，这将导致内部控制部分或全部失效，造成严重的后果。所以，实现有效的内部控制，就要严格选拔各个岗位人员，选择那些内心正直、尽忠职守并且精明能干的人。此外，为了提高教职员工的素质和他们对内部控制制度执行的认识，在日常对教职员工的管理上，要加强内部控制重要性的宣传教育，使教职员工对内部控制有充分的认识。为了提高教职员工对内部控制制度执行的认识，在人力资源管理制度和财务控制措施中，既要做到合理、科学和适用，还要在教职员工按制度完成既定工作的同时，关心他们的生活和健康状态，加强对他们的职业道德教育，注重建立激励机制和考核机制。

（二）会计内控制度的建立为高校内部控制的有效实施提供了重要保障，主要包括八个方面

1. 建立不相容职务分离制度

高校设置与会计相关的工作岗位，要注意使职责权限得到进一步明确。同时每个工作岗位之间要做到不相容，职务相互分离控制，这样才能达到相互制衡的目的。之所以要建立不相容职务分离制度，是因为同一工作大家集中一起去做，就容易导致错误和舞弊行为的发生，而且也容易出纰漏。为了杜绝这种问题的出现，在两种不相容的职务中，必须做到分工明确，并且每种职务应该有两个或两个以上的员工进行分工负责。

高校内部控制的有效运行依赖于职务分离原则，通过避免不相容职务的重叠来保障经济业务的独立性和规范性。首先，授权者和执行者之间必须明确分工，确保同一人在同一经济业务中不会既担任审批者又成为执行者，这样可以避免权力的集中导致潜在的风险或错误。例如，拥有材料采购审批权的人不能兼任采购员，以降低利益冲突或违规操作的可能性。其次，执行人员与稽核人员应当分离，这不仅能够避免同一人在执行与稽核中出现偏差，还能够提升业务审核的公正性和准确性。例如，负责审核收据的人不能同时参与收据的填写工作。再次，执行人员与记录人员之间也需要分离，尤其在财务管理中，负责记账的人不能同时参与现金的收取或管理，确保账实分离，防止财务记录与实际资金流向不符。此外，财产物资的保管与核对工作也应分离，通过不同人员分别负责记录与保管工作，可以有效降低物资管理中风险和错误的可能性。最后，出纳与记账人员的分离尤为重要，出纳员不得同时负责日账与总账的记录，以保障资金流动的透明度与可追溯性。

2. 建立授权批准控制制度

高校在管理经济活动时，必须建立一套明确的授权批准体系，以规范授权范围、权限、程序和责任，从而确保经济活动的合规性和有效性。授权批准体系的构建应覆盖高校中所有经济活动，将不同经济事项根据其重要性和金额大小划分为不同的管理层次，明确各级管理人员的权限和责

任。每一项授权都需严格限定在既定范围内，确保经办人和管理层在权限范围内行使权力、履行职责，以防止因越权行为或授权不当而引发重大失误或经济舞弊案件。

在授权批准过程中，高校应遵循"谁主管谁审批，谁审批谁负责"的原则，明确每一层次的审批责任，加强管理人员的责任心，使其对所审批事项的真实性和完整性负责。同时，高校需要建立科学合理的审批程序，从授权到执行的各个环节均需做到透明规范，避免出现越级审批或违规审批的现象。为此，高校还应完善检查制度，对授权后的经济事项处理进行定期检查与监督，确保经济活动在授权体系内高效运行。

3.建立会计系统控制制度

制定适合本校的会计制度，需要严格遵循国家统一规定，在制度设计中体现规范性和操作性。应明确会计凭证、会计账簿以及会计报告的处理程序，使各环节的处理流程更加科学、高效。在此基础上，还需建立和完善会计档案管理与交接的制度，确保会计信息的完整性与可追溯性。此外，实行会计岗位责任制是一项重要措施，通过明确岗位职责和分工，进一步提升会计工作的规范化水平。同时，应注重会计监督职能的强化，使会计工作不仅限于记录与核算，还能为内部控制和决策提供支持。

在会计凭证管理方面，应确保原始凭证的严格审核，防止任何不合规凭证进入后续处理流程。对于凭证编号，应保持连号使用，避免遗漏或混乱。所有凭证需明确用途，减少信息不对称或误用的风险。通过复核制度的建立，可以对凭证的填写、记账和过账环节进行有效控制，确保数据的准确性。签章要求是凭证管理的关键环节，通过签名盖章可明确责任归属，便于追溯。此外，凭证的传递和保管需要建立标准化流程，确保原始凭证和记账凭证的完整性与安全性。

在会计账簿控制方面：其一，每个单位的规模和特点各不相同，而会计账簿体系的建立就需要适应其单位的管理需要；其二，在会计做报表的编制时，用来做依据的账簿记录必须是经过核实以后使用的。在这一点上，会计要保证数据的准确性、内容的完整性，并要及时报送，这样才能为使用者提供有效的信息。对于会计提供的报表所要求的信息的真实性和完整性，高校财务部门负责人要对其负全责。

4. 做好财产保全控制

高校为了确保财产的安全性和完整性，需要对流动资产、固定资产及其他资产实施系统的财产保全控制。财产保全控制覆盖了从采购、验收到入库、领用、计量、维修、盘点等多个环节，确保资产的全生命周期都在控制之内。通过限制接近制度，可以有效防止未经授权的人员接触实物资产，保障财产不受干扰或损失。

在财产记录管理方面，建立全面的财产记录监控制度，能够实时记录资产的增减变动情况，加强资产所有权的明确管理。资产个体档案的建立则有助于资产财务报表的准确性，使资产价值记录具有一致性。此外，资产记录保护制度对于防止记录丢失、损毁或被篡改具有重要意义，通过妥善的文件管理和计算机系统备份，可以提高资产信息的安全性。为了确保实物资产数量与账面记录相符，定期和不定期的清点制度是必不可少的，通过清查核对，能够及时发现和纠正可能存在的错误或问题。与此同时，建立财产保险制度为资产提供了额外的安全保障，在可能的财产损失发生时，通过投保自然灾害险或责任险等，可以有效减少风险对学校财产的影响。

5. 有效控制风险

当今高校处于市场经济高速发展的大环境中，在这种环境中机遇与风险并存。为了尽量控制风险出现时可能产生的损失，高校要尽最大可能将损失降到最低，所以就要建立有效的风险控制系统，达到风险预警和控制的目的。当高校在面对各种风险时，要对风险进行评估、识别、分析，然后采取相应的措施。在风险来临时进行有效的规避，做出全面的防范，就能最大限度地减少或避免不利的结果出现。

高校在当前发展过程中面临的主要风险可以归纳为筹资风险、投资风险和合同风险。针对这些风险，高校需要采取系统性的风险管理措施以保障财务安全和可持续发展。

首先,在筹资风险方面,由于部分高校存在教育经费不足但需扩大招生规模的问题,基本建设往往需要依赖外部融资。如果缺乏偿还能力,高校财务将面临严重困境。因此,高校必须健全筹资风险评估制度,全面评估资金来源的可靠性及偿债能力,并制定切实可行的防范措施,以降低财务压力。

其次,在投资风险管理方面,高校应根据自身条件对投资方向、渠道规模、资金用途及预期效益进行全面控制。通过开展可行性分析,评估投资项目的经济性和可操作性,规避可能的风险。对投资金额的确认及相关预案的制定是应对潜在负面因素的重要手段,能够帮助高校在投资过程中及时调整策略,减少损失。

最后,在合同风险管理方面,高校应建立健全的合同风险控制制度,以确保合同条款符合法律程序,明确每个执行步骤。为进一步降低合同执行过程中的法律风险,高校可以聘请专业律师参与合同的审查与管理,确保合同合法合规。当违约情况发生时,应及时采取措施,通过法律手段保护高校的合法权益。这些风险管理措施的全面落实,将为高校的稳定运营和长远发展提供重要保障。

6. 建立内部报告控制制度

高校在管理和运营中,为了提高内部管理的实施性和针对性,应建立完善的内部报告控制制度。这一制度的核心在于通过全面反映业务活动的重要信息,使管理层能够清晰了解业务运作的现状并做出科学决策。内部报告控制制度涵盖了多种类型的管理报告,包括货币资金报告、资产负债状况报告和对外投资报告等。这些报告能够提供详尽的数据和分析,帮助高校及时掌握资金流动、资产配置及投资效益等关键信息。通过这些报告,高校可以迅速识别潜在问题并制订相应的解决方案,从而优化资源配置,提升管理效率。

此外,这些报告制度不仅能满足管理人员对业务活动信息的需求,还能强化内部监督管理,确保各项业务活动的透明性和规范性。高校内部报告控制制度的实施,不仅是内部管理的一项重要手段,更是保障高校财务安全、提高资源利用效率和促进可持续发展的重要保障。通过及时有效的报告制度，高校能够更好地应对复杂的运营环境，确保各项管理措施落到实处。

7.建立内部审计控制制度

高校审计部门的设立是保障内部控制制度建立与完善的重要举措，其核心职能是通过实时监督和定期审核，对高校的经济活动进行客观、公正的审查和稽查。在这一过程中，审计部门不仅能够确保会计资料的真实完整，还能够通过深入的监督和检查，对内部控制制度进行全面的评价和优化。通过这一机制，高校得以在财务管理和制度运行中维持高水平的透明性和规范性。

同时，为进一步提升内部控制的有效性，高校还可以引入外部审计机制作为补充。外部审计通过独立性和专业性的优势，对高校现有的内部控制制度进行再控制，不仅可以发现和纠正潜在问题，还能够优化会计控制环境。从实践角度来看，外部审计能够有效促进内部控制制度设计的改进，并在运行中提供持续的反馈，帮助高校不断提升管理效能。通过内部和外部审计的协同作用，高校可以在制度设计与执行层面建立起更为严密、高效的控制体系，进一步增强其经济活动的管理能力和制度运行的科学性。

8.建立电子信息技术控制制度

随着会计电算化和电子商务的不断发展，高校在财务管理中对电子信息技术的依赖日益增强，因此，加强电算化会计信息系统的内部控制已成为不可或缺的关键环节。为了保障这一系统的高效运行和安全性，高校需要将内部控制划分为预先控制、现场控制和反馈控制三个阶段，以此来全方位减少人为操控因素，充分发挥电子信息技术在提高管理效率和准确性方面的优势。

在此基础上，高校必须设立专门的审核人员，对每笔业务的合法性和准确性进行严格审核，以杜绝错误和舞弊行为的发生。同时，高校还需加强对系统开发、数据输入、储存和输出各环节的管理，确保数据处理的全过程符合安全标准,避免数据在操作过程中出现丢失、损坏或泄露的情况。此外,为防止"计算机犯罪"现象的发生,高校必须采取严密的防护措施,防止系统被非法侵入,确保数据的完整性和机密性不受威胁。通过这些措施的全面落实,高校能够有效构建起一套安全、高效的电算化会计信息系统,为财务管理的现代化和智能化提供坚实保障。

高校内部会计控制制度作为一种基本且常用的管理方法,在高校管理体系中占据着不可替代的重要地位。其独立性和综合性使其既可以单独应用于特定的管理环节,也可以通过与其他管理工具的结合实现更加全面的管理效能。内部会计控制制度的构建与实施对高校管理具有深远意义,不仅能够优化资源配置、提升工作效率,还能够作为管理者行为的重要规范,引导其在决策和执行中保持高水平的专业性和规范性。同时,这一制度覆盖了高校管理的广泛领域,从财务管理到行政运作,均能发挥其核心作用,为高校的稳定运行提供有力支持。

三、建立健全行之有效的高校内部控制风险防范机制

随着高校办学层次的多样化,办学经费的来源也有了多种渠道,由此也给高校带来了较大的财务风险。因此,高校必须建立健全行之有效的风险防范机制,以减少或杜绝高校财务风险的发生。

(一)建立完善的高校财务风险防范组织

高校财务风险防范需要以决策层的组织保障为核心,通过科学的管理与有效的措施,全面提升财务管理的安全性与稳定性。

首先,决策层需要高度重视财务风险意识的培养,通过识别内外部风险,如财务收支失衡、负债超标、政策变化、生源问题等,明确可能影响高校财务状况的关键因素。在此基础上,加强内部控制,以确保资金的合理分配和高效利用。

其次,风险控制是防范的核心环节。在实施每个项目之前,决策层应进行全面的风险评估,将风险控制在可接受的范围内。在项目实施过程中,采取实时监控措施,密切跟踪资金使用情况。同时,通过多种渠道筹

措资金,结合创新办学模式和制度,分散潜在财务风险,降低突发问题对高校财务稳定的冲击。

最后,建立有效的风险预防机制是关键。高校应根据资本市场的供求状况和自身发展需求,制订资金使用计划,在尽量减少风险发生的同时,完善紧急措施,以应对不可预见的突发事件。此外,还需严格控制贷款额度,并加强外债的监督管理,确保高校财务运行的健康与可持续性。

(二)建立健全信息收集与传递机制

财务信息的收集与传递是高校有效防范财务风险的前提条件,健全的财务信息收集与传递机制,可以为高校财务风险系统的良性循环打下坚实的基础。

高校在教研和日常运营活动中所表现出来的信息,其涉及面非常广,并且信息量大,因此高校财务风险防范要对信息格外重视,这些信息既有财务部门所提供的财务信息,还有教学、教辅行政部门所提供的非财务信息。针对这些信息,高校决策层需要建立健全信息收集与传递机制。

1. 制定信息统计表

在信息收集方面,高校可以制定一个信息统计表,这个信息统计表包括教学、教辅、行政管理等各个不同职能部门的信息。当然,因为各个部门的职能不同,信息统计表所采集的信息也各不相同,同时,制定信息统计表时可以提供各部门人员的主观信息,不过信息统计表制定者要使用描述性语言予以统计。

2. 强化信息收集员的职责

信息收集员的职业操守特别重要,他必须提供客观、真实的信息。为此,高校应加强对信息收集员的业务培训和工作考核,使其业务能力不断提升。

3. 建立信息传递渠道

校园网平台是信息传递的主要渠道,因此平台管理者要设置平台权限,信息职能部门将收集员收集的信息初审后及时传递,最终与财务部门所提供的财务信息汇合,并进行合理筛选、核对、整合,提高信息的有效性。重要信息应当及时传递给高校党委会。

4.建立信息披露机制

高校还应建立信息披露机制,适当地对外公开高校的财务信息,加强与校外投资者、债权人和监管部门等有关方面之间的沟通,在信息沟通过程中发现的问题,应当及时予以解决。在涉及重大决策时,必须征求全体员工的意见,同时还可以征求社会专业人士的意见,并适度公开有关决策,从而提升高校财务内控工作质量。

四、切实加强对高校财务内部控制工作的全面监督

高校财务内部控制工作顺利开展的前提是加强对高校财务内部控制工作的全面监督。加强对财务内部控制工作的监督,需要从以下两个方面着手。

(一)健全内控制度,完善监督机制

按照国家《行政事业单位内部控制规范(试行)》的要求,高校应当完善现有的内部控制制度,为高校财务资金的有效运作和充分发挥资金的使用效益提供安全环境。要结合高校自身的实际情况,设计具有针对性和适应性的内控制度,制定详细的控制措施,加大执行力度。

1.建立统一的内部控制执行规范

高校为了开展业务需要制定统一的工作流程及业务标准,并在内部各个职能部门之间要时刻保持沟通,做到协调配合。各部门要共同努力,积极配合工作,使内部控制的执行能力达到一定标准。如果内部各职能部门在开展业务过程中以自身为中心,各行其是,业务信息不能共享,将使得内部控制管理流程无法贯穿于各职能部门,给内部控制执行的持续性及规范性带来阻力,使内部控制达不到预期效果。只有规范和统一各职能部门的工作流程及业务标准,才能使内部控制起到应有的监督、制衡及防范的作用。

2. 完善监督机制

内部审计的核心在于通过健全财经审计业务制度和制订科学的审计工作计划，实现对高校财务活动和内部控制的有效监督。通过充分发挥服务职能、咨询职能和监督职能，内部审计能够对高校财务进行定期或不定期的全面审计，并对现有的内部控制机制进行深入评估。

审计工作不仅限于发现问题，更关键的是通过反馈审计结果，为高校管理层提供建设性的合理化建议，从而推动内部财务管理的优化。这些改进措施能够进一步提高高校的整体管理水平，强化财务风险控制能力，降低潜在风险的发生概率。同时，内部审计还通过不断完善审计流程和评估机制，确保高校在快速变化的财务环境中保持稳定和规范运行，为高校的长远发展奠定坚实的财务基础。

（二）充分利用信息化技术，优化财务内部监督机制

财务信息化管理能够加强内部监督，通过人工监督与电子信息技术监督相结合，可以确保内部控制制度的有效执行。

1. 加强财务信息化建设

为了有效避免人为因素导致的财务风险，高校需要大力推进财务信息化建设，全面提升财务管理的科学性与规范性。在这一过程中，构建统一的信息平台是关键一步。信息平台的搭建需要财务部门与信息化建设部门紧密合作，通过整合资源，确保财务各项业务流程在平台上清晰呈现并严格遵守规定的操作规范。通过信息化手段实现风险防控，可以显著减少由主观因素引发的潜在风险。

同时，高校在财务信息化建设中必须与时俱进，充分利用现代信息技术，不断优化平台功能，提高财务信息的利用率和处理效率。通过动态调整和持续升级，高校能够更精准地识别、监测和控制财务管理中的风险点，确保财务工作始终处于可控范围内。

2. 实行财务信息化管理

以往人们都用传统的方式去管理数据，但是如果发生差错或者数据漏

洞，使用这种方法就很难被人们发现。后来人们采用了财务信息化管理，可以实现多方面管理控制。财务信息化管理不仅能减少错误的发生，而且能有效地预防徇私舞弊的情况，还可以全面监督相关人员的工作，并在加强内部控制的同时，也让各个部门之间管理严格且有根据，做到奖罚分明。

第四章

预算业务控制

第一节 预算业务控制的基本概述

一、高校预算的概念

由于高校的资金主要来源于国家财政资金,"预算管理为主线"是高校内部控制的主要特点。高校预算的存在形式是年度财务收支计划,该计划是对单位年度收支的规模和结构进行的预计和测算,高校财务收支计划,经批准后就成为单位财务工作的指令性文件。预算业务涉及单位财务部门、业务部门、单位领导层和上级财政部门。

高校预算按管理级次划分,包括校级预算和二级单位预算。校级预算是学生层面的预算,是由学校财务部门汇总二级单位预算后综合编制而成的;二级单位预算是高校预算的基础,它是由各部处、各学院等二级单位自行编制的。高校预算按使用者划分,包含部门预算和校内预算,部门预算是上报给教育主管部门和财政部门的预算,使用者是政府部门;校内预算是高校根据下达的部门预算进行编制的,使用者是高校领导和校内各部门。

二、高校预算编制的基本原则

对于公立高校而言,国家拨款是其主要的经费来源,包括中央财政拨款和地方财政拨款。国家对高校实行核定收支、定额或定向补助、超支不补、结转和结余按规定使用的预算管理办法。这种预算管理办法具体来说,国家一方面通过设定生均拨款标准、核定在校学生人数向学校提供基本拨款,另一方面通过设置各类专项资金向高校提供定向拨款。对于高校超支部分国家不再补充,结转和结余资金按照国家相关规定使用。

因此,高校预算编制应遵循"量入为出、收支平衡"的原则,严禁编制赤字预算。在制定收入预算时,必须全面考虑各项收入,确保高校各项收入都被充分纳入预算。支出预算编制应全面考虑各种资金来源,尤其要重点保障人员支出和运行支出。资金应尽可能地用于教学和科研，同时要坚持勤俭节约原则。为此，需要大力压缩"三公"经费和一般性公务支出。

三、高校预算编制的构成

学校的预算收支按照不同的标准区分，具体的构成范围如图4-1所示。

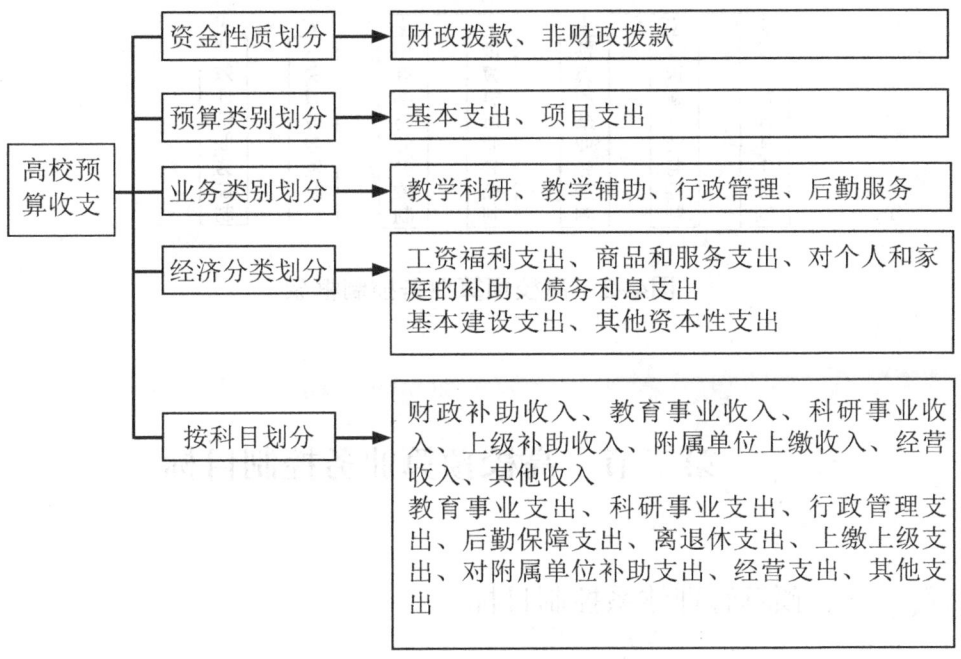

图4-1 高校预算收支构成

四、高校预算控制框架

高校预算控制指的是对高校预算业务的控制，它在高校财务控制中居于核心位置。高校预算控制是一个关键性的管理系统，它由多个环节组成，包括预算编制、审批、执行、调整、年终决算以及绩效评价。高校在建立健全预算管理体制和运行体制时，首先要制定和完善预决算相关的规章制度，明确各相关部门的岗位职责、授权批准程序和工作协调机制，全面梳理和分析各环节的风险，并且采取合理手段进行有效控制，来确保预算的科学性、合理性和有效性。这种系统性的管理方法对于高校的发展至关重要，能够更好地服务于教育教学和科研工作的顺利进行。具体如图4-2所示。

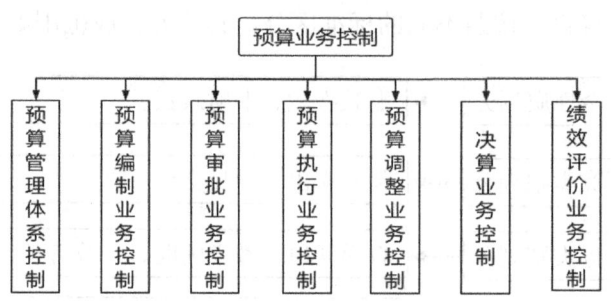

图4-2 高校预算业务控制框架

第二节 高校预算业务控制目标

一、预算管理体系控制目标

1.建立健全预算管理体制，明确各相关部门的职责权限，制定和完善预决算管理各项规章制度。

2.确立科学的预算管理机制，明确预算业务各环节的工作流程、要求、审批权限和责任划分。

3.在预算管理中设立合理的岗位，并清晰定义各岗位的职责和权限，以确保预算业务的各环节不相容岗位能够有效分离。

二、预算编制控制目标

1.确保预算编制过程中学校内部充分沟通协调，流程设置合理顺畅，公开透明。

2. 确保预算编制与学校年度工作计划和事业发展战略规划匹配性和一致性。

3. 保证学校年度预算编制科学、准确、合规、合理、及时、完整。

4. 统筹兼顾，保障重点，妥善安排各项资金需求，力争收支平衡。

三、预算审批控制目标

1. 确保预算审批流程设置科学，各个环节的审批要求和时限明确。

2. 校内各个审批主体职责明确，分工合理，认真负责。

3. 经批复后的预算指标分解细化，下达及时，不得影响各二级单位的预算执行。

四、预算执行控制目标

1. 预算执行主体明确，责任清晰，资金使用审批权限明确。

2. 确保预算执行严格按照批复的要求执行，杜绝无预算或超预算执行。

3. 预算执行严格按照规定的审批流程进行，严禁违规使用资金。

4. 加快预算执行进度，力争达到预期的预算目标。

五、预算调整控制目标

1. 严格审核预算调整事项的必要性和可行性，没有特殊情况不得随意提出预算调整事项。

2. 严格预算调整程序，保证调整程序合法合规，严禁未经批准擅自调整预算。

3. 明确预算调整审批权限，确保审批符合规定。

六、决算控制目标

1. 保证高校年度决算报告编制真实、完整、及时、准确，能够真实反映学校的财务状况和收支情况。

2. 确保决算编制及审批程序合理，职责明确，工作顺畅有效。

3. 加强决算分析及决算结果运用，为下一年度预算工作提供依据。

七、绩效评价控制目标

1. 确立全面的绩效管理机制，包括"预算编制有目标、预算执行有监控、预算完成有评价、评价结果有反馈、反馈结果有应用"的全过程。

2. 明确校内预算绩效评价牵头单位，并制定科学合理的评价方法和指标，以确保评价工作的有效开展。

3. 及时反馈评价结果，重视绩效评价结果运用，建立奖惩机制，落实奖惩责任。

第三节 预算业务控制的风险描述

一、预算编制环节的风险描述

（一）对国家经济形势关注不够

国家经济形势的好坏决定了财政收入的增减，而高校的财政投入直接受财政收入的影响。因此，若忽视国家经济形势和财政投入情况，高校的预算编制将变得盲目。

（二）预算编制与学校事业发展规划不匹配

高校每五年会制定一个五年期的事业发展规划，对学校未来五年内的学科发展、师资队伍建设、人才培养、校园建设等做出详细规划，这些规划的完成需要相应的财力支持。高校预算编制如果没有与学校发展规划进行很好的衔接和匹配，将会给预算编制带来风险。

（三）预算编制的要求不明确

高校财务实行"统一领导，分级管理"的管理体制，如果高校预算编制制度不明确，学校和二级单位各自的编制责任、编制权限、具体编制流程、时限要求等不清楚，将给预算编制造成混乱。

（四）预算编制的方法不科学

目前，相当部分高校的预算编制仍然简单地采用"基数+增长"的方法。该方法虽然简单易行，但也存在编制不科学、不严谨、不合理的缺点。此外还存在预算目标不明确，重支出预算、轻收入预算以及校内、校外预算"两张皮"的现象。

二、预算审批环节的风险描述

（一）预算审批机制不健全

一些高校在预算审批工作中存在着组织机构和岗位设置不足的情况；另一些学校未能将预算提交教代会进行讨论和征求意见，导致在民主理财和全员参与预算方面存在不足；还有一些学校没有设立专门的学校预算委员会或财经领导小组，来负责预算的综合协调和统筹谋划，这些问题将会影响审批环节的严谨性。

（二）预算审批的权限不明确

高校预算审批环节涉及多个内部部门和领导机构，但这些部门和机构在审批权限和责任方面并不总是清晰明确。这可能导致部门之间权限重叠或责任缺失，从而带来审批风险。

（三）预算审批的程序不完善

尽管高校已经建立了一定的审批流程，但与规范的内部控制要求相比，仍存在差距。审批流程的设置、先后顺序以及审批时限等方面仍存在一些不明确之处。这些程序上的不完善也将影响到预算审批工作的顺利进行。

三、预算执行环节的风险描述

（一）预算执行刚性不强

有的高校预算批复下达后执行主体不明确、责任不落实、执行过程不规范，导致预算约束力不强，具体表现为未按预算要求的项目和内容开支，随意变动开支内容；擅自扩大开支范围，提高开支标准；执行中存在超预算开支的情况，甚至存在无预算安排就发生支出，事后再补报预算的情况。这些行为的存在严重破坏了预算的刚性和严肃性，给预算执行带来隐患。

（二）资金支付审核把关不严

高校在预算执行时，如果资金支付前预算项目准备和论证不充分，资金审批权限不明确，资金支付流程不完备，审核把关不严格，就会导致资金支付随意性大，甚至造成廉政风险。

（三）预算执行进度滞后

高校的预算资金通常有执行进度方面的要求，特别是国库资金的执行要求更为严格，通常要求在年度内完成执行。然而，在预算执行过程中，存在着项目单位对此重视不够、责任落实不到位、组织措施不当等情况。这导致资金的使用受到限制，执行进度滞后，大量资金积压，存量资金持续居高不下，从而影响了资金的使用效率和效益，导致预算执行效果不佳。

（四）预算执行偏离预算目标

为了体现预算的科学性和效益性，高校年初预算时一般会设定预算目标，如果预算执行时偏离了既定目标，将会给预算执行分析和绩效考核带来困难。

四、预算调整环节的风险描述

（一）预算调整随意性大

高校的预算一经批复，除特殊情况外，一般不予调整。但有的高校预算的刚性和严肃性不够，经常性地或随意性地进行预算调整，可能导致预算失去严肃性和约束力。

（二）预算调整的程序不规范

如果高校没有明确和规范的预算调整程序，或者未严格按规定程序进行调整,或者干脆抛开程序自行调整,这样势必导致预算执行过程的混乱,预算执行的规范性和资金使用的效益性将大打折扣,产生较大的风险隐患。

(三)预算调整审批权限不明确

高校的预算调整包括了预算任务调整、支出项目调整、支出标准调整、预算额度追加等各种情况,如果没有针对不同情况对审批权限进行设置和明确,可能造成预算调整审批混乱。

五、决算环节的风险描述

(一)决算与预算口径不一致

决算是指高校根据预算执行结果编制的年度报告,它反映了整个年度高校资金的使用全貌。决算和预算编制上报的口径不一致,就无法反映预算执行的真实情况,难以体现出预算执行的效益和效果。

(二)决算责任不落实

若在决算工作中,高校内部各单位未明确和履行各自的工作责任和任务,未统筹安排工作进度和时限,也未明确工作流程,那么决算工作将难以按时完成并符合要求。这种情况可能会导致工作进度的延迟和决算工作的质量受损,影响整个决算过程的进行。因此,确保各部门职责明确,工作安排合理,是保障决算工作顺利进行的关键。

(三)决算数据不准确

决算工作的基本要求是数据的真实和准确。这取决于财务日常基础工作的规范管理,同时也需要核实核对决算前的相关数据、盘点资产等。如果这些工作不完备,就可能导致决算数据失真,决算质量受影响。

(四)决算信息不完整

信息完整也是做好决算工作的要求之一,决算涉及高校内部相当多的信息,而这些信息也是由多个部门提供的。如果各部门责任和任务未落实、工作协调不足、沟通交流不畅,以及财务部门的检查核对不够细致,就会影响到决算信息的完整性。这将导致年度财务状况难以全面真实地反映，也无法为学校决策提供可靠的依据。

六、绩效评价环节的风险描述

（一）绩效评价的工作要求不落实

预算绩效评价是指预算执行完毕后，对预算资金的产出和结果进行评价，它是预算控制体系中必不可少的环节。但是大多数高校尚未建立绩效评价理念，也未开始正式进行绩效评价工作，而是处于被动等待状态。由于预算绩效评价工作缺位，高校内部普遍存在重花钱、轻效益的思想，预算资金使用效果不理想。

（二）绩效评价机制不健全

高校不重视绩效评价工作，没有明确绩效评价的牵头单位，绩效考评的规章制度缺失，考评范围、工作流程不明确，人员配备不到位，预算绩效评价难以开展。

（三）绩效目标设置不科学

绩效目标的科学设置是做好绩效评价的前提和基础。目前存在的问题是，已设定的绩效目标与学校实际情况不匹配。这种不匹配可能源于目标定义不清、操作复杂度高，或者目标过于宽泛缺乏具体的实施意义，又或者过于片面无法全面评估资金产出和经济效果。缺乏科学的绩效目标和评价指标，严重妨碍了绩效评价工作的有效开展。

（四）评价结果运用不充分

绩效评价是否成功关键在于评价结果是否得到充分的应用。如果评价结果仅被视为例行工作的一部分，而不被充分重视，未将其与下一年预算相挂钩，那么绩效评价的实质作用将受到限制，仅停留在形式上。

第四节 预算业务控制的具体措施

一、建立健全预算控制的组织机构和运行机制

(一)完善高校预算控制的组织机构

高校的预算控制是一个复杂的系统工程,涉及各个方面的组织机构设置和职责分工。首先,预算编制机构由财务处和各个二级经费使用单位组成,负责各自部门的预决算草案的编制,并将其汇总上报至学校。这些草案的起草并不是孤立的行为,而是在预算咨询机构的监督下进行的,该机构包括教代会(或教代会常设主席团)及相关的专家委员会,其任务是对预算草案提出意见和建议,确保预算的合理性和可行性。而在预算的最终批准和决策阶段,则由预算决策机构负责,这包括学校财经领导小组(或预算委员会)、校长办公会以及党委常委会,他们依据各自的层级逐级审查和批准预算,确保其符合学校整体发展战略和财务可持续性要求。一旦预算得到批准,执行阶段便由执行机构承担,这些机构由各个二级单位组成,负责实际执行预算计划并确保经费使用的有效性和合规性。然而,仅有预算的编制、批准和执行还不足以确保整个预算体系的完整性和效能。因此,预算绩效评价机构的角色显得尤为重要,它由财务处或引入的校外第三方评价机构负责设置,主要任务是对预算的执行情况进行全面评估和监测,确保预算的实施达到预期的成效。在所有这些机构中,预算监督机构则起着监督和审查的关键作用,由学校审计机构担当,也可以引入校外审计机构进行专业监督,以确保预算执行的透明度和合法性。在这个系统工程中,各个机构密切配合,形成了一个有机的预算控制体系。只有当这些机构职责明确、分工合理时,高校的预算控制才能够顺利运作,确保预算的制定和执行符合规范,为高校的发展提供有效的财务支持和保障。

(二)建立健全预算管理的规章制度

高校应当根据国家预算法规和上级有关政策要求,结合学校实际情

况，制定和完善预算管理制度，包括预算编制、预算审批、预算执行、预算调整、决算、绩效评价等内容，确保整个预算管理流程都依法依规进行。

（三）完善预算控制的运行机制

高校应制定规范合理、流程顺畅的预算业务控制运行机制，并严格按照规定的流程和权限执行。以下是高校预算编制与审批流程（图4-3）：

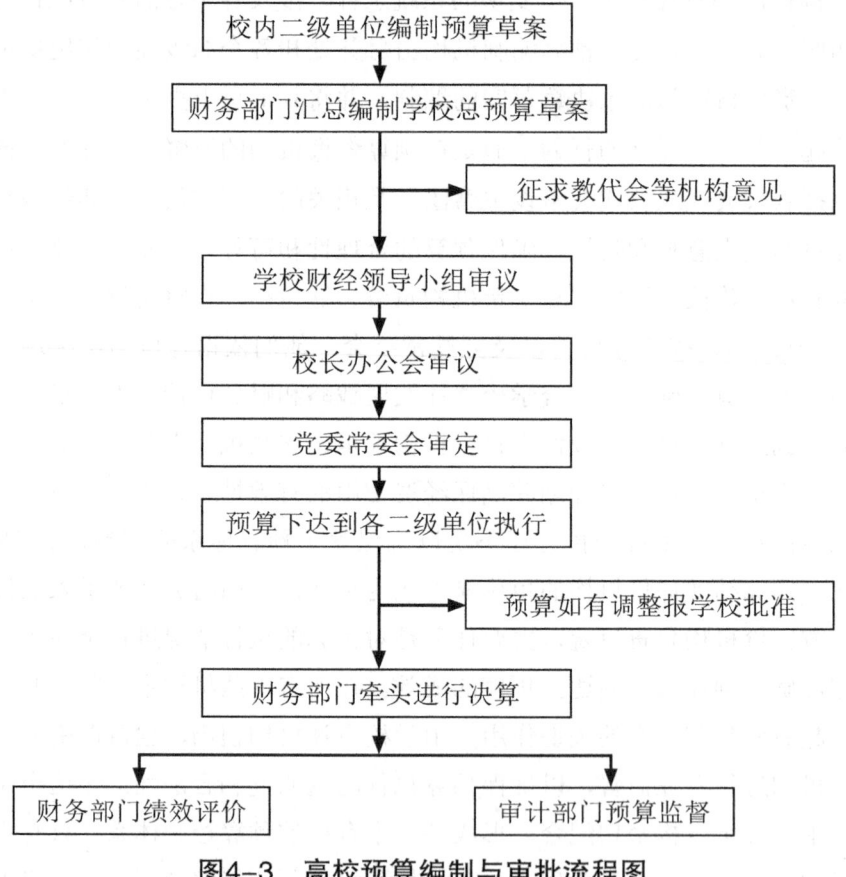

图4-3 高校预算编制与审批流程图

二、预算编制环节的控制措施

高校预算编制环节是高校预算管理的起点，预算业务控制就是要保证年度预算编制依据合理、程序规范、要求明确、方法科学、内容完整、数据准确,确保学校收支平衡,合理安排各项资金需求,以保障学校年度工作计划和事业发展战略规划的实现。

(一)把握好高校预算编制的依据和原则

一是严格执行国家预算法规、财政部相关预算编制的政策要求、上级教育主管部门的工作要求、高校制定的预算管理办法,确保预算编制合法合规。二是关注国家经济形势和政府财政增长状况,这是以财政拨款为收入来源主体的公办大学的必修课,为了确保学校财务的可持续发展,首先必须对学校收入增长趋势进行准确预测,这将为制定五年财政规划和三年滚动预算提供基础。三是预算编制过程中,必须与学校的事业发展规划和年度工作计划紧密衔接。事业发展规划为学校的长远发展确定了方向和目标,而年度工作计划则具体化了这些目标,明确了每一年的重点任务和行动步骤。预算编制应根据这些规划和计划来确定编制原则和重点投向,确保每一项预算支出都能够有效支持和保障工作任务的完成。四是在预算编制过程中,应遵循"量入为出、收支平衡"的原则,严禁编制赤字预算,确保收入预算稳妥,将所有应纳入预算的收入列入考虑范围。支出预算编制应统筹兼顾,特别关注重点领域,并实行节约原则。

(二)明确预算编制的各项要求

一要明确学校预算编制的职责分工,高校实行"统一领导,分级管理"的财务管理体制,预算编制包含了学校和二级单位两个层面,这两个层面应当上下结合、分级编制、逐级汇总,最后由财务部门综合平衡,编制出学校的预算草案。二要强调预算编制的时限要求,高校预算编制从启动到批准下达有严格的时限要求,否则将会影响预算的执行,因此预算编制的各个环节必须严格按照规定的时间完成,不得随意拖延。

(三)建立科学的预算编制方法

首先应合理设置预算目标及指标,高校根据事业发展规划和年度工作计划设定预算将要达到的目标,借鉴财务管理目标来设置预算绩效考核指标,这是做好预算编制的前提。其次,为了确保预算编制的科学性和合理性,高校在确定预算额度时,应综合考虑上一年度预算执行评价结果,并采用"基数+适度增长+绩效修正"的方式,以科学合理的方式分配各单位和项目的预算。此外,建立论证机制对于重大事项如基本建设、大型维修和大额物资采购至关重要。通过组织相关部门和专家进行科学论证,评估项目的必要性、可行性以及预算金额的合理性,可以确保预算资金的有效利用和管理,提升高校财务管理的透明度和效率。这种综合考量和科学论证的方法不仅有助于优化资源配置,还能推动高校发展战略的实施,为教育事业的可持续发展提供有力支持。

三、预算审批环节的控制措施

(一)健全预算审批机制

由于高校预算实行两级管理,涉及多个预算审批机构,包括二级学院的党政联席会、职能部处的处务会、财务处、教代会、学校预算委员会或财经领导小组、校长办公会、党委常委会等,这些机构分别履行各自的审批职责,从低到高,逐级审批,层层把关,形成了完整的高校预算审批机制。在此过程中发扬民主、充分讨论、集思广益、民主理财、全员参与,确保预算审批环节严谨可靠。

(二)明确预算审批权限

高校预算审批环节涉及校内多个部门和机构,每个机构在其中的权限是什么,应当承担怎样的审批责任,必须加以明确。比如,高校二级单位领导班子负责该部门预算的审批,财务处负责学校预算的初步审核,教代会负责预算听证,学校预算委员会或财经领导小组负责预算审议并提出修改意见,校长办公会和党委常委会负责审定预算。通过明确各自的审批权限,就可以解决部门间权限重合或责任缺位问题,从而避免审批风险。

(三)规范预算审批程序

高校应当按照内部控制的要求,规范审批流程,明确审批流程中的先后顺序、审批时限要求等。具体包括，校内各二级单位提出预算需求，报到财务处进行初审和汇总编制，财务处提出学校预算草案，征求教代会意见后，提交学校预算委员会或财经领导小组负责预算审议，再次修改后提交校长办公会审议，最后由党委常委会审定通过后，下达预算到各二级单位执行。

四、预算执行环节的控制措施

高校预算执行环节的控制是要确保预算按照批复的要求执行，确保资金使用合法合规，加快执行进度，最终达到预期的预算目标。

（一）强化预算刚性

高校的预算批复后，财务部门要对其进行细化下达，各二级单位要严格按照批复的预算执行。一是明确责任，每个使用经费的单位就是责任主体，要对预算执行负有直接责任。二是资金使用严格按照预算要求的项目和内容开支，不得随意变动开支内容，也不得擅自扩大开支范围，提高开支标准。三是预算执行不得超出批准的额度，不得超预算开支，更不能在无预算安排情况下就发生支出，事后再补报预算。

（二）强化资金支付审核把关

一是高校应当健全预算资金支付审批办法，明确资金审批权限，规范审核程序。二是做好资金支付前准备工作，做好资金使用计划和论证，规范填写资金支用单据，及时提出支付申请。三是加强审核把关，二级单位负责人要认真审核本单位的资金支付，并对其真实性、相关性和合法性负责；财务人员也要加强审核，确保资金支付符合预算要求，手续完整齐备。

（三）加快预算执行进度

高校的预算资金往往有执行进度方面的要求，特别是国库资金的执行要求更加严格，一般要求在年内执行完毕。高校应当高度重视预算执行工作，加强组织领导，落实执行责任。制订预算执行计划，按月分解用款额度，及时支付款项。建立预算执行的奖惩机制，强化结转结余资金管理，制定政策以盘活财政存量资金，加速预算执行进度，提升执行质量。

五、预算调整环节的控制措施

（一）严格控制预算调整的发生

为了确保高校预算的严肃性，学校预算下达后一般不予调整。但在预算执行过程中，由于特定原因的存在，也会允许一定的预算调整的发生，这也是为了确保预算顺利进行而采取的必要举措，但是要从严控制。因此，高校要明确预算调整发生的因素和条件，具体包括：校内机构调整或职能转变，国家政策发生变化，外部环境的影响制约，工作任务发生变动，市场价格或支出标准发生变化等客观因素。这些因素和条件导致确需调整预算的，方可提出预算调整的申请。

（二）建立健全预算调整申请与审批程序

高校应当建立健全预算调整的流程，严格按照有关规定履行相应的预算调整审批程序。当确需进行预算调整时，预算执行单位首先要提出预算调整的书面申请，报学校财务部门审核，财务部门同意后，根据预算调整的内容和金额，有的需要上报分管校领导审批，有的需要上报校长办公会、党委常委会决定，有的项目调整还需报上级主管部门审批。

六、决算环节的控制措施

高校在决算环节的控制目标是确保年度决算报告的及时准确编制，及审批程序的明确有效，以真实反映学校的财务状况和收支情况。

（一）加强决算编制工作

一是高校应当建立健全决算管理制度，强化财务部门的决算编制责任以及相关部门的协助责任，明确各自的权限分工，明确决算编制的范围、内容和时限要求。二是确保决算编制的准确完整，高校在年终编制决算前，应全面核实收入和支出，清理债权债务，核对对外投资，进行固定资产盘点，以及收入催缴和费用清算工作，这些工作应当明确专门的机构及人员负责,并在限定时限内完成,确保财务信息真实、全面、完整。三是财务部门认真编制决算草案,决算应当符合法律法规的要求,做到收支真实、数据准确、内容完整、报送及时,确保决算编报质量。

(二)做好决算审批工作

高校应当加强决算审批工作,明确审批流程。决算草案编制完成后,财务部门应当进行内部会审,然后报送学校财经领导小组、校长办公会、党委常委会逐级审批,最后报送教育主管部门和财政部门审批,经批复后的决算草案及时归档保存。

(三)重视决算结果的运用

高校应当加强对决算数据的分析,科学设置分析指标,分析的内容包括预算与决算之间的差异分析,不同年度间收入、支出、结余的变动情况,资金使用效益分析等。高校应综合运用各种分析方法,对其财务状况进行横向和纵向比较。通过这种比较,能够更好地发现问题并提出改进建议,为未来的预算安排和重大决策提供可靠依据。这种全面的分析方法能够帮助高校管理者更好地了解其财务情况,并采取针对性的措施来提高财务管理水平和效率。

七、预算绩效评价环节的控制措施

高校预算绩效评价控制旨在实现全过程绩效管理机制,确保"预算编制有目标、预算执行有监控、预算完成有评价、评价结果有反馈、反馈结果有应用"的顺畅进行。

(一)建立预算绩效评价机制

高校应高度重视预算绩效评价工作,树立绩效评价的理念,建立绩效评价工作机制,明确工作牵头部门,制定绩效评价管理办法,确定工作流程和工作范围,建立绩效奖惩机制,扎实推进此项工作。这一工作的推进是为了确保高校预算的执行效果能够得到充分评估和提升,从而更好地实现财务管理的有效性和透明度,为高校的长期发展提供更有力的支撑。

（二）设置科学合理的绩效评价目标

在进行绩效评价工作之前，设定预算绩效评价目标是关键步骤之一。这些目标必须紧密与工作目标相关，明确反映出预算资金预期的具体产出和效益。确保这些目标具体、可衡量且可实现，是有效预算管理的基础。在预算编制阶段，及时设定和下达这些目标至关重要，可以涵盖整体高校支出目标，同时也要具体到各个项目的支出目标，以确保预算资金的有效使用和达到预期的成效。

（三）认真开展绩效评价

完成预算执行后，高校需及时展开绩效评价，重点评估经济性、效率性和效益性。评价过程分为两个层次：首先，各预算执行单位进行自我评估并提交自评报告，与设定目标进行对比，如有未达标情况需详细说明原因。其次，学校层面由专门部门牵头组织评价，根据各单位的自评报告深入分析和评估。特别关注未达标绩效目标的根源，并提出有效改进措施，以提高资金使用效益。这一绩效评价机制不仅有助于全面了解预算执行情况，还能及时发现问题并采取针对性的改进措施。通过提升财务管理水平和资源利用效率，确保预算资金得到最大化的优化利用，为高校长期发展提供坚实的支持。绩效评价的实施不仅是对预算执行效果的客观评估，更是推动高校管理科学化和精细化的重要手段。只有通过这种系统化的评估和反馈机制，高校才能不断完善预算编制和执行过程，确保资源分配的合理性和效益最大化，从而为实现教育质量提升和学术研究创新创造有利条件。

（四）做好绩效评价结果的反馈和运用

当高校进行绩效评价工作时，由牵头部门负责及时向具体执行单位反馈评价结果，这不仅有助于促进工作改进和提升管理水平，也是确保评价的有效性和实用性的重要举措。同时，这些评价结果被报告给学校管理层，将成为未来年度预算安排的重要决策依据。将评价结果与项目单位负责人的年度考核挂钩，能够更加有效地激励管理者积极应对问题和挑战，推动整体绩效的提升。对于严重违规行为，必须建立严格的问责机制，以确保管理的严谨性和规范性，进一步推动高校管理水平的不断提升和优化。

第五章

收入业务控制

第一节　收入业务控制的基本概述

一、高校收入的概念

根据《事业单位财务规则》(财政部第 108 号令)、《高等学校财务制度》(财教〔2022〕128 号)以及《教育部直属高校经济活动内部控制指南》，高校收入指的是高校在开展教学、科研及其他相关活动中，依法取得的各种无须偿还的资金。具体包括以下内容：

（一）财政补助收入

财政补助收入是指高等学校从本级财政部门获得的各类财政拨款，这些拨款主要包括财政教育拨款收入、财政科研拨款收入和财政其他拨款收入。

（二）事业收入

事业收入是指高等学校在开展教学、科研及其辅助活动中获得的收入，分为教育事业收入和科研事业收入。教育事业收入主要包括学历和非学历教育中向学生个人或单位收取的学费、住宿费、委托培养费、短训班培训费、考试考务费及其他相关收入。科研事业收入则主要包括除教育部财政科研拨款外的中央和地方科研经费拨款，以及通过承接科研项目、科研协作、科技成果转化和科技咨询等活动取得的收入。

（三）上级补助收入

上级补助收入是指高等学校从主管部门和上级单位获得的非财政补助收入。

（四）附属单位上缴收入

附属单位上缴收入是高等学校附属的独立核算单位按规定上缴的收入。

（五）经营收入

经营收入是指高等学校在教学、科研及其辅助活动之外，通过开展非独立核算的经营活动所获得的收入。

（六）其他收入

其他收入是指除上述收入以外的各项收入，例如租金收入、利息收入、投资收益、资产盘盈利得、捐赠收入、非本级财政补助收入等。

高校收入业务控制是高校对经济活动资金流入过程的控制。收入业务主要涉及收入项目与标准确定、票据开具与管理、合同管理、收入上缴、收入退付、收入确认、会计核算以及编制收入管理报告等具体环节。

二、高校收入业务控制的意义

1. 收入是高校进行教育和科研工作，谋求长期稳定发展的重要资金支持。收入业务控制可以畅通财务部门与业务部门、缴费单位之间的沟通机制，规范收入管理，确保应收尽收。

2. 确保高校的收入经济活动的合法合规，保障资产安全，提高资金使用效率，保证财务信息真实完整，有效预防舞弊和腐败行为，以提高公共服务的效率和效果。

3. 能够规范学校的收入行为，推动学校各部门之间的联系、制约关系，有利于内控制度的完善。

三、高校收入业务控制的原则

（一）全面性原则

高校收入业务的控制必须包括对高校所有收入和业务流程的全面覆盖。

（二）制衡性原则

在职责分工、业务流程等方面要做到不相容职务与不相容岗位内部牵制，相互分离。

（三）有效监控原则

有效的监控机制可以保证内控制度的有效实施。

（四）可操作性原则

收入业务控制的流程和举措具有实际可操作性，适合收缴政策、收费标准、票据管理、收入登记与确认、会计核算以及编制收入管理报告等业务环节需要。

第二节 收入业务控制的目标

1. 建立健全高校收入管理制度，依法开展收入管理，确保各项收入应收尽收

严格按照国家规定，合法组织和管理收费事务，确保各项收费符合国家财政和物价部门的范围与标准；按规定及时足额上缴各类应缴国库或财政专户的资金，没有"账外账"和"小金库"。

2. 完善高校收入管理机制，确保应收款项情况清晰，催缴责任明确

归口管理部门和执收主体明确各自职责、分工和权限，合理设置收入业务相关岗位，保证岗位职责清晰，不相容岗位相互分离、相互制衡，保障各类收入安全、合规。

3. 各项收入全部纳入财务部门归口管理并进行核算，严格遵守"收支两条线"，实行收缴分离，确保财务信息真实完整

按照"收支两条线"管理办法，学校应将学费、住宿费等非税收入上缴财政专户，随后由财政返还给高校作为教育事业收入，避免"坐收坐支"情况的发生。

4. 落实教育收费公示制度，实现收费透明、公开、有序、规范

在校园设置公示栏，在网站设置专门板块公示收费项目、收费标准、

收费依据及举报电话,及时更新收费公示栏中有变动的项目。实现收费业务活动的透明、公开、有序和规范。

5.建立健全收入分析报告和检查制度

定期或不定期分析和检查收入征收与入账情况,及时发现收入业务活动中存在的问题,确保收入业务正常进行。

第三节 收入业务控制的风险描述

一、未建立健全收入内部管理制度

缺少与收入业务相关的内部管理制度和业务流程,导致收入管理无章可循,收入业务操作流程随意性大,可能出现财务舞弊或乱收费等风险。

二、高校收入多头管理导致职责不清晰

(一)收入业务未归口财务部门统一收取,存在多头管理、权责不清现象

高校收入涉及的类型和来源渠道众多,涉及的收入业务部门和人员也很多,但目前尚未全面明确各部门和人员在收入管理中的岗位职责和权限,可能会出现收入金额不准确、私自截留挪用、坐收坐支等现象,更有甚者还会私自设置"小金库"。这种问题容易造成经济损失,且较难发现,即使发现也会因为管理权限问题扯皮推诿,不了了之。

(二)收入业务管理岗位设置不合理,不相容岗位未分离

开票、收款与会计核算等不相容岗位未有效分离,可能导致高校收入金额错误或舞弊甚至存在公款被挪用的风险。

三、收入核算不规范

（一）会计核算流程不规范，导致财务信息不全面、不准确

1. 收入业务未遵循"收支两条线"原则和不相容岗位分离要求

收入业务通常由同一部门或同一人员负责全程处理，缺乏监督机制或监督机制存在形式主义。结果是部分收入未纳入学校预算管理，资金未完全存入指定银行账户，可能出现截留、挪用或坐收坐支等问题。

2. 收入日常核算工作不够扎实，审核把关不严格

实际工作中，在审核财务报销相关原始单据时，财务人员对收入单据的基本要素审核不够严谨，可能会存在一些疏漏，这导致处理了一些收入属性不明确、归属部门不清晰、内容不完整、手续不完备的业务，影响了收入的日常核算工作。

3. 收入资金收缴账务处理不及时，导致出现错误

由于入账处理不及时，导致资金收缴后，账目余额与实际收入不一致，可能出现多收少记、少收多记或已收未记等错误，且这些错误难以及时发现。

（二）未对收入业务进行定期或不定期检查，收入长期挂账

1. 高校各类收入款项种类繁杂，到款认领和对账不及时

受高校规模的限制，各类收入款项种类多、金额大。日常工作中到款认领和对账不够及时，这就导致学校收入确认延迟和收入入账延迟，也间接造成了资金收取与收入确认不同步，对收入的完整性和真实性造成了不利影响。

2. 高校未建立收入定期或不定期检查及专项核查清理的机制

高校各部门之间各管一块儿，尤其是日常沟通中，业务部门与财务部门沟通不够，存在着信息不对称的情况，例如财务部门很难区分已到账资金的性质。这种情况下，很难及时清理会计年度内的所有收入并及时入

账,进而导致全年收入账目不清,出现大量错账、呆账甚至三角账的情况。这些问题既影响了收入的真实性和完整性,也对归集收入分析数据和为预算提供决策依据产生了不利的影响。

(三)收入核算科目设置不规范,可能导致账实不符

结合笔者多年的工作实践,目前高校在收入核算科目设置中存在以下一些问题:收入属性界定不准确,导致类别划分不清晰;收入核算设置的科目不完整,不能覆盖所有业务类别;随意设置明细科目,无规律可言。这些都是造成收入数据统计困难的原因。另外,无论是纵向还是横向的数据统计,都存在一定程度的不准确且不完整,不符合会计可比性的原则。

(四)账务处理不规范,影响财务报表的真实性和准确性

账务处理不规范的表现有:记账凭证摘要填写过于笼统简单,无法反映完整的业务信息,给日后查账增加了难度。由于个体理解不同,加上专业能力不同,可能出现同类型的业务处理方式不一致。对对账的及时性和重要性认识不足,加上核对方式落后,影响了账目核对的准确性。

四、非税收入管理风险

(一)对非税收入的范围和使用对象界定不清,导致错误使用项目

经过财政部门审批后,高校才能进行非税收入项目收费,在具体收费过程中,由于性质理解不到位,导致误用收入项目。

一是高校在日常收费中将培训费认作学费收取,但根据《教育部、国家发展改革委、财政部关于进一步规范高校教育收费管理若干问题的通知》(教财〔2006〕2号)文件规定,"高校为在校学生提供由学生自愿选择的服务并收取相应的服务性收费……不得与学费合并统一收取"。财政部《行政事业单位资金往来结算票据使用管理暂行办法》也明确指出,国家法律法规强制进行的培训业务以外,自愿参加培训、会议的收费,属经营服务性收费,应依法使用税务发票。因此,培训费属于应税服务性收

入，学费属于非税收入，两者不能混淆。

二是高校财务人员对代收代缴项目在认识上存在界限模糊的问题，存在将代收代缴项目与其他收入或经营收入混淆的现象。例如，职业技能鉴定费属于其他收入，而不是代收代缴项目；同样，将服务性收费如上机、上网服务费错误地纳入代收代缴项目。这些错误会导致非税收入项目的误用，进而影响了非税收入的真实性和准确性。

（二）未按规定及时上缴、违规截留、挤占、挪用各类非税收入，导致非税收入的流失

虽然大多数高校已经制定了收费管理办法，但在实际执行中，非税收入的收缴工作涉及财务、教务、学生管理及学院等多个部门，缺乏系统整合。这些部门使用各自的学生管理系统，信息无法互通共享，导致传达不畅。基础收费信息无法迅速、准确地传递到财务部门。通常情况下，教务部门将纸质基础信息交给财务部门，然后财务部门手工录入到收费管理系统。而同时，欠费信息没有及时传给各职能部门。以上情况反映了沟通上的缺陷，也间接导致了学住费的流失。

（三）非税收入的设立和征收、取消、停征、免征等随意性大，存在越权批准

收入业务管理人员没有及时收集、整理、归档和更新相关收费信息，导致单位不能及时掌握收费政策和规定，未按照规定的收费项目、范围和标准收费，存在不合法、不合理的收费行为。

（四）国有资产使用和处置收入不规范

高校利用国有资产进行对外投资、出租出借、资产处置取得的收入未能及时上缴国库或纳入专户，资产管理方式单一，存量资产闲置，影响单位非税收入。

五、"收支两条线"管理风险

单位私自开设各类预算外资金账户，存在资金截留、挤占、挪用和

坐收坐支的现象。部分高校学院或部门在创收方面存在仅部分上缴给学校财务的情况，他们自行设立"小金库"。这些部门通过自身资源直接创收，比如通过租借场地和设备获得收入，直接计入部门的创收经费。一些二级学院或部门通过合作办班项目擅自以二级机构名义与外部签订协议，随意制定分成标准，更有甚者不给学校分成，造成学校收入流失。

六、票据串用、混用风险

高校收费长期以来采用"双轨制"管理模式，即行政事业性收费和服务性收费并行运作。行政事业性收费主要指学费、住宿费等基本收费项目，这些收费项目由财政部门和物价部门共同审批，确保收费标准的合理性和规范性。而服务性收费则涵盖了各类为学生提供的增值服务，如培训班、证书认证、实习安排等，这类收费项目通常由物价部门单独审批，以保证收费项目的多样性和灵活性。然而，开票多依赖于主观判断，财务人员的素质就颇为重要。倘若收入划分不清晰，无法明确区分财政性收入、经营性收入和一般往来款项的界限，就会导致开具票据时未按其使用范围进行，造成不同票据之间的串用或混用。此外，这还可能影响后续的记账、核销、对账、调账和冲账流程，甚至对退费产生负面影响，使得高校收入确认不真实，财务信息不完整。

七、单位收费公示风险

（一）没有按照国家规定的原则对收费进行公示，公示的项目不合规

公示的收费项目中，不仅包含按规定应该公示的项目，还涵盖了一些已被国家明令撤销的收费项目。试图将越权收费、扩大范围收费、超标准收费以及自立项目收费等乱收费行为通过公示来"合法化"。

（二）公示管理不规范，没有对公示内容进行动态管理

已公示的收费项目标准或内容发生变动时，没有及时对其进行变更，公示的收费项目和标准陈旧，或存在随意更改和删减收费项目的现象。

八、缺乏对收入的定期分析与监控

高校普遍认为收入实现的主动权不在自身,极大地依赖于上级财政部门或同级财政部门或学校学生学费收入等,因此往往忽视对收入的分析,对学校收入在各个时期的整体情况掌握较少,出现漏洞或收入异常情况也难以发现,当遇到重大问题时,难以找到合适的应对措施。

九、缺乏收入绩效管理与风险评价机制

没有建立收入管理绩效评价机制,对收入管理好坏缺乏相关考核标准,使得收入管理工作处于混乱的状态中,进而给改进与完善相关工作带来困难。同时,没有建立收入管理的风险评价机制,缺乏对收入管理风险大小的正确认识,进而也没有制定应对可能发生风险的有效措施。

第四节 收入业务控制的具体措施

一、建立健全收入业务管理制度

建立健全学校收入管理制度是高校实现财务规范化管理的重要举措。一个完善的收入管理制度不仅可以确保学校各项收入的合法性和合规性,还能提高资金使用效率,促进学校的可持续发展。

首先,学校应明确收入来源,分类管理各类收入项目。对于行政事业性收费,如学费和住宿费等,应严格按照国家和地方政府的规定执行,确保收费标准公开透明。对于服务性收费,如培训费、场地租赁费等,应制定详细的收费标准和审批流程,避免随意定价和收费不公现象的出现。

其次,学校应加强收入核算和财务管理。建立统一的财务管理平台,实现各部门收入信息的互通共享,确保收入信息的及时、准确录入和反馈。财务部门应定期对各类收入进行审计,发现并纠正不规范的收费行

为。同时，学校应建立健全财务人员的培训机制，提高财务人员的专业素质和管理水平。

此外，学校应建立收入分配和使用的透明机制。各类收入的分配和使用应有明确的政策和程序，确保资金的合理使用和有效监管。特别是对于合作办学、科研项目等收入，应严格按照合同和协议执行，避免收入流失和利益冲突。

最后，学校应加强收入管理的监督和问责机制。建立内部审计和外部审计相结合的监督体系，定期对收入管理情况进行检查和评估。对违规收费和管理不善的行为，应严肃追责，确保学校收入管理制度的权威性和执行力。

通过建立健全学校收入管理制度，高校可以实现收入管理的规范化、透明化和高效化，为学校的发展提供坚实的财务保障。

二、强化收入业务的归口管理，明确岗位职责

高校应当建立健全与收入相关的管理机制和监督检查制度，明确收入归口管理部门和收入执收主体，确立各自职责、分工和权限。

（一）高校财务部门作为收入归口管理部门

作为归口管理部门，高校的财务部门承担着收入管理的主要责任，负责收费项目的提出和标准的核定，以及收入的确认、核算、结算和分配，同时负责收款和票据的管理。除非经过批准，其他部门和个人不得私自处理收入相关的业务。根据《单位内控规范》第二十六条规定："单位的各项收入应当由财会部门归口管理并进行会计核算，严禁设立账外账。业务部门应当在涉及收入的合同协议签订后及时将合同等有关材料提交财会部门作为账务处理依据，确保各项收入应收尽收，及时入账。财会部门应当定期检查收入金额是否与合同约定相符；对应收未收项目应当查明情况，明确责任主体，落实催收责任。"

（二）高校其他业务部门作为收入执收主体

高校其他业务部门的职责是根据已批准的收费项目和标准进行收费，

收费完成后及时将收入业务合同提交给财务部门，并及时完成各项收入的预算。

（三）高校审计部门、财务部门做好监督检查

定期或不定期检查各类收入执收及相关业务流程和工作。督促教职工履职尽责，及时发现并修正漏洞和隐患，以促使高校收入业务相关部门和人员不断提升管理水平，确保高校收入活动有序开展且健康稳定。

（四）高校收入业务岗位设置应体现职务不相容的原则，严格贯彻制衡机制，确保各部门和岗位之间相互制约、相互监督

高校的收款与收费审查、收入核算、结算分配等岗位，票据管理与收入核算、结算分配等岗位为不相容岗位，应分别设置并相互分离，以形成相互制衡机制，对于关键重要岗位，应聘选具备良好职业操守和较高专业水平的人员。同时，需完善票据管理制度，确保各类票据的申领、启用和核销工作得以有效执行，以防范潜在风险。

三、规范收入管理

（一）高校的各项收入纳入学校预算，做到统一管理与核算，确保收入信息的全面、真实、准确

首先，要加强预算管理，全面管理高校所有收入，扩大可支配资金规模，统筹安排资金。其次，要遵循收支两条线原则，科学安排预算。第三，高校应根据学分制改革的需要，合理科学地编制收入预算。第四，充分运用信息化手段，精确进行收入核算，科目账户一一对应。

（二）高校各业务部门应当严格按照合同管理要求签订合同，确保各项收入应收尽收、及时入账

高校应加强对收费合同的管理，建立监督审查制度，并制定相应文件。统一合同协议范本，跟踪执行情况，以确保资金及时入账并开具合规票据，从而预防贪污、舞弊和设立私房账的风险。

（三）建立健全高校收入退付管理制度

将收取的款项退回交款单位或个人时，应当严格执行相应的审批程序。高校不得"以收抵支"，严禁设立"账外账"，严禁以个人名义取得学校收入。

（四）规范高校收入的核算管理

1. 规范会计日常核算基础工作

高校应制定统一的审核标准，明确审核要素。财务人员需严格审核报销单据，特别注意信息是否完整。同时，重视提升财务人员的业务能力和素质，加强对收入的日常监控，同时加强收入收缴与入账处理环节的协调管理，规范不同部门和人员的业务操作。建立常规的账目交叉核对制度，有助于降低错漏的发生概率，如多收少记、少收多记或已收未记等。

2. 规范会计核算行为

建立科学系统的会计核算体系，包括合理设置一级科目，覆盖所有收入业务类型，并拟定收入类别及级次。统一归口管理口径，应全面考虑建立多方位、多角度、多层次的综合会计核算体系。要严格保证各科目的独立性和稳定性，避免随意增减科目。同时，维护收入核算科目数据的一致性和完整性，确保收入数据能够及时准确地采集和整合。应规范各级明细科目的设置，明确级次确定与收入属性类别、管理部门、项目的关系。还需确定不同科目下明细科目级次的数量、名称及设立顺序，以确保各类收入核算科目在层级上的平行和同步，增强各时期各类收入数据的比较分析能力。

3. 规范会计账务处理

建立一致的记账凭证填写规则，明确会计摘要的要求，以确保未来查询收入账目时的及时性和准确性。规范会计科目的使用和账务处理方式，确保不同会计人员在处理同类或同笔收入时的一致性和连贯性。优化对账方法，加强财务人员的培训，制定未达账项处理规程，规范后续调账流程，以减少可能的错账或漏账。确保与收入能力相关的分析和评估结果真实有效，避免对管理决策产生误导。

四、加强非税收入管理

《单位内控规范》第二十七条规定："有政府非税收入收缴职能的单位，应当按照规定项目和标准征收政府非税收入，按照规定开具财政票据，做到收缴分离、票款一致，并及时、足额上缴国库或财政专户，不得以任何形式截留、挪用或者私分。"为了加强政府非税收入管理，规范政府收支行为，财政部于2016年印发了《政府非税收入管理办法》（财税〔2016〕33号），高校应根据相关办法，并结合单位的实际情况，制定关于单位非税收入的控制措施。

（一）高校应当加强各类非税收入管理

高校的非税收入主要来源于学生学费、住宿费等教育事业性收费，必须严格按照规定的项目和标准收取这些费用，并依法开具财政票据。所有非税收入应及时、足额上缴国库或财政专户，确保收缴分离、票款一致，严禁截留、挪用或私分。

（二）明确界定收入项目范围、适用对象，明确单位职责

高校财务人员需改变以往的观念，不再认为只要合法无责任就无所谓，不差钱、不损失就不重要。他们应当加强学习，重视相关政策文件的理解，以便正确判断收入性质，并选择适当的票据类型进行开具。

（三）抓好学费、住宿费、辅修费等非税收入管理的关键点，防止腐败的发生

1. 加强学生收费系统的管理

随着信息化的发展，高校普遍运用收费系统管理学生的学费、住宿费收取。学费、住宿费作为高校教育事业收入的主要来源，准确的收费系统数据至关重要。因此，收费系统权限设置应将初始、录入、调整、复核权限相分离，这样能从权限设置上有效减少舞弊现象的发生。

同时，在收费管理和收入核算环节，也应该遵循不相容岗位相分离的

原则。例如，要设置独立的收费系统管理员、专门的会计核算人员，并且也要分离开票、收款、记账和复核等业务。总之，需要建立相互监督、相互制约的工作机制，明确划分各人员的职责和权限。

2. 财务部门与业务部门应加强沟通，相互配合

每学年初，根据教务部门提供的学生缴费名单和标准，财务部门应及时维护缴费数据，有效管理收费系统，并充分利用信息化手段，促进缴费通道的多样化。需定期统计未缴学费情况，并向教务部门和学生管理部门报送，采取多种方式催缴欠费，降低学费拖欠率，确保学费收入充足。教务部门和学生管理部门应及时通报因休学、复学、退学、转专业等原因导致的学费变动，财务部门据此调整收费系统信息，确保学费数据的全面和准确。

3. 充分运用信息化手段加强校内收费信息的传递与沟通

财务部门、教务部门及学生管理部门应充分利用信息化手段，缩短信息传递周期并降低误差率。这样，各部门能更方便地获取学生缴费和欠费等情况，实现非税收入收费系统的精细化管理，确保非税收入数据的完整性和翔实性。同时，需实时监控和维护非税收入系统及网络收费平台的连接，严格控制学生学号等关键信息，以保障系统和资金的安全性。

4. 采取措施减少欠费情况的发生

财务部门要定期反馈欠费学生名单，相关部门要及时摸清应缴未缴学费学生的情况，探讨建立校园诚信机制。关于欠费的情况应该分为以下两种情况：一是家庭经济不困难，却故意不缴学费的学生，学校各部门，包括但不限于财务部门、教务部门、学生管理部门、所属学院等应该联合采取相应措施催促其缴纳学费；二是家庭经济确实困难，无力缴纳学费的学生，学校要做好资助工作，指导协助学生办理助学贷款。通过以上措施减少学费拖欠，确保学费收入及时足额。

（四）完善国有资产有偿使用收入管理

高校需加强国有资产有偿使用收入的征收管理，确保所有应收款项全部收取，严禁进行账外设账和私设小金库等行为，以防止收入流失。必须严

格按照财政部门的规定，将国有资产有偿使用收入缴入国库或财政专户。

五、规范应税收入管理

（一）严格区分非税收入与应税收入，避免混淆使用财政票据与税务发票

针对收入业务的不同性质，财务部门要做好判断，应该遵循事业单位会计准则或企业会计准则。加强会计核算管理，准确判断涉税事项，保证会计报表的真实性和准确性，防范会计核算风险和税务风险。

（二）做好增值税发票管理各环节的衔接登记工作，责任到人

财务部门办税、开票、出纳等岗位职责分离，做好增值税发票的领用、分配、开具、结报等工作，开票行为作为关键控制点，关注相关收入合同，严格按税务部门规定开具相应票据。

六、严格执行"收支两条线"管理

（一）完善高校规章制度，确保"收支两条线"管理工作制度化、规范化

根据财政国库管理制度改革方案的要求和《关于深化收支两条线改革进一步加强财政管理的意见》（国办发〔2001〕93号），高校应积极完善预算外资金收缴制度，将各部门的预算外收入全部纳入财政专户管理，实行收缴分离，任何部门不得"坐收坐支"。

（二）建立预算外资金财政汇缴专户，从根本上避免资金的截留、挤占、挪用和坐收坐支

高校应设立专用的收支账户，取消各类预算外资金账户，并严禁二级学院私设账外账户。所有收入必须全额缴入学校账户。这种做法能有效保护收入不被挪用，预防设立"小金库"，防止财政违法行为发生，逐步规

范高校的收入管理。

（三）非税收入应当按照规定开具财政票据，实现收款与开票的分离

所收款项应及时足额上缴国库和财政专户，禁止通过"收入直接转支出"等方式截留、挪用或私分资金。确保收缴和开票分离，保证票款的一致性。

七、规范票据管理

根据《行政事业单位内部控制规范（试行）》第二十八条规定："单位应当建立健全票据管理制度。"作为高校财务管理的重要组成部分，收费票据管理至关重要。

1. 制定详细的票据管理政策，明确票据的种类、编号规则、填写要求和保存期限等核心内容。

2. 建立票据领用和登记制度，确保票据领用需经授权，每张票据都有明确的领用记录和登记流程。

3. 严格票据填写和归档要求，要求填写票据时准确无误，确保涉及金额、日期、用途和相关部门等信息的完整性。

4. 实施有效的票据存储和保管措施，确保票据安全存放，并规定存档的时间和方式，以便审计和查询。

5. 建立票据使用审批流程，制定审批程序，确保每次票据使用都经过审批，并记录使用目的和授权人员。

6. 定期票据盘点和审计，定期对票据进行盘点和审计，核对存量与登记记录的一致性，发现并纠正可能存在的问题。

八、建立健全收费公示机制

（一）高校应明确收费公示要求，进一步规范收费行为

根据国务院办公厅印发的《2016年政务公开工作要点》规定："实行收费目录清单管理，公布行政事业性收费、政府性基金以及实施政府定价

或指导价的经营服务性收费目录清单，明确项目名称、设立依据、标准等，公开对清单之外乱收费、乱摊派等行为的查处结果。具体执收单位要在收费场所公示收费文件依据、主体、项目、范围、标准、对象等，主动接受社会监督。"高校应严格按照相关文件规定的收费公示原则、公示方式规范开展收费公示工作，进一步规范收费行为，防止乱收费。

（二）加强收费公示的监督检查

监督检查的重点包括单位收费标准的执行情况、收支情况以及缴费单位或个人的反映。同时，要审查收费标准、形式和方法是否符合实际情况的变化。针对未按时公示或拒不公示或不按规定收费的行为，要制定相应的惩处措施，并在查实后依法严肃处理。

九、强化内部监督，建立收入分析和检查制度

（一）高校应加强对收入收缴情况的综合分析

建立收入数据库，归集汇总各年度收入数据，分析高校自身收入情况的整体特征与各类收入存在的差异，归类统计各类收入报表，列示收入在时间序列上的变动趋势，全方位、多视角地综合解析收入实现程度，从整体上了解掌握收入的全面客观的情况，发生异常情况，及时做出必要的处理。

（二）定期进行收入清理核查

收入定期清理核查是确保财务数据准确性和透明度的重要步骤。高校财务部门和审计部门要制订清理核查计划，开展定期或不定期的收入业务核查。如有必要，可考虑设立收入稽核岗位，全面核对收入预算，确保收入确认的准确性。

十、加强收入绩效评价，注重风险防范

（一）建立收入管理绩效评价制度

收入管理绩效评价的指标包括收入实现时间、成本、预算执行率、可持续增长能力以及内部管控机制的有效性。评价方法采用定性与定量相结

合的方式进行分析判断。同时,绩效考核范围扩展至收入管理的合规性和时效性,以促进相关部门和人员的责任意识。这有助于缩短收入资金流转时间,降低收入实现成本目标,并确保后续收入的顺利实现。

(二)建立风险评价制度,提升收入管理效率

评估收入管理的实际效果应该从多个角度综合考量,包括内部管控机制的有效性、收入实现时间、成本控制,以及可持续增长能力等。考虑到高校的具体收入情况和特点,需要确定关键影响因素和主要敏感指标。通过全面和专项的测试,结合定性和定量分析方法,识别影响收入管理风险的真实原因,并确定改进和完善收入管理的关键策略和切入点。

第六章

支出业务控制

第一节 支出业务控制的基本概述

一、高校支出的概念

根据《事业单位财务规则》(财政部第 108 号令)、《高等学校财务制度》(财教〔2022〕128 号)以及《教育部直属高校经济活动内部控制指南》,高校支出是高等学校在进行教学、科研及其他活动时发生的各种资金耗费和损失。高等学校会计要素之一是支出,其主要是用于教学、科研及其他活动。这些支出涵盖了各类资金开支和损失。

二、高校支出业务的主要内容

(一)从经济事项属性、经济科目的层面而言,高等学校支出包括五种支出

1. 事业支出

事业支出是指高等学校开展教学、科研及其辅助活动发生的基本支出和项目支出。其中,基本支出是指高等学校为了保障其正常运转、完成教学科研和其他日常工作任务而发生的支出,包括人员支出和公用支出。项目支出是指高等学校为了完成特定工作任务和事业发展目标,除了基本支出外额外发生的支出。

2. 经营支出

高等学校在教学、科研及其辅助活动之外开展的非独立核算经营活动所发生的支出称为经营支出。这些支出需要与经营收入相匹配。

3. 对附属单位补助支出

即高等学校使用除财政补助收入外的其他收入,对附属单位进行补助的支出。

4. 上缴上级支出

即高等学校按照财政部门和主管部门的规定，上缴给上级单位的款项支出。

5. 其他支出

即上述规定范围以外的支出，例如利息支出、捐赠支出等。

（二）从会计要素、会计核算的层面而言，高等学校支出包括以下支出

教育事业支出、科研事业支出、行政管理支出、后勤保障支出、其他支出。此分类是根据《高等学校会计制度》而来。

办学规模较小，实行"集中管理、统一核算"的部分高校，把行政管理、后勤保障和离退休支出列入"教育事业支出"科目，设置明细科目进行归类核算；多数高校严格按《高等学校会计制度》中的规定设置支出类一级科目。

（三）从经济业务的实质层面而言，高校支出业务包括基本支付业务、薪酬支付业务和项目支付业务

1. 基本支付业务

学校开展正常教育教学、科学研究及其他活动而发生的经常性支出，包括办公费、差旅费、水电费、邮电费、差旅费、培训费、会议费、实验实习费、材料费、接待费、劳务费、出国出访费等，记录、计量在教育事业（科学事业）支出下"购买商品和劳务支出"二级科目中的各类支出事项。

2. 薪酬支付业务

按相关规定按月定时发放给教职工的工资薪金，记录、计量在教育事业支出下"工资薪金福利支出"二级科目中的各类支出事项。

3. 项目支付业务

学校为实现特定目标或目的而完成专项业务工作发生的支出，包括房屋建设费、固定资产购置费、大型修缮费等，记录、计量在教育事业（科

学事业）支出下"其他资本性支出"的各类支出事项。

第二节 支出业务控制的目标

支出是高校财务管理的重要组成部分及关键环节，支出业务环节的控制是财务管理工作的重中之重。支出业务控制的目标可分为会计职能目标和财务管理目标两个层次。

一、会计职能目标

会计的基本职能是核算与监督，也是支出业务控制的职能目标，即按真实发生的业务进行会计核算，及时支付资金，确保支出业务合法合规，各项支付不超出规定的范围和标准，有效防范舞弊及预防腐败。按经济业务内容分类的三类支出业务控制职能目标如下：

1. 基本支出业务控制目标

（1）确保各项支出事项符合法律法规，关注并防范舞弊及腐败；

（2）确保原始凭证的基本内容齐全、真实；

（3）确保支出业务符合规定程序与范围；

（4）确保支出事项审核、审批手续合规、完善；

（5）确保支出凭证真实完整，实事求是地记录各项业务的真实情况；

（6）确保支付信息完整、准确。

2. 薪酬支出业务控制目标

（1）确保教职工薪酬及社保信息准确，数据正确；

（2）确保个人社保、税金代扣计算正确，缴纳及时；

（3）确保账务记录清晰、正确；

（4）确保及时准确地向相关部门传递薪酬信息。

3. 项目支出业务控制目标

（1）根据项目资金管理规定，设立项目专项，按项目实现"独立核

算、专款专用",严禁套取项目资金和挪作他用;

(2)确保项目所需主要物资和设备的采购严格按照政府招标采购规定进行公开招投标或集中采购,以防止任何形式的暗箱操作和关系采购行为发生;

(3)确保按规定的程序、权限和项目预算要求支付资金,以确保资金使用的合规性和有效性;

(4)确保按规定把奖助学金发放到应得者个人手中,发挥好奖助学金的激励和资助作用;

(5)项目实施部门定期汇报项目进展状况,以确保项目工程质量符合规范,并按预期目标及时或提前完成。

二、财务管理目标

随着我国高校规模扩大,业务种类增多,财务环境日益复杂,高校会计核算、财务管理也面临新的挑战。传统的"核算型会计"难以满足高校新型财务管理的需求,新型的"管理型会计"适时而生。现在的高校财务管理体系中,会计核算只是财务管理的一个环节,在为财务管理提供基础核算数据的前提下,需承担起一些财务管理的职责。支出业务控制在实现核算与监督的会计职能目标的同时,必须完成其理应承担的财务管理目标,三类支出业务的财务管理目标如下。

(一)严格执行支出预算

严格执行支出预算是预算业务控制中的重要组成部分,是高校年度收支预算目标实现的关键点。《高等学校财务制度》规定:高等学校应当将各项支出全部纳入学校预算,未纳入预算项目库的项目一律不得安排预算。突发、应急等特殊事项的支出必须报经学校预决算委员会或校长办公会批准,增设或增加支出预算指标后方可受理。

(二)注重支出绩效,提高资金使用效率

高校支出多数属于常态化、经常性、定时支付的业务,比如教职工薪金、水电费、日常办公费等,其支出的多少与人员增减、使用数量等密切

相关，年度支出预算在上年支出预算执行的基础上，参照本年度人员变动等因素可科学、合理地进行预测或计算，支出绩效评价简单方便。但对于一些新建（新增）教育教学、科研或基本建设项目，要改变以往的重支出轻评价的固有观念，要建立支出绩效评价体系，确保资金花在刀刃上，提高资金的使用效率。

第三节　支出业务控制的风险描述

一、会计核算不规范、不准确

1. 对原始凭证审核不严，使不符合规定及要求的支出票据得以报销，可能导致错误或违规风险。

2. 支出范围人为扩大，支出标准与政策制度不符，存在违规甚至违法的风险。

3. 未遵循国库集中支付、公务卡结算等规定，可能会导致资金损失风险。

二、支出业务岗位设置不合理、职责不清晰

业务相关岗位设置不合理、职责不清，导致支出申请和支出审批、付款申请和付款执行、业务经办和会计审核等岗位未能有效分离。

未严格执行支出预算，支出随意性较大。支出事项审批手续不完备或未经过适当的事前申请及审批，导致预算执行不力。

各业务部门没有充分认识到支出预算的重要性，未将年度支出纳入预算，遇到重要事项或大型支出时，仅履行简单的审批手续就安排支出，大大降低了资金使用效率。

三、业务部门因弄虚作假导致的舞弊风险

1. 经办人或支出申请人弄虚作假、编造虚假业务或理由形成支出业

务，可能导致资金流失、舞弊风险，此类支出原始凭证真实、符合要求，但支出业务并不存在、不可靠。

2. 经办人或支出申请人使用"假发票"或内容不合规、原始凭证不完整的单据，且财务人员在审核过程中把关不严，可能导致资金流失甚至财务报表舞弊等。

四、财务信息风险

1. 财务部门与业务部门之间缺乏有效的沟通机制，导致对项目实施进展、政府采购进度以及后期需求规划了解不足，信息不充分。这种情况可能导致预算执行与实际需求脱节，资金活动与经济活动不匹配，进而影响资金使用效率。

2. 未纳入预算或超出预算范围的事项形成支付，可能导致资金滥用或无效使用。

3. 应收或预付账款长期挂账不清理，可能导致支出不真实、不完整。

4. 支出事项若未经事后监控，可能导致编制依据不准确、填写项目不完整、金额计算错误、科目使用不符规定，进而影响会计核算质量和产生不真实的决算数据风险。

5. 各项支出未定期进行分析与监督，对重大问题缺乏应对措施，或未设置专职责任人，可能导致支出失控风险。

6. 会计资料不全，内容记录不清，可能导致责任确认不清。

第四节 支出业务控制的具体措施

一、建立健全支出内部管理制度

《行政事业单位内部控制规范（试行）》第二十九条规定："单位应当建立健全支出内部管理制度，确定单位经济活动的各项支出标准，明确支出报销流程,按照规定办理支出事项。"根据这一规定,高校应梳理各项支出业务,财务部门依据国家政策法规建立支出内部管理制度,并在学校党委会批准后实施,支付资金需严格执行国库集中支付和公务卡支付规定。支出内部管理制度可分为总体管理制度和各类支出实施细则,包括经费支出管理办法和各项经费支付管理规定等。

(一) 明确支出业务控制岗位职责

1. 业务部门控制职责

业务部门是支出业务发生的起点,也是支出业务的具体经办者,对支出业务须承担及履行好如下职责:

(1) 依据学校发展规划及工作计划,科学、合理地安排支出事项。

(2) 日常业务支出经费参照学校年度收支预算中预算额度按计划使用,项目业务支出经费严格执行项目经费预算,支出预算的调整按学校规定执行。

(3) 事项申请或经办人,对事项的真实性和原始凭证的真伪、合规负责,履行"谁经办、谁负责"的职责。

(4) 部门负责人对事项的审核、审批负责,履行好"一支笔"审批,"谁审批、谁负责"的职责。

(5) 资产管理部门对物资购置的验收、固定资产建卡立账管理负责。

(6) 人事部门对工资变动情况表的统计、审批负责。

(7) "三重一大"事项严格按其规定办理。

2. 财务部门控制职责

支出业务的核算与管理归口于财务部门,按"集中管理、统一核算"的方式进行管理,对支出业务的控制承担以下职责:

(1) 严格执行国家规定的开支范围和标准,并且各学校也要根据自身情况制定相应规定,并报主管部门和财政部门备案。

(2) 根据真实、合法、有效的原始凭证依法进行会计核算,不符合规定的原始凭证不予报销。

(3) 严格遵循国库集中支付和政府采购制度的相关规定。

（4）加强票据管理，确保票据来源合法、内容真实、使用正确，不得使用虚假票据。

（5）强化支出管理，禁止虚列虚报；进行支出绩效评估，以提高资金使用的有效性。

（二）合理设立业务岗位

《行政事业单位内部控制规范（试行）》第二十九条规定："单位应当合理设置岗位，明确相关岗位的职责权限，确保支出申请和内部审批、付款审批和付款执行、业务经办和会计核算等不相容岗位相互分离。"

学校应根据国家会计制度规定，结合自身实际情况，针对不同类型的支出业务，合理设立相关岗位，包括内部审批、审核、支付、核算和归档等关键岗位，并明确各岗位的职责权限，以确保支出业务中不相容的岗位能够相互分离参。见表6-1。

表6-1 岗位设置表

岗位人员	经办人	部门负责人	财务领导	复核人员	出纳人员
经办人		×	×	×	×
财务负责人	×				×
复核人员	×	×			×
出纳人员		×	×	×	

注：×表示不相容岗位。

（三）明确支出业务事项的开支范围及报销要求

高校的支出事项很多，涉及办公费、交通费、出国费、差旅费、培训费、会议费、接待费、材料费、外协费、测试加工费、设备费、维修费等，高校应当制定各项费用的报销办法，明确其开支范围、开支标准、报销流程、报销附件等要求，以便加强管理，规范使用。以办公费为例，办公费主要用于日常办公支出。报销时要求有办公用品购置发票，附供货单位签章明细；资产部门验收签章；领用（保管）单；科研项目中禁止报销办公费。

二、加强支出预算执行的刚性约束

（一）严格执行支出预算

作为学校预算的重要组成部分，支出预算在一定程度上反映了预算年度内学校资金的投入方向和投入规模。支出预算为学校开展教育教学、科研等业务活动提供了财务支持，确保学校实现稳步发展的目标。因此，支出预算应覆盖各项业务活动的全过程。

原则上每项支出业务都需要有预算支持。业务流程如下：先制订工作计划；接着经办人提出申请，完成事前申请；然后部门负责人审批通过，提请财务部门安排资金；最后，财务部门根据预算指标充足与否决定是否审批通过。

（二）严格控制新增支出

《行政事业单位内部控制规范（试行）》规定，支出预算应实行项目库管理，原则上未纳入预算项目库的支出一律不安排支出。现实情况中总会出现一些以"突发、应急"等理由而新增的支出事项。财务部门须对新增事项进行科学、客观的分析与判断，严格控制新增支出事项。任何新增支出事项必须报经学校党委会、校长办公会讨论决定后，按预算调整的程序组织实施。

三、明确业务流程和审批责任

高校应明确各项业务报销流程，包括支出的内部审批权限、程序、责任以及相关控制措施。审批人须在授权范围内审批，严禁越权审批。资金使用部门领导是支出事项的审批者和第一责任人，不论金额大小，部门领导必须签批意见后，再按经费审批的权限办理审批手续，否则不予报销。

四、加强支出审核控制

加强支出审核控制，对各类单据进行全面审核。重点审查单据的合法来源、真实完整的内容、准确的使用情况以及是否符合预算，确保审批手续完备。支出凭证应当附反映支出明细内容的原始单据，并由经办人员签字或盖章，对于超出规定标准的支出事项，经办人员应说明原因并提供审批依据，以确保与经济业务事项相符。

五、加强支付控制

业务部门要明确报销业务流程，按照规定办理资金支付手续。签发的支付凭证应当进行登记。使用公务卡结算的，应当按照公务卡使用和管理有关规定办理业务。业务经办人办理费用报销，按要求填报支付报销申请，办理完验收，经过一系列审批等手续后，报经财务人员按规定程序审核填制会计凭证，会计凭证传递给出纳人员，出纳人员按资金支付的规定支付资金，支出报销及资金支付工作完成。

六、加强对支出的核算和归档控制

依据《高等学校财务制度》和《高等学校会计制度》的相关规定，财务部门依据各部门报销的原始凭证，准确地使用会计科目，生成记账凭证；同时涉及合同协议或内部文件的，业务部门应当及时提交给财务部门作为账务处理的依据。

依据《会计基础工作规范》和《会计档案管理办法》的相关规定，财务部门应设置专门的档案管理人员，定期将支出业务相关的会计凭证、相关附件与其他资料及时归档、妥善保管，严防毁损、散失、泄密或不当使用。

七、加强对支出业务的评价和检查

财务部门应会同审计部门定期开展对支出业务的检查审计，调取相关凭证账簿，分析评价支出业务的相关情况，撰写分析报告，提交给学校，作为相关决策的依据。同时，一旦发现异常情况，要即刻响应，分析原因，采取措施加以纠正，以确保学校支出业务的合法合规，保障工作正常开展。

高校应当加快财政专项资金的支出执行进度，由于主管部门的不同，其使用进度及要求不一，如国家层面的专项资金使用年限一般是两年，而省级层面的专项资金使用年限一般为一年。财务部门需积极联系业务部门，落实好项目实施的步骤和资金支付的时限，积极主动地使用好资金，避免出现资金被主管部门收回的情况。

第七章

资产业务控制

第一节 资产业务控制的基本概述

一、高校资产的概念

根据《事业单位财务规则》（财政部第 108 号令）、《高等学校财务制度》（财教〔2022〕128 号）以及《教育部直属高校经济活动内部控制指南》，资产是指高等学校依法直接支配的能以货币计量的各类经济资源，包括各种财产、债权和其他权利。

高等学校的资产包括流动资产、固定资产、在建工程、无形资产、对外投资等。其中流动资产包括：（1）货币资金（库存现金、银行存款、零余额账户用款额度等）；（2）应收账项（应收款项与暂付款项）；（3）存货。

二、高校资产管理的基本原则与特点

高校资产管理的基本原则包括将资产管理与预算管理、资产管理与财务管理、实物管理与价值管理相结合，同时通过岗位责任与岗位设置相互协调，确保成本与效益的平衡。

高校资产管理的特点资产类型多元化、使用环境特殊、管理需要长期稳定和专业性强，同时还承担着公益性和社会责任等重要要求。

三、高校资产业务的组织管理体系

高等学校资产通常采用"领导统一、管理归口、层级分明、责任明确"的管理体制，统一管理是指资产管理实行校长负责制，分管资产工作的副校长协助校长管理学校资产工作，校领导班子其他成员对职责分工范围内的资产管理活动履行管理职责；归口管理是指按其不同形态和分类，归口到相关部门管理；分级负责是指学校、管理部门、使用人分别按不同

职责管理或使用资产。

高校资产业务的组织机构包括：使用部门、归口管理部门、监督部门。其职责如下：

（一）使用部门职责

1. 资产使用人

资产使用人负责日常保管和使用资产，以确保资产能够充分发挥效用。须正确履行保管职责，保护资产的安全和完整性，预防损坏或丢失。一旦发现资产异常情况，应及时向负责管理该资产的部门反映并报告。同时，配合资产管理部门进行资产清查、盘点和评估等工作，确保资产管理工作的有效进行。

2. 资产管理员

负责本单位设备的登记、管理，并处理与财务处、资产管理处的沟通协调。

3. 分管资产负责人

作为设备日常管理第一责任人，资产使用单位分管资产负责人，负责本单位管理资产的安全与完整，完善资产日常管理措施，防止资产毁损、遗失，同时督导本单位资产使用人妥善管理资产，有效利用资产。

（二）归口管理部门

1. 资产管理处

资产管理部门负责固定资产等实物资产的归口管理工作。代表学校对学校房屋、土地进行管理。负责公务车辆的编制、购置、转让、报废及资产台账管理。代表学校对设备家具类固定资产进行统一监督管理。负责对固定资产进行定期盘点，保证账实相符。配合财务部门的资产管理工作，定期与其核对信息。

2. 财务处

财务处负责货币资金的归口管理工作。负责库存现金的日常管理。负责银行账户的开立、变更、撤销及日常管理。负责国库指标支付的操作和银行资金的收支管理。负责银行账户的日常管理包括凭证传递和对账工作等。

3.校产业管理处

校产业管理处负责制定学校经营性资产管理的规章制度，并监督实施；负责登记和统计经营性固定资产、流动资产、无形资产、对外投资及学校其他经营性资产，并持续性跟进评估和检查工作；监督经营性资产的使用和保值增值情况；促进高新技术成果转化，孵化科技企业，创办具有文化教育特色和智力资源优势的现代企业，推动学校科技产业化；负责资产经营收益的催缴。

（三）监督部门

审计处负责本校资产控制工作的监督检查。

第二节 资产业务控制的目标

资产业务控制的总体目标是保证国有资产管理活动合法合规，资产配置科学、使用高效、处置规范，确保资产的安全和完整，防止国有资产流失，有效防范舞弊和预防腐败，提高资产使用效益。

一、资产业务组织管理体系控制的目标

1.建立健全学校资产管理体系，明确部门职责，落实部门责任；

2.建立和完善资产管理的各项规章制度，按制度管钱管物，使之有章可循；

3.完善资产管理的业务流程，使之运行规范有序。

二、货币资金业务控制的目标

1. 依法开立使用银行账户，依法依规使用支票、现金等。

2. 确保银行存款和库存现金的安全性，具体包括：一是完整性，即收到的货币资金已全部登记入账；二是安全性，即通过良好的内部控制确保资金安全；三是合法性，即货币资金取得、使用符合国家财经法规，手续齐全、完备。

3. 确保货币资金的安全性和准确性，主要包括以下几个方面：要保证资金信息真实、账实相符，数据的完整性和可靠性是关键；需要确保单位所收到的所有资金都能够完整地入账；确保货币资金的效益性，使单位高效使用资金，提高货币资金利用效率。

三、应收账项业务控制的目标

1. 制定科学合理的应收账款信用政策，保证资金的安全；

2. 规范过程控制，合理保证应收款项安全快速回收，降低资金流失风险；

3. 确保应收账项业务会计核算资料准确可靠、余额真实准确；

4. 规范应收账款处置行为。

四、存货业务控制的目标

1. 合理配置存货，提高存货的使用效率；

2. 确保账实相符，信息真实完整；

3. 规范存货购置、管理、领用行为，防止存货舞弊。

五、固定资产业务控制的目标

1. 合理配置资产，提高固定资产使用效率；

2. 规范固定资产购置程序，严格招投标管理；

3. 确保账实相符，信息真实完整；

4. 确保固定资产处置规范有序，避免资产流失。

六、无形资产业务控制的目标

1. 确保无形资产的取得、使用和处置管理符合法律法规，避免学校承担法律风险；

2. 维护无形资产的价值，提高无形资产的使用效率，防止无形资产流失和被盗用；

3. 加强和规范无形资产管理，正确反映无形资产的价值。

七、对外投资业务控制的目标

1. 建立对外投资活动的授权审批制度和职务分离机制，以保障对外投资资产的安全性和完整性，提升投资的经济效益；

2. 规范单位会计行为，确保对外投资资产收益在会计报表中得到合理反映和披露；

3. 合理优化投资结构，降低投资成本，规避投资风险。

第三节 资产业务控制的风险描述

一、资产业务组织管理体系控制的风险

1. 未建立健全单位资产管理制度，导致资产的安全性和完整性得不到保障，资产的合理配置和有效使用不能实现，进一步阻碍了资产的保值和增值。

2. 岗位设置不合理、责任划分不明晰，有可能发生资产损失或舞弊行为，不利于资产安全、完整。

3. 资产信息记录不真实不完整，账实不符。

二、货币资金业务控制的风险

1. 货币资金未实行归口管理，存在账外设账和私存"小金库"的风险；
2. 货币资金管理中岗位职责未分离，可能导致资金被挪用或发生贪污，造成损失；
3. 银行账户管理不善，多头开户，不及时销户，为违规转移隐匿单位资金提供便利。

三、应收账项业务控制的风险

1. 没有建立应收账项台账管理，没有对应收账款进行辅助核算，形成呆账、坏账损失；
2. 没有建立定期清查制度，长期不对账、长期挂账，造成资金流失风险。

四、存货业务控制的风险

1. 采购计划编制和预算安排不合理，可能导致存货过量，占用资金；
2. 危险化学品的请购、储存、领用事项程序不到位，可能导致安全事故；
3. 存货验收人员选择不当，验收程序不规范、走样，导致账实不符；
4. 仓储人员岗位不明确，可能导致被盗、挪用的风险；领用手续不完善，清查制度不健全，处置责任不明确等导致存货损失风险。

五、固定资产业务控制的风险

1. 资产配置申请制度不完善、岗位职责划分不合理，以及请购程序不规范，可能导致资产配置的舞弊行为。若论证不充分或缺乏适当审批，或者超越授权审批进行请购，可能导致未预算或超支购买、资产配置过度或不足，从而影响学校的职能和业务运作。此外，如果资产配置方式不符合国家政策法规或未按规定纳入政府采购管理，容易引发资产配置的违法行为，并可能面临有关主管部门的行政处罚。

2. 资产验收责任分工不清晰，验收流程不规范可能导致接收的资产质量不达标，从而影响其使用效果。此外，资产验收标准不明确，验收报告编制审核不严谨，未能及时处理验收中的异常情况，可能导致账面记录与实际不符，进而引发资产购置损失。已验收的资产若未及时办理入库、编号、建卡、调拨和投保手续，可能导致账面与实物不一致，以及资产闲置、丢失或不当使用等问题。

3. 资产领用调剂行为不符合国家政策法规，容易造成资产使用中的不当损失和浪费；资产领用调剂申请未经归口审核、授权审批，可能导致资产领用调剂不符合单位实际需要，造成资源浪费和损失。

4. 工程项目预算不准确、不科学会导致预算支出失去有效控制。在建工程成本核算不准确，转固定资产程序不规范，这样会造成结转的固定资产不准确。

5. 未进行定期固定资产盘点或盘点流于形式。

六、无形资产业务控制的风险

1. 无形资产取得未经适当审批，可能导致不合规或资源浪费；记录不及时不准确，导致账实不符。

2. 未进行知识产权登记，或权属不清，可能导致法律纠纷。

3. 未能有效使用，缺乏登记保密制度，可能造成无形资产效能低下或被盗用。

4. 无形资产处置、转让不规范，不符合法律法规政策要求，可能导致学校资产损失，甚至引起法律纠纷。

七、对外投资业务控制的风险

1. 对外投资论证不足，投资科学性、合理性受限，可能导致投资权属存在隐患。

2. 没有对投资进行持续性的跟踪管理，也未能及时、全面、准确地记录对外投资的价值变动，资产的安全、完整无法保障。

3. 未按期收回对外投资及处置不合规，投资无效益或负效益，造成学校资产流失的风险。

第四节　资产业务控制的具体措施

一、完善资产业务组织管理体系控制

（一）建立完善资产管理制度

学校国有资产应采取"统一领导，归口管理，分级负责，责任到人"的管理体制，确立明确的资产管理工作机制，由校长负总责，副校长分管协助，以保证资产管理工作的顺利实施。同时，学校成立资产管理委员会，主任由分管资产的校领导担任，副主任一般由资产管理处处长担任，委员一般由校长办公室、财务处、监察处、审计处等部门组成。学校资产管理委员会的职责包括：依据资产监督管理法律、法规和规章，审查学校资产管理的制度，监督其执行情况；审核资产优化配置计划，推动建立资产共享机制；协调处理资产监督与管理中出现的重大问题；对学校资产转让和资产保值增值等情况进行监督；监督资产转让、保值增值等活动；评估学校的对外投资和出资计划；指导和监督各资产管理部门的工作。各资产根据不同形态和分类由相应部门管理，各部门负责确保所管理或使用的学校国有资产的安全、完整和有效使用。

（二）优化资产业务管理流程

建立适合学校的内部控制制度，保证资产管理业务涉及的货币资产、固定资产、存货、无形资产和对外投资控制环节，信息记录真实完整。

（三）合理设置资产管理岗位

特别关注关键岗位人员合理配置，明确职责范围、审批权限、工作要求等，切实做到资产业务不相容岗位相互分离、制约和相互监督，防范资

产损失和舞弊行为,确保资产安全和有效使用。

二、加强货币资金业务控制

(一)实行货币资金的归口管理

依据高校会计制度,货币资金的归口管理部门是财务处。其他业务部门一律不得设置"账外账",未经授权的部门和人员不得办理货币资金业务或接触货币;出纳人员不得由临时人员担任。

(二)建立健全货币资金管理岗位责任制,实现不相容岗位有效分离

1. 合理配置岗位,不允许单人独立办理货币资金业务,以保证岗位间的相互分离。例如,出纳不得同时负责稽核、会计档案管理以及收入、支出、债权、债务账目的登记工作。审批支付、货币资金保管与清点、货币资金的会计记录和审计监督等职责应有明确分工。

2. 严禁任何人独自保管所有收付款项所需的印章。财务专用印章应由专人保管,个人名章应由持有者或其授权人保管。印章保管人员需配备独立的保管设备,并实行严格的门禁管理。

3. 对于需由相关负责人签字或盖章的事项,必须严格按照规定履行签字或盖章手续。重大资金流出需经分管财务校领导、校长签字审批。

(三)加强银行账户管理

设置专人管理银行账户。银行账户的开立、变更、撤销,应由专人管理、专人定期核对。对已失效的银行账户及时销户,防止多头开户现象。

(四)加强货币资金的核查控制

建立货币资金盘点制度,及时核对银行账户资金、国库资金,防止违规转移或隐匿资金的现象发生。指定不办理货币资金业务的会计人员定期和不定期抽查盘点库存现金,核对银行存款余额,抽查银行对账单、银行日记账及银行存款余额调节表,核对是否账实相符、账账相符。对调节不符、可能存在重大问题的未达账项应当及时查明原因,并按规定处理。

三、加强应收款项业务控制

（一）建立台账管理，对应收账项进行辅助核算

为加强应收账项的管理，财务处应建立各类应收账项的备查账制度。各应收账项的归口管理部门积极配合财务处建立健全各类应收款项的备查账，查漏补缺，协助财务处做好催收工作，维护学校经济利益。归口管理部门按照学校规定或合同约定的时间和标准按时、足额收回应收账项，并进行跟踪管理，定期做好催缴工作，及时向财务处反馈收缴信息。

（二）建立定期清查制度，及时对账

财务处指定专人负责应收账项的清理，并采取"定期催报、限期归还，逾期扣款"的措施，严格控制应收账项的总额和占用时间，努力提高资金使用效率。

财务处和归口管理部门应对应收账项进行跟踪管理，定期做好催缴工作，有确凿证据无法收回的应收账项，财务处编制清理报告，提出处置方案，按规定的权限和程序报教育主管部门和财政部门审批后予以核销。已核销的坏账，学校仍然保留追索权，应单独设置备查账。

四、加强存货业务控制

（一）合理安排存货采购计划编制与预算

实验材料、低值易耗品供应实行计划管理，实验材料及低值易耗品用于教学的实验材料、低值易耗品的购置经费，由学校预算安排，财务处设置各使用单位的"实验材料经费"项目，用于实验材料、低值易耗品的购置；用于科研的实验材料、低值易耗品的购置经费，从科研经费中的材料费项目开支。

（二）规范存货采购程序

存货一般由资产管理处组织采购，由使用部门根据需要申报计划，确认经费来源，资产管理处统一采购和供应。危险化学品采购由使用单位提

出申购计划，经使用单位负责人签字加盖公章后，报资产管理处审批，保卫部门备案，公安管理部门办理准购证后统一组织购置。

（三）规范验收程序，确保账实相符

实验材料、低值易耗品入库必须认真组织验收。对贵重、稀缺和进口的材料，使用单位应派相关专业技术人员协助验收。验收中若发现数量、质量问题及时向供货单位提出，并办理退换或赔补手续。

（四）规范存货出库管理流程

对库存实验材料、低值易耗品建立库存物品定额储备制度，使用单位填写出库单报项目负责人审批后，到资产管理处领用。

危险化学品储存必须有专用仓库、专人管理，剧毒化学品必须由资产管理处危险品仓库统一储存。各使用单位领用剧毒化学品、易制毒化学品，应经使用单位负责人签字加盖公章后，指定专人双人领取；实验结束后使用人填写"学校剧毒危险化学品使用报告"，经使用单位签字盖章后交资产管理处存档。

各使用单位应设置有品名、数量、单价的物品明细账，按照品种、规格型号、质量级别，对库存物品按凭证及时进行增减记录，于每学期末进行一次盘底，并制订下学期购置计划。

（五）定期清查盘点

对存货应当进行定期或者不定期清查盘点，保证账实相符。对盘盈、盘亏的存货由资产管理处提交清理报告，经审批后财务处做账务处理。

五、加强固定资产业务控制

（一）完善固定资产配置申请制度

购建固定资产之前，要制订好建设计划。计划要从学校的现有规模、专业设置、科研方向、发展阶段等方面统筹考虑。计划制订好之后，按照程序报批。防范资产购置不符合单位实际需要，造成资源浪费和损失。

（二）规范固定资产采购程序

固定资产采购有其严格的程序要求，单件或批量超过一定金额的还需要走政府采购的流程，进行招标采购。高校应当明确采购流程，并严格按照流程进行。

（三）明确资产验收职责，规范验收程序

学校固定资产验收由资产归口管理部门根据合同、招投标文件及有关标准组织实施验收，资产使用单位、资产归口管理部门等应参与验收。明确固定资产验收标准，认真编写验收报告，对验收中存在的异常情况及时处理。验收合格后，由资产管理处及时办理入库、编号、建卡、调配和投保等手续，财务处登记财务账，确保账实相符，防范资产购置损失。

（四）加强固定资产日常管理

资产管理处负责组织对固定资产进行定期检查，并及时修缮、维护，保证资产的正常运转。财务处、资产管理处、资产使用部门要制订计划进行账目核对，定期或不定期对资产进行全面清查和盘点，对于固定资产的盘盈和盘亏情况，及时查明原因、依规处理，以确保账实相符与账账相符。

根据充分利用学校办学资源的原则，资产管理处对长期闲置、低效运转、超标准配置以及技术落后但仍可使用的固定资产，将根据各部门的实际需求组织调剂。在学校内部进行固定资产调拨时，调出部门需填写"固定资产调拨单"，经调入单位确认后，向资产管理处申请调拨手续，调整实物资产的归属部门，财务账务不做调整。

（五）准确核算在建工程成本

一是在项目决策控制环节，进行项目建设可行性研究，建立民主决策机制、工程项目的概预算环节的控制制度。二是加强项目设计与概预算控制，由具备相应资质的专业人员或委托专业机构从工程、技术、财务和审计等方面对概预算进行审查。审查的主要内容包括编制依据的合理性、项目工程量计算的真实性，以及定额套用的完整性和准确性。三是合同签订业务控制。财务处要参与了解工程的特点、工期、预算价格、承包方式，

审核合同签订金额、支付条件、结算方式、支付时间、质保金等条款。四是严格审核工程款支付。财务处参与建设工程项目的全过程监管，如合同的执行、施工款的拨付、工程进度、施工费用管理等，并制订合理的资金使用计划。预付款的支付必须在合同条款中有约定或约定抵扣方式；进度款应严格按合同约定的项目进度付款；结算款应根据审计报告支付；工程质量保证金按审计报告金额提留，在质量保证期满、验收合格后支付。工程项目竣工验收合格后，根据批复的项目竣工财务决算、交付使用财产清单等资料将在建工程转为固定资产。

（六）完善固定资产的处置程序

资产管理处是固定资产处置的归口管理部门，其他单位和个人不得未经批准自行处置。处置学校房屋及建筑物、土地、车辆等专项资产和规定限额以上的其他固定资产，由学校资产管理委员会组织论证后，经教职工代表大会通过、学校党委会审定后，分别报政府有关部门、教育主管部门审核，财政部门审批。对于非房屋、建筑物、土地、车辆等资产，处置在规定的限额以下，使用单位需提交申请，资产管理处将组织专家进行评估，并向分管校领导审核、校长审批。随后，经专业公司进行评估（审计），再向教育主管部门申请批准并备案于财政部门。

（七）重视固定资产清查管理

资产管理部门需提前了解学校的固定资产情况，并加强管理工作。定期进行固定资产清查，全面了解学校的固定资产详细情况。对于固定资产集中分布的部门，重点审查资产的实际使用情况，以确保账账、账实相符，并了解资产分配与使用状况，以防止资产闲置或遗失。

六、加强无形资产业务控制

（一）无形资产的取得应当合规

自主开发或研制的无形资产，应按法律要求及时申请并完成注册登记，以明确产权和确定资产归属。学校与外单位或个人共同开发的无形资产,在开发前应与合作方签订合同,明确知识产权归属,并按照合同执行。学校外购无形资产要符合事业发展规划,进行充分论证,严格审批程序和权限,避免重复、盲目引进。学校接受各级政府、企事业单位、社会团体和个人捐赠的无形资产,由归口管理部门代表学校进行接收。归口管理部门在接收后应及时收集相关资料,办理产权变更登记等事宜。

(二)规范无形资产使用程序

如需经营性使用学校无形资产的,使用部门向无形资产归口管理部门提交使用申请和可行性报告,经国有资产监督管理委员会审批通过;如需评估的,由学校委托专业评估机构对拟使用的无形资产进行评估;超过一定限额的,按规定向教育主管部门办理报批和评估备案手续。需产权变更的,归口管理部门应督促相关单位及时办理登记手续。财务处根据归口管理部门提供的相关资料进行账务处理。

(三)规范转让、处置程序

若预计无形资产无法为学校带来利益,应依照规定进行报废或报损处理。财务处需按流程,将无形资产的账面价值予以注销。无形资产处置应按照平等合理、公开公正、依法合规原则进行,防止无形资产在处置环节流失。

七、加强对外投资业务控制

(一)合理设置岗位,明晰职责权限

根据《行政事业单位内部控制规范(试行)》,单位应合理设置岗位,明确相关岗位的职责权限,确保对外投资的可行性研究与评估、对外投资决策与执行、对外投资处置的审批与执行等不相容岗位相互分离。

(二)明确对外投资范围

高等学校应该严格控制对外投资。国有资产的对外投资必须遵循以下原则:首先,必须符合国家相关法律法规;其次,投资必须有利于学校事业的发展和国有资产的保值增值;第三,必须经过可行性研究和集体决

策；最后，必须按照规定的权限和程序进行。需要注意的是，严禁使用财政拨款及其结余进行投资，也严禁参与股票、期货、基金、债券等投资活动。

（三）加强对投资立项决策的论证

校产业管理处负责筛选对外投资项目，这些项目必须符合国家产业政策、学校发展战略以及社会需求，同时需经过严格详尽的论证过程。为此，需组织专家或相关中介机构对拟立项的对外投资项目进行深入分析和论证。同时，财务处应对投资项目的资金需求、预期现金流、投资回报率及安全性进行详细的计算和分析。由资产管理处牵头组织专家进行风险性评估和合法性审查，提出鉴定意见，经资产管理委员会复核提出意见，报分管校领导审核后提交学校教代会讨论，经学校党委会审定、校长审签。

（四）加强对外投资的追踪管理

对外投资项目立项通过后，由财务处负责向教育主管部门及财政部门报批，根据批复的投资计划，对实施的投资进行财务核算，确保及时、全面、准确地记录对外投资的价值变动和投资收益；同时保管投资权益证书文件，及时收取投资收益及不定期对账；校产业管理处负责办理投资手续，对投资项目进行跟踪管理，定期核对投资结果情况；负责所投资项目的跟踪管理，按投资协议及时足额收回投资资产，提前或延期收回的，应报经校党委会审议批准，并向教育主管部门及财政部门备案。

（五）规范对外投资处置程序

学校投资的校办产业无法继续经营，应对其进行注销或股权转让，并依法依规到教育主管部门、财政部门等办理相关注销、转让手续。同时，财务处应依据注销手续注销对外投资的账面值。

第八章

债务业务控制

第一节 债务业务控制的基本概述

一、高校债务的概念

根据《事业单位财务规则》(财政部第 108 号令)、《高等学校财务制度》(财教〔2022〕128 号)以及《教育部直属高校经济活动内部控制指南》,债务是指债务人向债权人借入资金或者其他经济资源,并在约定的时间内按照约定的条件和方式进行偿还的经济义务。高校债务是指高校所承担的能够以货币计量,需要用资产或劳务偿还的现时义务。

在 1999 年之前,高校的债务仅限于日常财务核算中的应付款和暂存款等常规业务往来款项,金额较小且期限较短,主要依赖国家财政拨款来支持教育事业的运作。然而,随着国家扩招政策的实施,全国高校开始快速扩张规模。为了改善办学条件,许多高校进行了大规模的校区基础设施建设。这些发展需求远远超出了财政拨款的覆盖范围,因此高校逐步开始寻找外部资金来源来支持发展。许多高校开始向银行申请贷款,从而走上了借债办学的道路。

二、高校债务业务的分类

高校债务业务可以按偿还期限、按款项性质和按取得款项渠道不同分为不同的类型。

(一)按偿还期限可分为中长期债务和短期债务

高校的中长期债务是学校向银行或非金融机构借入的期限超过 1 年(不含 1 年)的各种借款和学校发生的偿还期限超过 1 年(不含 1 年)的应付款项。短期债务是高等学校按规定应缴入财政专户和国库等的应缴款项、向银行等金融机构借入的期限在 1 年内(含 1 年)的各种借款和其他各项偿还或结算期限在 1 年内(含 1 年)的应付及暂收款项。

（二）按款项性质可分为业务内债和业务外债

业务内债是高校在教学科研及其他各项经济活动中，产生的收支往来等的校内业务款项，本章节称之为业务内债。业务外债是从银行或非金融机构以贷款、融资等手段形成的资金，即不参与学校内部经济活动所产生的各种借款，本章节称之为业务外债。

（三）按取得款项渠道可分为贷款债务、融资债务、政府债券和其他债务

高校的贷款债务是为满足基础建设、设备购置和基础设施等需求，从学校外部的金融机构借入的资金。贷款的主体仍然是学校本身，贷款的实质是高校对金融机构的债务，需按照贷款合同规定的时间和方式，以货币或实物形式偿还本息。关于高校融资债务的概念，可以分为广义和狭义两方面。广义融资包括教育资金的所有来源，如政府投入、学费收入、科研成果、其他投资者的资金或捐赠，以及各种形式的债务。狭义融资则专指除政府财政拨款、学费和科研成果收入外，通过其他投资者的资金借贷或在资本市场上融资来获取资金。本章节只研究狭义的融资债务。政府债券是指政府财政部门或其他代理机构为筹集资金，以政府名义发行的债券。高校的政府债券一般是地方政府债券，即有财政收入的地方政府、地方公共机构发行的债券。其他债务是按《教育部直属高校经济活动内部控制指南（试行）》中所指的债务，即高校所承担的能以货币计量，需要以资产或劳务偿还的应付及暂存款项、应缴款项、代管款项等以及高校财务账上未反映的且在未来需支付的工程款项和应付款项等。

三、高校债务业务控制的基本原则

《高等学校财务制度》规定了债务的核算原则：一般负债按收付实现制的原则确认，经营性负债按权责发生制的原则确认，各项负债均按发生数额记账。在实际操作中，对于高校债务的管理应坚持的总原则是"谁举借、谁偿还"。高校所发生的借款业务，需要有完善的债务控制机制，明确的借款主体，良好的偿债体系。高校债务业务的基本原则要求是，负债

规模宜控制在不影响高校正常运转支出，也不影响高校的可持续发展的范围内。

（一）明确责任，专款专用

高等学校作为事业单位，根据《中华人民共和国高等教育法》第三十条规定："高等学校自批准设立之日起取得法人资格……高等学校在民事活动中依法享有民事权利，承担民事责任。"高等学校是为建设发展需要而形成贷款债务的主体，对贷款规模和投资项目享有自主权和财产支配权，对政府不能有绝对的依赖性，应挖掘内部潜力偿还其债务，自行承担其债务及风险责任。专款专用就是要求借款人按照合同约定的借款用途和使用借款的行为，不允许将贷款资金挪作他用。《事业单位财务规则》第二十四条规定，事业单位从财政部门和主管部门取得的有指定项目和用途的专项资金，应当专款专用、单独核算，并按照规定向财政部门或者主管部门报送专项资金使用情况。同理，高等学校债务业务应符合上述资金管理要求，从会计核算的角度严格按照会计科目对应的债务业务独立核算。这样做可以完整呈现债务收支情况，实现专账管理，并满足监督需求。

（二）统筹规划、有序偿还

根据"谁举借、谁偿还"的原则，统筹学校资源，积极偿还债务。在贷款债务方面，高校需要及时掌握银行贷款、融资债务和政府债券的使用和余额情况。根据现有的筹资水平和财务状况，合理制定偿债规划，明确偿还款项的目标和期限。可采取统筹事业收入、土地置换等收入以及财政安排预算资金等多种方式有序偿还债务。在其他债务方面，高校需要严格按照《高等学校会计制度》规定的科目，对不同性质的债务进行分别核算和管理。及时清理并按照规定办理结算，确保各项债务在规定期限内得以归还。

（三）构建机制、严格管理

要立足当前，着眼长远，从严审批高校建设项目，严格控制高校建设标准，贷款额度一定要掌握在可以偿还的限度之内，建立健全高校财务风险控制长效机制，规范高校的贷款行为，同时也要规范其他债务的支付行为，严格控制高校的贷款计划，不允许学校用校产作抵押进行贷款。倘若发现有人未经批准擅自向银行贷款，要严肃追究学校及有关人员的责任，促进高校持续健康发展。

四、高校债务业务的构成

高校债务主要包括借入款项、应缴款项、代管款项、应付款项以及预收款项等。

其中应缴款项顾名思义就是必须缴纳的款项，一般指需要上缴财政专户的非税收入；应付款项的典型代表是应付职工薪酬；借入款项主要是指高校因为运营资金不足向金融机构贷款所借款项，目前高校借款的主要目的是新校区扩建。

另外，在日常财务核算中形成的应缴款项和代管款项、应付款项以及预收款项等待结算款项，金额相对较小，期限也较短，本章节总称为其他债务。本章节主要讨论借入款项，即高校为了筹措办学资金而向银行机构借贷的款项。

第二节 债务业务控制的目标

事物都有两面性，债务也是如此。高校债务一方面能解决高校发展的资金需求，改善办学条件，提高教学水平；另一方面，过多债务会带来还款压力，产生一定的风险，影响高校的可持续健康发展。为保证高等学校健康发展，确保教育资金有效运用，合理控制教育风险的发生，应特别关注高校的债务营运情况，建立明确的高校债务控制的环境目标和责任制目标，规范高效债务管理、使用、偿还目标，以及高校债务业务控制的会计核算体系目标，从源头上对高校贷款风险进行全过程的评估与实时监控。

一、优化债务业务控制的环境

（一）重视债务业务岗位人员的配备

首先是要严把用人关，重视对债务业务重要岗位的人员配备和管理人员的配备，确保项目建设管理、资产管理、财务管理等各岗位人员具有较高的职业素质；其次是对重要岗位人员进行定期岗位培训，不断提高管理层和全体员工对债务业务控制工作重要性和迫切性的认识和理解；三是随着债务业务的更新与变化，要充分调动职工的积极性和创造性，确保债务业务控制得以有效执行，从而实现高校财务内控体系构建的系统性和科学性。

（二）健全科学筹资决策程序

高校应根据自身财务状况，制定适应总体发展的战略规划、师资队伍和科研队伍建设规划以及校园校貌发展规划。在总体规划目标下，根据教学和科研事业发展的需要以及学校的财务和偿债能力，确定建设规模。在进行项目投资之前，高校必须进行严密、科学的可行性论证，并充分征求教代会的筹资意见。最后，经学校最高决策机构集体研究决定筹资方案，以确保投资方案的科学性和准确性。

二、建立健全债务管理责任制

高校实行的是校长负责制，作为高校债务业务管理的总负责人，校长应明确相关的权利义务与违约责任，并对全部贷款及各种债务资金使用的安全性、合理性和有效性负全面责任。因此，高校在进行项目建设贷款之前，必须进行大量的前期工作，组织项目筹资分析会，来进行可行性分析研究和偿债能力的平衡分析，做到心中有数，保证建设项目运行的高效性、严密性和合理性。要建立健全债务业务管理责任制，完善内部风险防控机制，对高校债务决策人实行责任追究制度，要求对债务的借入、管理、使用、偿还等情况实施全方位的监管，并以此作为考核高校主要负责人的绩效和任期经济责任的重要内容，明确和落实债务的借入和偿还的责任，合理借贷管理，科学有效运用，保证高校平稳健康地发展。

三、完善债务资金日常管理,确保按期偿还

高校应严格按照规定使用债务资金,加强债务资金的管理,大力提升其使用效益和性价比。妥善处理原有债务,严格履行审核新建项目的建筑面积、用途、资金预算、资金来源等指标的程序,强化对基建项目的监管力度,控制无资金来源、超预算的项目。高校作为债务主体,应加强财务管理,明确各项债务资金开支使用的范围,及时对账、检查和清理,强化事前、事中、事后监管,清楚每笔款项的来龙去脉,确保专款专用。要加强对高校债务的预算执行、资金使用效益和财务管理等情况的监督检查,规范预算审核程序,禁止一切不合理开支,做到厉行节约,量力而行,强化资金使用的绩效评价,保障资金使用安全、规范、有效。确保贷款债务依据合同约定按期偿还本息,以及高校经济活动所产生的经营债务及时结清。

四、建立债务测算机制,控制债务规模

会计核算指标有多项种类,与高校债务业务控制相关的指标也是多方面的,最重要的是流动比率、债务负担率和资产负债率这三个方面。财务部门应随时测算三个比率的情况,及时调整资金的运用,保证控制在正常或稳健状态范围内。高校决策机构要随时了解和掌握学校债务情况,一旦债务负担率超过可控范围,应立即调整财务状况,认真思考和研究如何压缩建设规模,减少现有贷款,保证高校各项事业的健康发展。如果高校债务规模居高不下的话,有可能严重超出其偿还贷款的能力,给高校带来一定的风险隐患。

第三节 债务业务控制的风险描述

一、贷款债务业务控制的主要风险

（一）未执行专款专用的原则

高校作为举债主体，如果放松对债务的监督管理，随意改变贷款资金的适用范围，将会出现建设项目与贷款用途不符，更不能确保贷款资金专款专用。不按资金用途规范使用，把贷款资金视为自己口袋的钱任意支配，加大了贷款资金的风险。

（二）举债程序不严谨

有的高校在举债时往往只考虑怎么才能贷到款，决策机构对申报项目缺乏事前的可行性论证，没有做详细的市场调研，没有到实地考察，没有很好地了解贷款或融资的新动向，更没有和其他兄弟院校做具体的成本比较等等，没有进行严格的审批程序就草率做出决策，加之在实施项目建设中监管不力，造成大批项目无法科学合理地完成，没法取得预期的结果。

（三）债务计划与事业发展规划不匹配

高等院校在向银行或非金融机构借贷时，通常是依靠国家信用来获取银行的授信。在这种情况下，债权人一般不会主动核查所授信高校的财务状况和偿还能力。此时许多高校会采取不稳健的融资政策，往往是盲目地建设项目，争取银行、非金融机构和政府债券等资金，而忽视还本付息，不考虑高校整体事业发展规划，给高校未来的发展带来了巨大的不确定性和潜在风险。

（四）未能及时偿还债务

很多高校在申请贷款时，通常只考虑如何能够获得资金，而较少关注资金的成本和偿还能力。高校的责任意识并不明显，其还款动机也不够坚定和纯粹，存在侥幸心理，认为政府会替他们买单。因此，这些高校对贷款管理不够重视，没有制订可行的偿还债务计划，甚至到还款期也没有及时还贷，失去了已有的借贷信誉。不管因什么理由未能按时还款，都会导致学校不仅要负担正常的贷款本息，还得承担额外的付款义务。

二、其他债务业务控制的主要风险

（一）会计账务处理滞后，无法如实反映债务风险状况

现行《高等学校会计制度》规定，高等学校的会计核算一般采用收付实现制，高校的基本核算基础还是收付实现制。高校只核算实际已经支出的款项，对一些应付未付的支出却没有披露。例如，高校一些未完成建设的项目，在未付款之前没有在账上反映；在采购仪器设备或大额材料等过程中的支出尚未付款，也没有计入应付账款中进行核算；贷款资金的利息费用没能按月进行核算反映等等，这些业务只有在实际付款时才做账务处理。假如年终还未付款，就会将其余额转入事业结余账户，导致结余严重存在负债信息披露不全面的缺陷，必定虚增当期可供支配的资金数额，使财务信息失真，掩盖了潜在的财务危机。

（二）将往来款项视为自有资金

高校在经济活动过程中产生的应缴款项、应付及暂存款等待结算的债务，对于高校来说是一个不小的数字，如果高校在日常财务工作中，忽视这部分资金的管理，或者使用不规范，将需按规定期限上缴上级的款项和随时需清理偿还的款项，视为学校可支配资金随意进行使用的话，导致款项无法按期归还，必然会产生挪用资金的债务风险。

（三）代管款项管理不当

高校在接受挂靠校内的各种协会、学会、团体等委托管理的各类款项，将产生资金待结算的债务义务。随着高校产学研规模的不断扩大，与社会各界联系的更加深入，这类代管款项资金会愈来愈多。假如高校在财务工作中不能严格按照代管款项合同规定的用途和目的专款专用，发挥会计核算和监督职能的作用，明确有关人员的责任和义务，真实及时地反映

代管资金的来龙去脉，而是将代管款项与自有资金混为一谈，随意挪作他用，必然不能按代管合同完成款项的结算，还会带来挪用代管款项的债务风险。

第四节　债务风险控制的具体措施

一、建立健全债务控制机制，严格审批程序

（一）严格执行专款专用的原则

高校作为举债主体必须进一步强化对债务的监管力度，确保贷款资金专款专用。一方面，贷款资金必须纳入学校预算统一管理，所有开支均通过财务部门按预算执行支付，严格规范资金使用范围。另一方面，高校的基本建设应尽量做到事前把关，确保项目实施的必要性，加强建设项目的计划性和科学性，严格执行财务政策，禁止一切不合理开支，强化债务风险监督机制，充分发挥校内审计部门、教代会和监察部门的监督作用，保证贷款资金的专款专用。

（二）科学论证，严格审批流程

要加强对高校筹资的审批流程，对高校新增贷款或政府债券等债务，在举债前必须进行大量的论证调研工作。事先要经过详细的调研，项目建设必须经过专家组的科学论证，认真分析项目建设的必要性和可行性，在校内审批程序中，应履行严格的流程，以减少和避免形象工程、政绩工程建设等。新增银行贷款还要报同级财政和教育主管部门进行审批。

（三）挖掘内部潜力，控制新增债务

为了提高贷款的资金利用率，高校必须对资金实行有效管理，合理使用资金。针对确实需要建设的项目，应在保证质量的前提下，根据高校的实际需求进行建设，以减少资源浪费并提高资金使用效率。另一方面，高

校要树立"过紧日子"的思想，节俭办学，反对铺张浪费，抑制不合理资金的需求，增强成本核算意识，建立完善预算管理机制，合理地、科学地安排预算，确保学校资金用在"刀刃上"，不断提高预算资金的执行效率。

（四）明确职责，按期还贷

高校在偿还债务中有明确的主体责任，既是学校的法人主体，又是借债人和贷款的受益者。因此，在偿还债务时，应承担相应责任，坚持"谁贷款、谁受益、谁担责"的原则，强化高校解决债务的责任。在预算编制过程中，高等学校应将银行信贷纳入预算管理，制订切实可行的还款计划，合理安排资金，避免延期还款损失。教育主管部门应加强对高校的财务监督，随时检查和监控高校的资金运行情况、银行账户资金、银行贷款余额、资产负债率等财务指标，以确保高校按期偿还贷款本息。

二、健全规章制度，强化财务监督

（一）严格往来款项内部控制

对于应缴款项、应付及暂存等其他债务往来资金，应依据会计制度的要求，按规定程序办理债务业务的申请手续并及时入账，要严格审定资金的来源、用途及核算范围。属于上缴上级的款项，必须按规定期限足额上缴；其他款项则应落实责任人，定期督促并做专项清理；属于重大事项或有疑问的款项，财务部门应当及时将解决措施或合理化建议上报学校决策机构集体讨论研究，最后做出处理方案。高校财务部门应规范往来款项内部控制制度，及时进行清理和偿还，不得将应缴款项和往来款项视为自有资金自行结转，更不得挪作他用，随时预防因占用资金而无法按时完成款项的限期支付，造成其他债务风险的发生。

（二）完善代管款项的内控制度

代管款项核算内容涉及高校接受委托代为管理的各类款项。这些款项的所有权和使用权并不属于高校，而是属于其他单位或团体。因此，要从性质上看，这些款项本质上属于高校的对外负债。对于代管资金的所有核算，必须严格遵守国家有关的财经法规和高校财务会计制度，并建立严格的内部牵制制度。由于代管款项资金有不同的来源、用途和目的，必须要求按项目进行核算和管理，实行专款专用。不能将代管款项作为不合理支出的资金来源，更不能作为自有资金安排预算支出，否则会导致无法完成代管款项的正常支付，带来其他债务风险。因此，要定期分析代管款项资金的来源和去向情况，保障代管资金的安全完整及有效利用。

三、加强债务信息公开透明

（一）做好信息公开，强化监督管理

做好财务信息公开工作，有助于提高高校工作的透明度、保障师生员工和社会公众的知情权和监督权，推动高校依法办学、依法理财；有助于提升高校预算管理和财务管理水平，充分发挥资金使用效益，有效保障高等教育事业的科学发展。高等学校一定要高度重视，正确认识做好财务信息公开工作的重要性，财务部门要充分利用高效、快捷的信息手段，将财务信息和各项债务收支结余情况定期公开，接受师生员工、社会公众和投资主体的监督检查。加强债务信息披露工作，是强化高校债务监督管理的重要举措。

（二）完善信息系统，提升沟通效率

随着科学技术的进步，高校已经能够通过信息化手段，利用内部生成的数据和来自外部渠道的信息，为高校决策者监管债务、控制贷款风险提供服务。高校财务信息系统与校内各部门、银行、融资机构和政府相关部门都有着密切的联系，高校必须及时、准确、完整地收集与学校相关的内部和外部信息，建立起高效、开放、统一的财务信息沟通系统。高校需通过校园网、座谈会和民意调查、教代会等多种渠道扩大知情权，及时更新财务信息，全面反映学校各类收入支出情况。同时，高校还要与政府、银行、融资机构等进行积极沟通，与其保持畅通的沟通渠道，获取关于贷款及其风险的最新动态。通过信息的沟通，借助信息来识别、评估和应对风险情况；通过财务报表等信息公开，保证高校从举债到债务资金使用公开

透明，有效接受政府部门、全体教工和投资主体的监督，逐步完善高校管理信息系统，提升校内信息管理质量和沟通效率。

四、建立风险预警机制，有效防范债务风险

近年来，中央和地方政府为加强债务管理，采取了贷款贴息、政府债券和加大投资等一系列的管理措施。高校债务被纳入政府性债务管理后，债务规模受到严格控制，高校通过举债解决发展资金短缺的财务运行模式已然改变，进入了轻负债甚至无债运行的新时期，高校应该转变思路适应新形势，探索建立财务风险预警机制，控制新借入款项的规模，如实反映依法举借债务情况，做好财务管理工作，控制新型债务风险。

政府加强对高校债务的控制后，限制了高校筹资建设和发展的途径，除了部分政府债券的申请外，项目建设和发展主要依赖于高校内部的自筹和积累资金。因此，高校需要在资金安排和投入上进行统筹考虑，并提前进行详细规划。相应地，高校要长远考虑，提前规划，尤其是进行财务中长期规划。首先，需要进行筹资能力规划，重点是预测学校的日常基本收支情况，制定年度结余预算，以确保高校的自筹能力。其次，要进行建设与发展资金需求规划，即科学安排学校的建设发展计划，确定未来建设期间所需的资金额度。第三是从财务的角度合理测算资金，做好中长期预算，科学预测学校财务所面临的资金方面的主要矛盾和存在的主要问题，例如如何解决资金供求缺口、如何优化资源配置、如何提高资金利用效率等，防止建设项目资金链断裂，出现新的债务风险。

五、做好投资分析，避免过度投资

现阶段高校债务形成的原因之一是未做投资分析，盲目扩大办学规模，过度投资。因此，要降低债务风险，高校财务部门应在建设项目投入前，根据项目建设情况和学校财力的可能，理性地进行分析研究，当好决策者的参谋与助手。要加强对财务人员的培训，提高财务人员整体的专业能力和综合素质。高校不仅需要通过制度确保财务分析在经济决策中的重

要性，还要求高校的财务管理人员具备深厚的财务分析能力，根据学校实际情况，对新建项目进行科学的筹资分析，杜绝因过度建设投资和低效率投资造成新的债务风险，努力提高建设项目投资的绩效。

六、拓展收入渠道，多方筹措资金

目前，高校已进入内涵发展阶段，办学规模稳定。为了实现建设发展目标，必须积极探索其他的收入来源。

1. 在校企合作方面，建立与企业的战略合作关系，共同开展科研项目、技术开发或提供技术服务，获取合作收入。

2. 在学历继续教育方面，开展职业培训、成人教育及远程教育等项目，吸引社会人士和企业员工参与，增加培训收入。

3. 在资产经营方面，积极利用校内资产，如房地产租赁、商业开发等，增加资产运营收益。

4. 在国际合作与交流方面，拓展国际招生、留学生教育项目，开展国际学术交流与合作，获取国际收入。

5. 在公共服务方面，提供校内设施设备的开放使用和服务，如会议中心、体育场馆等，收取场地租金及服务费用。

6. 重视科研副产品的转化收入。高校教师由于科研需求，每年会产生大量的科研副产品，应当规范科研副产品的转化收入，由财务部门归口管理，统一收入，归为存量资金，用于学校事业发展。

7. 在政策允许的范围内，运用存量资金通过金融运作拓展学校收入，缓解学校债务压力。

七、挖掘内部潜力，优化支出结构

受制于债务规模不得增大的限制，建设项目又急需资金投入，因此高校只能通过挖掘自筹结余资金来解决。为支持高校建设发展，高校需积极探索如何减少不必要支出和控制支出。高校应以科学发展观指导学校预算，实现预算编制的统一性和科学性，全方位做好年度预算。根据学校财务状况和持续发展能力,确定科学合理的人员支出、日常公用支出、资本性支出结构。减少日常公用支出,最大限度地缩减"三公经费",控制人员支出比例,不断优化支出结构。加强预算控制和日常财务管理,杜绝无预算或超预算开支带来的风险,提高资金使用效率,保证财务健康有序运行。

第九章

基本建设经费业务控制

基本建设项目是高校按照自身发展需求，需要在指定场地中建设的一项独立工程或若干个具有一定联系的工程项目。自改革开放以来，涉及基建项目的经济犯罪不断增多，涉及范围包括建造房屋及建筑物、基础设施建设、大型设备安装和大型维修等。这些项目由于投入的资金量大和建设时间长，涉及的利益关系变得异常复杂。这种复杂性源于各方利益的交织和相互影响，也使得项目的推进和管理变得极具挑战性。值得注意的是，一些经济犯罪往往与内部控制缺陷密切相关。

第一节 基本建设经费业务控制的基本概述

一、高校基本建设经费的概念

高校的基本建设项目包括建筑物和构筑物的各类工程，例如新建、改建、扩建、装修、拆除、修缮、安装等，以及大型修缮和基础设施建设、改造工程。这些项目由高校自行或委托其他单位进行。

高校基本建设经费也就是指高校投入基本建设项目上的各类经费，包括财政拨款和自筹资金。基本建设经费管理伴随着基建项目的整个过程。

二、高校基本建设项目的分类

高等学校基本建设项目的实施方式主要分为自行建造和委托他人建造两种形式。自行建造意味着学校全权负责项目的建设过程，从规划到竣工验收都由学校主导完成。相比之下，委托他人建造则是将项目的主要部分或全部交由专业承包商负责。在这种情况下，学校的角色主要集中在资金筹集、与承包商的合作与结算以及最终的竣工验收等环节。由于高校基本建设项目的技术难度和专业性较高，一般倾向于采用委托他人建造的方式，以确保项目的质量和进度。这种方式可以有效利用专业承包商的经验和资源，提高项目的执行效率和质量。

按照通用的建设项目分类标准，建设项目具体分类参见表 9-1。

表9-1 基本建设项目具体分类

建设项目分类标准	具体分类
建设性质	新建项目、扩建项目、改建项目、迁建项目、恢复项目
资金来源	国家拨款建设项目、自筹资金建设项目
施工情况	筹建项目、施工项目、投产项目、收尾项目
实施方式	自行建造项目、委托建造项目
隶属关系	中央项目、地方项目、共建项目
用途	教学科研性项目、生活配套性项目
建设规模大小	大型项目、中型项目、小型项目

三、高校基本建设经费业务控制的内容

高校建设项目管理是一个复杂的过程，涵盖了项目前期立项、工程设计与概预算、工程招标、工程施工、竣工决算等多个环节。在这个过程中，需要进行项目建议书编制与审核、工程可行性研究报告的编制与审核、初步设计评审及概算的审批、项目招标、工程施工及洽商变更、工程结算、竣工验收及结算、竣工决算、工程审计、资产移交、档案移交等多个具体步骤。

与建设项目相对应，高校基本建设经费业务控制可以分为管理组织体系控制，项目立项控制，工程设计与概预算控制，工程招标与采购控制，工程施工、变更与资金结算控制，竣工决算控制等。

第二节 基本建设经费业务控制的目标

一、基本建设管理组织体系控制目标

1.建立健全学校基本建设及其相关的管理制度，并且根据国家政策和

实际情况不断细化、修订和优化。

2. 学校设置合理的与建设相关的部门和岗位，明确岗位职责权限，不相容岗位要做到相互分离、相互制约和相互监督。

3. 健全项目议事决策机制，实现专业机构编写、专家论证、集体决策机制，确保项目决策的科学性和合理性。

4. 建立健全与建设项目相关的审核机制，优化审核控制的岗位设置、人员配置与审核流程。

二、项目立项控制目标

1. 项目立项经过严格周密论证，符合国家有关投资、建设、安全、消防、环保等规定。

2. 确保建设项目符合学校的实际需要，同时确保其技术上可行、资金可控，以及能够产生预期的经济和社会效益；建设项目实行集体决策、科学决策，妥善保管决策过程中的文件资料。

3. 确保建设项目立项建议书、项目可行性研究报告编制科学，审核严格，建设项目可行性研究报告应当委托有相应资质的单位编制。

4. 严格执行党和国家有关楼堂馆所建设的规定和资产配备标准，严控投资总额，防止超标建设，厉行勤俭节约。

三、工程设计与概预算审批控制目标

1. 按照相关程序和要求，通过招标择优选择具有相应等级资质的勘察、设计单位，确保选定的单位能够最大程度地满足建设工程的勘察、设计要求。

2. 加强设计文件的审查，做好图纸交底和会审，确保建设项目设计质量，严格控制设计变更，为后续的建设项目实施打下坚实基础。

3. 加强概预算编制、审核和变更控制，确保概预算科学、合理，强化概算约束作用，为后续项目结算和招投标提供科学的依据。

4. 加强工程建设规划审批控制，及时与相关审批部门沟通，确保建设项目及时批复，按时开工。

四、工程招标与采购控制目标

1. 按照有关规定确定招标事项，确保招标、开标、评标等环节符合相关法律法规要求，公正公开，程序规范，中标人符合资质要求和工程建设要求。

2. 招标文件编制完整准确，评标人员选择恰当合理，采用适当的招标方式进行招标，中标价控制在概预算内，防范招标过程中出现舞弊和腐败现象的发生。

五、工程施工、变更与资金结算控制目标

1. 明确高校、施工单位、监理单位、设计单位、审计单位在工程管理、工程进度、工程质量、生产安全、投资控制等方面的职责，确保建设工程顺利进行。

2. 必须加强施工过程监管，确保严格按照规定的工期和进度进行施工，以确保项目按时完成。

3. 要确保所有工程变更事项都经过严格审批，审批程序必须合理且有充分依据，符合总体工程要求和成本控制要求；签证过程也需规范合理，以有序控制费用增加。

4. 按照合同规定及时进行工程价款结算至关重要，确保项目资金支付的合法合规，审批过程必须严格执行，符合国家和学校建设项目财务制度的要求。

六、竣工决算控制目标

1. 在项目竣工后，及时办理竣工验收是确保工程质量符合设计要求的关键步骤。明确验收条件和验收程序，保障验收过程严格有序进行。及时发现和整改工程缺陷，确保验收手续完备，以确保建设项目的质量合格，并与设计要求相符。这一过程不仅是项目竣工的必要程序，也是保障工程质量的重要保障措施。

2. 保证工程竣工结算工作规范、合理，规范竣工结算编制、监理审

核、结算审计和价款支付,确保竣工结算及时完成。

3.竣工决算编制及时、合理、规范,内容完备、准确,决算审计客观、公正和实事求是,保证竣工决算的真实性、合法性和完整性。

4.高校财务部门应当真实、完整地记录建设项目成本归集、资金来源、价款支付以及相关工程物资的变动情况,并妥善保管相关记录、文件和凭证,以确保建设过程得到全面反映。

5.做好完工项目移交工作,保证移交工作规范、合理,手续齐全,并及时进行固定资产登记。

6.确保建设项目档案管理合理有效,安全完整,需要做好建设项目档案文件、材料的收集、整理、归档和保管等工作。

第三节 基本建设经费业务控制的风险描述

一、基本建设管理组织体系的风险

(一)管理体系风险

由于高校建设项目涉及的部门较多,流程环节复杂,如不建立健全管理体系,完善规章制度,规范业务流程,将会给项目管理带来混乱,从而给建设项目管理带来风险。

(二)岗位设置风险

当处理高校建设项目时,必须注意岗位设置风险的潜在影响。若岗位设置不合理或职责权限划分不清,以及未能有效分离不相容的岗位,可能导致工作中出现推诿、疏漏,甚至可能引发舞弊和腐败问题。

(三)决策机制风险

决策机制不健全也是一个重要的风险因素。如果高校未能建立与建设项目相关的决策、执行与监督分离机制,以及未完善决策流程,可能出现个人专断或盲目决策的情况，进而增加工程管理的风险。

二、项目立项的风险

（一）项目建议书编审风险

项目建议书编制如果专业性不足，或缺乏相关经验，则无法满足立项需要。项目建议书应与国家相关法律法规及高校的实际发展需要相吻合，否则可能会出现项目无法达到预期目标的情况。如果项目建议书内容不全面不完整，则会影响项目的审批。

（二）可行性研究报告编审风险

在编制可行性研究报告时，缺乏专业性和编制经验不足，以至于没有达到国家要求的工作质量和深度，可能导致可行性研究报告缺乏科学性、准确性。如果编写不规范、内容不完整，可能导致无法报批。如果没有经过政府相关部门批准，就会导致工程项目无法立项。

（三）项目审批风险

如果高校未能与相关审批部门及时有效地沟通，未提供完整的材料，可能会导致项目审批不通过，或者审批结果未达到预期。

三、工程设计与概预算的风险

（一）勘察、设计单位选择风险

高校发包方式不合规，或故意规避招标，则会带来管理和廉政风险。如果勘察、设计单位在签订合同时未详尽约定双方的权利义务，可能会导致合同无法执行，无法追究责任，给学校带来不必要的损失。同时，若选取的单位缺乏相关资质等级，或项目的专业技术人员未具备相应的职业资格证书，将直接影响到勘察和设计的质量，从而影响整个项目的进展和结果。

（二）勘察、初步设计与概算编制和审查风险

在项目建设过程中，勘察、设计文件和设计概算的编制质量至关重

要。若这些文件的编制不合理或不科学,将无法为项目建设提供必要的技术支持。这不仅会导致投资估算的不准确,还会增加后期投资控制的难度。此外,如果勘察、设计与概算的审核过程不够严格,审核重点不明确,这将进一步影响项目的管理和施工,可能会引发一系列不良后果。

(三)施工图设计与预算控制的风险

在施工图设计与预算控制阶段,如果图纸交底与会审过程不够严谨,将增加施工建设的不确定性。而预算编制不准确,不具备科学性和合理性,也会给项目带来诸多风险。严格的审核是确保施工图设计与预算控制合理性和科学性的关键,如果审核不够严格,审核重点不明确,项目建设将面临更大的风险。

四、工程招标与采购的风险

(一)招标管理风险

如果高校未按规定进行招标,或招标程序不规范,缺乏公平、公正的原则,就可能带来廉政风险。

(二)招标文件编制风险

招标文件的编制必须准确、完整,并经过严格审查,否则将会影响招标质量,进而影响后期工作的顺利开展。

(三)开标风险

若参加投标的单位资质未达到要求,将直接影响评标工作的公正性,并可能导致废标的情况发生。

(四)评标风险

如果评标小组成员不能客观公正履职,评标程序不规范,评审过程不严谨,可能导致招标结果无法满足学校需要,中标价超过概预算,给学校建设项目造成质量风险和经济风险。

(五)合同风险

在双方签订合同时,合同约定内容不严谨、不完整,未明确约定双方的权利与义务，可能导致无法依合同追究对方责任，给学校造成不必要的损失。

五、工程施工、变更与资金结算的风险

（一）施工管理风险

当施工单位未按进度计划施工，随意拖延或赶超工期时，常常会出现施工操作不达标或施工质量不过关等问题，进而影响整个工程的质量和进度。因此，确保施工单位严格按照进度计划施工，并加强施工现场的质量检查和监督，是保障工程按时完工和高质量完工的关键。安全管理责任划分不明确、管理不到位，未落实各项安全组织措施和技术措施，可能带来施工安全风险。监理单位不依法履职，或者与施工单位相互串通，导致监理难以发挥应有的作用。

（二）工程变更风险

工程变更内容不合理、不科学，未经严格审批与论证，可能导致工程变更与实际需要或工程总体要求不符，并可能导致施工成本的增加。如果未对工程变更进行严格审核，工程洽商费用未能得到严格审核控制，可能导致变更洽商不合理，进而影响工程建设项目的正常进行，预算超支，投资失控。

（三）项目资金使用风险

如果高校项目资金管理不严格，结算流程不规范，付款资料不完整、不合规，审批程序不严谨，可能导致资金安全隐患以及廉政风险。

六、竣工决算的风险

（一）工程验收风险

如果竣工验收标准不明确、相关验收资料不完整，将会导致缺乏依据和参考而无法实施验收；而验收程序不规范、验收方案缺乏专业性和科学性，以及工程验收未按标准执行，则可能导致后续风险的产生。

（二）竣工结算风险

施工单位在竣工结算编制过程中常常会出现高估、冒算和乱编等风险，因此高校必须对竣工结算书进行仔细、严格的审查，并进行现场实地查验。如果未能做到这一点，就可能导致最终的工程造价不准确，无法真实反映工程的实际成本，从而给学校带来经济损失和管理风险。

（三）项目竣工决算编制风险

项目竣工决算的编制必须依据真实、合理的资料，经过严格审批程序。如果决算依据的资料不真实、编制不合理，或者审批程序不严格，就会导致决算结论与实际情况存在偏差。更为重要的是，审计工作流程的规范性直接影响着对项目的监督效果，若审计流程不规范或审计内容不全面，将无法客观反映项目的真实情况，也无法有效发挥审计监督作用。

（四）资产移交风险

如果高校未能及时对竣工工程建设项目进行移交，未严格审核资产移交工作，可能导致工程建设项目未办理移交手续就开始使用，存在安全隐患和质量问题。

（五）档案管理风险

如果未能及时收集、整理文件资料，可能导致资料不完整，缺乏真实性。同时，档案移交手续不全、交接手续不规范也会引发文件遗漏或缺失的问题。

第四节 基本建设经费业务控制的具体措施

一、健全建设项目管理组织体系

（一）建立健全高校建设项目和经费管理制度

高校的建设项目环节较多、涉及面较广，高校要依据国家有关法规规定要求，认真梳理建设项目业务流程，查找风险点，建立健全建设项目内部管理制度。管理制度应当包括工程立项管理办法、质量控制管理办法、财务管理办法、施工管理办法、招标投标管理办法、合同管理办法、工程物资采购办法、工程验收管理办法、工程档案管理办法、项目考核与评价制度等，这些制度对于控制项目投资造价，规范基建经费使用具有重要意义。

（二）建立健全岗位职责制度

高校在建设项目管理中必须明确各个岗位的职责和权限，并建立起相互分离、相互制约的管理机制。这不仅包括落实项目管理岗位的责任制，还要明确责任追究的具体办法。涉及的部门包括高校决策机构、基建部门、财务部门、审计部门，以及外部的设计单位、施工单位、监理单位和招标代理单位等，每个部门在项目管理中都有其独特的职能和责任，确保项目各个环节的高效运作和管理。各部门的职责分工如下：

学校决策机构：高校建设项目决策机构包括党委常委会和校长办公会。职责包括：项目的立项、预算、资金筹措、方案设计、项目的重大调整等重要事项的审批。

基建部门：制定学校的基建规章制度；编制和组织实施校园建设总体规划以及年度基本建设计划；负责组织协调建设工程项目的报批、勘察、设计、施工、监理等工作；负责建设工程项目质量、投资、工期等管理协调工作，办理竣工验收和交付使用手续；做好基本建设项目档案资料管理等方面的工作。

财务部门：承担基建工程的资金筹措，建设项目实施过程中的资金管理、核算、竣工财务决算等工作。

审计部门：负责建设项目及经费的全过程跟踪审计、预算审计、内控审计、结算审计等。

设计单位：负责项目初设预概算、施工图设计与预算、设计变更等。

施工单位：负责项目的建设、安装、修缮、装修等工作。

监理机构：负责审核施工单位提交的开工报告、工程施工方案以及实施进度。监理机构还负责审查并签署施工单位提交的工程款支付申请和工程竣工结算。此外,监理机构还审核工程变更事项以及签订分部工程和单位工程的质量检验评定资料。在工程项目验收阶段,监理机构组织人员进行质量检查,并积极参与竣工验收工作,确保工程的质量符合验收标准。

招标代理单位:它是具有相应资质的专业代理机构,负责高校与建设项目相关的施工和采购招标工作。

(三)建立健全决策机制

高校的党委委员会作为建设项目的最高决策机构,承担着集体研究决定与项目相关的重大事项的责任。任何个人都不得单独决策或擅自改变集体决策的意见,必须在党委委员会会议上进行集体研究并做出决策,决策过程应有完整的书面记录。决策形成后,相关部门必须不折不扣地贯彻落实。

(四)完善审核流程

高校应按内控要求建立与建设项目相关的审核机制,确保项目建议书、可行性研究报告、工程设计与概预算、竣工决算报告等事项得到严格审核。在高校项目管理中,审核工作涵盖基建规划、审计、财务和法律等多个领域的工作,或是委托具备相应资质的中介机构来完成。这些工作的目的是出具评审意见,确保项目的各项决策和实施符合法规要求并达到预期效果。为此,高校需要建立完善的审核机制,包括设立专门的审核岗位,配置经验丰富且合格的工作人员,规范审核流程,并明确每个环节的审核责任,以提升审核工作的效率和质量。

二、加强建设项目立项控制

为确保高效的项目管理,高校需设立明确的控制制度,特别是在建设项目立项环节。这一制度将规范项目建议书和可行性研究报告的编审和建设审批流程,确保每个项目的立项过程科学合理,从而有效提升项目管理的质量和效率。具体包括以下几个方面:

(一) 项目建议书的编审控制

高校在编制项目建议书时，应该结合国家和地区的相关政策规定，充分考虑实际建设条件和需求，并经过必要的调研和论证。项目建议书应包含项目概况、建设的必要性和依据、投资估算、资金筹措方案、项目进度安排、经济效果和社会效益分析、环境影响的初步评价、结论以及附件等内容。高校应对项目建议书进行审核，待学校决策机构集体研究决定后将其上报教育主管部门审批。这一系列步骤的执行有助于确保项目立项的科学性和合理性，为后续的项目实施提供了有效的指导和保障。

项目建议书应包括如下主要内容：

1. 项目概况：简要介绍项目的背景、目的和范围。
2. 建设的必要性和依据：阐述项目的必要性、市场需求或社会问题，并提供相关数据和调研结果支持。
3. 投资估算：对项目所需资金进行估算，包括预算和成本分析。
4. 资金筹措方案：提出资金筹措的途径和计划，包括自筹资金、外部融资等。
5. 项目进度安排：详细描述项目实施的时间节点和阶段性目标。
6. 经济效果和社会效益分析：分析项目实施后的经济效益、社会效益和可持续发展影响。
7. 环境影响的初步评价：对项目实施可能产生的环境影响进行初步评估，并提出相应的应对措施。
8. 结论：对项目建议书进行总结，并强调项目实施的重要性和可行性。
9. 附件：包括相关调研报告、数据分析、图表等支持材料。

(二) 可行性研究报告编审控制

高校应当重视可行性研究报告的编制，并委托有相应资质的单位承担。高校对可研报告进行审核和决策审定后，应当向教育主管部门报批。建设项目应当在可行性研究报告批复文件下达之日起 3 年内开工建设，如果存在下面情况之一时，应重新报批可行性研究报告：一是逾期未开工建设的;二是建设地点、主要建设内容等发生重大变化的;三是总投资超过批复金额 10% 的。

三、加强工程设计与概预算控制

(一)加强勘察、设计文件的编审控制

高校应通过招标程序,对设计单位的证书等级进行严格审查,以选拔具备相应资质的勘察、设计单位,并与其签订合同。高校应当为设计单位提供方案设计所需的现状地形图、地下管线图、规划图、测量文件、可研报告及批复文件、规划意见书以及周边建筑地勘报告等文件。勘察、设计单位结合实地踏勘和高校提供的详细资料,依据项目批准文件、建设规划、工程建设强制性标准、国家规定的建设工程勘察设计深度要求等,出具勘察、设计文件。建设工程勘察、设计文件主要分为工程勘察文件、方案设计文件、初步设计文件、技术设计文件、施工图设计文件。

(二)加强对建设项目设计过程的审核控制

高校应该组织相关部门和专业技术人员,按照分阶段的要求对设计方案进行详尽审核。这个过程的重点在于技术方案的审查,尤其是需要进行技术经济分析比较和多方案比选。这样做不仅可以确保项目在技术上的合理性和科学性,还能最大化项目资源的利用效率。在审核过程中,还需兼顾项目的近期和远期发展需求,选择合适的功能水平,并留有足够的发展空间,以适应未来可能的需求变化和扩展。

另外,施工图设计阶段也是项目成功实施的关键环节。高校应当确保施工图设计的科学性和合理性,以及其与实际需求的契合度。为此,高校、设计单位、施工单位和监理单位等相关方应共同参与施工图设计的会审工作,及时发现并解决可能存在的问题和矛盾。这种多方会审的方式不仅有助于提高设计质量,还能有效减少后期施工中可能出现的错误和纠纷。根据国家的相关规定,高校应将施工图报送给建设行政主管部门进行审查。这些审查包括结构安全、强制性标准和规范执行情况等方面的检查。只有经过审查并符合相关要求的施工图项目,建设行政主管部门才会

颁发施工许可证，确保施工过程中的安全和合法性。对于未经审查或审查不合格的施工图项目，建设行政主管部门将不予发放施工许可证，从而防止可能带来的安全隐患和法律风险。

（三）高校应当建立建设项目概预算环节的控制制度

应对概预算的编制和审核需要制定明确的规定。高校应组织相关专业人员对概预算进行审核，特别关注编制依据，项目内容，工程量计算，定额套用的真实性、完整性和准确性，确保审核过程严谨有效。

四、加强工程招标与采购控制

1.高校在建设项目中应当建立完善的招投标管理办法，以确保项目的公开、公平、透明。这一管理办法应根据项目的性质和标的金额，明确招标范围和要求，并规范招标程序，切实防止人为肢解工程项目，以确保招标过程的规范性和公正性。在确定设计单位和施工单位时，高校应坚持公开、公平、平等竞争的原则，并严格执行招标公开制度，以保障各方合法权益。

2.高校在项目招标过程中，根据项目特点应合理决定是否需要编制标底，以确保投标过程的准确性和公正性。对于需要编制标底的项目，高校可以委托具备相应资质的中介机构进行标底编制工作，并由财务部门严格审核标底的计价内容和依据，以保证其准确性、合理性，并符合经批准的投资限额。一旦标底审定完成，高校应采取严格的密封和保密措施，所有接触标底的人员都需承担保密责任，以防止信息泄露。若发生标底信息泄露的情况，相关责任人将依法承担法律责任，并可能延迟开标程序，直至重新制定标底并确保招标程序的公正性和合法性。

3.高校在进行评标工作时，应组建评标小组，确保评标过程的公正和透明。评标小组由单位代表和相关技术、经济专家组成，负责按照招标文件规定的评标标准和方法，客观地评审和比较投标文件，以择优选择中标候选人为目的。评标小组在评审过程中需严格遵守职业道德，承担评审意见的责任，并详细记录评标过程，以使评标结果的合法性和公正性得到维护和保障。这些步骤确保了招标过程的透明和公平，为最佳选择提供了坚实的基础。

4.高校在确定中标人时，应严格按照规定的权限和程序从中标候选人中选定。随后，高校需及时向中标人发出中标通知书。为确保合同的执行和项目的顺利推进，双方应在规定的期限内订立书面合同，明确各自的权利、义务和责任。

五、加强项目监理、施工、变更与资金结算控制

（一）加强建设项目监理控制

建设项目监理控制是项目管理中至关重要的环节。高校应以招标方式选择合格的监理单位，并签署书面合同，合同中应明晰其全面控制和管理建设工程质量、造价、进度的责任。监理单位必须在施工现场设立监理机构，并严格履行监理合同约定的各项监理任务。监理人员不仅要具备相应资质，更需具备良好的职业道德水平，深入施工现场，及时发现和纠正建设过程中的问题，确保建设项目的顺利进行。他们需要客观公正地执行监理任务，确保项目质量和进度符合要求。此外，工程变更、价款支付和竣工验收都必须取得监理机构或相关工作人员的签字确认。高校应当对监理机构的履职情况进行监督，防范其与施工单位串通一气，损害学校的利益。

（二）加强项目施工过程控制

高校基建部门应安排项目负责人作为学校的代表，对项目施工过程进行全面监控。具体来说，包括项目进度、施工质量、安全生产和投资造价等方面的监控。项目负责人的职责是督促施工单位、监理单位及其他相关方履行各自的职责，以确保工程按时完成、质量符合标准并保障生产安全。

1.项目进度控制

施工单位要在工程现场设置项目部，并制订详细的施工进度计划，报监理单位审批后，严格按照进度计划开展工作。同时，施工单位应定期统计、分析和上报已完工进度情况，报监理机构审核。确需调整进度的，施工单位应在保证质量的前提下，上报进度调整计划，经监理机构审核后，

报学校审批。学校应当密切关注建设项目的实施情况，跟进建设项目的进度，确保其按照进度计划开展工作，按时完成建设工程。

2. 项目施工质量控制

施工单位对建设工程的施工质量负责，施工单位要建立质量责任制，工程项目部全程负责质量管理。施工单位应按合同约定对材料、工程设备以及工程的所有部位及其施工工艺进行全过程的质量检查和检验，检查和检验应当有书面记录和专人签字。此外，施工单位应定期编制工程质量报表，报送监理机构审查。

工程监理单位根据法律、法规、技术标准、设计文件和建设工程承包合同进行施工质量监理，并承担相应的监理责任。监理工程师应按照工程监理规范的要求，深入施工现场对建设工程进行监理。在未经监理工程师签字的情况下，施工单位不得使用或安装建筑材料、构配件和设备，并且不得进行下一道工序的施工。在检查中发现施工质量不合格，应当要求施工单位进行整改；凡是不合格工程，不得进行竣工验收。

（三）加强对建设项目变更控制

1. 严格控制变更事项的产生

高校应当从严把控工程变更，除涉及工程结构、功能、质量、安全等必须变更外，对涉及装饰及附属工程的变更应从严控制。工程量变更必须符合国家有关规定和强制性标准及技术规范，严格禁止违规变更、恶意变更，以免给学校造成经济损失。

2. 完善项目变更管理流程

高校应当规范建设项目变更管理的办法和流程，严格项目变更的审查和审批程序，对项目变更类型、内容、审核程序、批准权限、审查时间等进行规定。

（四）加强对建设项目资金控制

1. 高校应实行严格的工程投资控制与概预算管理。经批准的项目概算是项目投资的最高限额，不得随意突破，如必须调整，高校应按照规定进行报批。

2.高校应加强建设项目资金管理，所有工程项目资金纳入学校预算管理，资金实行专款专用，严禁截留、挪用和超批复内容使用资金。高校财务部门是建设资金的管理部门，应当设置专门岗位和人员负责此项工作，建立和完善建设资金管理办法。高校基建部门是建设资金的使用单位，负责办理项目资金支取，并对资金使用的真实性、相关性和合法性负责。高校审计部门对项目资金使用情况进行审计监督。

3.高校应建立健全工程款支付管理办法和审批程序。根据工程的实施进度，严格按照合同约定和规定的审批流程办理工程款结算手续。实行国库集中支付的建设项目，应按照财政国库管理制度规定支付资金。

4.从严控制工程变更价款的支付。工程项目实施内容变更可能引发价款支付方式和金额的变动。高校在执行工程项目合同时，需严格按照国家管理规定及时签订价款补充协议。同时，高校应对工程变更价款的支付进行严格审核，特别是对于大额支付，需向学校决策机构报告并取得批准，以确保资金使用的合法性和透明性。

六、加强竣工决算控制

建设项目竣工后，高校应按规定时限办理竣工决算，并组织竣工决算审计。随后，根据批复的竣工决算和相关规定，高校还需办理建设项目档案和资产移交等事宜。

（一）加强项目竣工验收控制

在工程建设完成后，施工单位向监理机构提交竣工报验单并提出完工申请。监理机构对工程完成情况进行检查，签署报验单后提交给高校基建部门。基建部门收到竣工验收申请后，会同施工、监理单位等各专业人员组成专业小组，对工程进行全面、细致的竣工预验收。这一过程包括通知相关部门进行专项检查，确保工程符合验收条件。经过专项检查后，各部门将分别撰写专项检查合格报告或准许使用报告。此外，工程竣工验收报告还应附有施工许可证、施工图设计文件审查意见等相关文件，以确保验收的全面性和可靠性。高校在完成工程后，必须及时提交详尽的竣工验收报告，内容涵盖工程的总体情况、建设过程的执行程序和全面评估，还包括验收的具体时间、程序及组织形式，并详细阐述验收意见。

（二）完善竣工结算控制

在项目竣工验收后，施工单位首先提交工程结算书，随后由监理单位进行初步审核。经过监理单位的审核后，结算书会交由高校基建部门进行最终审核并签署确认。审核通过后，基建部门会将其结算资料提交给学校审计部门或委托的外部审计机构进行审计，以确定最终的工程结算价款。最后，财务部门根据最终的审计结算价支付最后一笔工程款，并且会依合同约定保留大约3%的质量保证金，用于质保期内的维修费用。

（三）加强项目竣工决算控制

工程竣工验收后，高校基建部门应当及时提出竣工决算申请，并提供相关材料，财务部门根据基建部门提供的材料以及相关财务记录，负责编制决算报告，学校也可以委托外部专业机构编制竣工决算。

在竣工决算报告编制完成后，学校应及时组织项目竣工决算审计。审计部门或者委托具有相应资质的中介机构开展审计工作。竣工决算审计应关注报告编制依据是否符合国家有关规定，资料是否齐全，手续是否完备，工程管理是否合规，财务数据和报表是否真实、准确，建设资金使用是否合理有效等，并出具审计报告。

审计完成后，高校应当将竣工决算报告和竣工决算审计报告一并报送上级主管部门审批。

（四）完善资产移交控制

高校基建部门在工程完成竣工验收后，承担起了办理工程移交手续的责任，并填写建设工程项目移交单。这一单据经过相关各方签字盖章后，便成为项目正式移交的依据，允许项目使用单位接管并投入使用。根据合同约定，在工程的保修期内，施工单位承担全部维修责任，确保解决任何出现的问题。当工程竣工决算批复通过后，高校财务部门会根据批复的金额,将在建工程转为固定资产进行核算。与此同时,国有资产管理部门则负责办理固定资产的登记手续,以确保高校的固定资产能够得到有效的管理和监管。

(五)加强档案管理控制

高校应当加强对建设项目档案的管理,做好相关文件、材料的收集、整理、归档和保管工作。归档范围包括文书档案、财务档案、工程档案、声像档案、实物档案等。

建设工程档案实行集中统一管理的原则,并配备专人负责建设工程文件的收集、整理、立卷、归档工作。

工程竣工档案应准确记录工程完工后的实际情况,其中具有永久和长期保存价值的文件材料必须完整、准确。对于责任者的签章手续,必须确保齐全。所有归档文件均应为原始件,任何存档的复印件必须清楚注明原件的去向,以确保信息的完整性和可追溯性。

第十章

科研经费业务控制

第一节　科研经费业务控制的基本概述

一、高校科研项目概况

（一）高校科研发展概况

党的二十大报告指出："科技是第一生产力、人才是第一资源、创新是第一动力。"高等院校不仅是培养人才、服务社会以及传承文化的关键场所，同时也是科学研究的重要发源地。随着国家经济的发展和对科研的重视，投入科研的研究经费、人才急剧增加，科研成果丰硕。教育部2022年高等学校科技统计资料汇编显示，截至2022年，我国共有高校2094所，教学与科研人员共计1345872人，其中科学家和工程师1145159人；科研经费达2828.6亿元；国际科技交流活跃，合作研究频繁。依据《2022年全国科技经费投入统计公报》（以下简称《公报》），2022年全国研究与试验发展（R&D）的总投入额达30782.9亿元，较上一年增加2826.6亿元，增幅为10.1%，2017—2022年六年间年均增速超过10%。高校作为我国科研活动的三大主体之一，每年得到的科研拨款也在不断上涨，《公报》显示，2022年国家投入高等学校的科研经费达到2412.4亿元，较上年增长了10.6%。随着高校科研收入的增加，自身的教学质量和学科建设水平大大提高，科研成果也硕果累累。高校的发展对我国科技创新能力的提升、我国核心竞争力和综合实力的增强都具有极大的助力。

（二）高校科研经费概念

科研经费是用于支持科技发展的各类费用。对于高校来说，这些资金主要来源于国家和企事业单位，用于技术开发、咨询和服务等科学活动。高校通常是特定科学技术研究项目的承办单位，这些项目的资金支出主要用于产出科研成果。这些经费一般专门用于特定项目，包括项目的所有直接和间接相关费用。直接费用指的是与课题开发和研究直接相关的费用，主要包括科研仪器和实验耗材的购置费用，以及科研人员从事相关项目所需的差旅费、会议费、国际交流合作费、出版文献费和专家咨询费等。间接费用则指在项目组织实施过程中产生的无法在直接费用中列支的费用，主要包括学校为项目实施提供的场地及机器的使用费、水电气暖费用、管理费用及科研绩效相关补助等。

科研经费不仅是科学研究的物质基础，更是科研工作得以顺利开展的基本保障。一个国家或地区对高校科研经费的投入量，反映了其在科研和创新方面的物质支持能力。因此，为了保证科研工作的顺利进行，科研经费应及时到位，尤其是在各大高校科研项目启动的初期。

（三）高校科研经费的分类

根据经费来源的不同，高校的科研经费可以分为两类：纵向科研经费和横向科研经费。

纵向科研经费是指由国家各部委、省市等政府部门利用公共财政资金直接下达，或通过主持单位转拨给高校的各级各类科研项目、基地建设及运行项目等经费，如国家科研专项经费（国家科技重大专项，国家重点研发计划，基地和人才专项等），国家（省）自然科学基金及社会科学基金，国家（省）重点实验室经费，重点学科经费等。纵向科研经费是高校科研经费的主要资金来源，本章内容主要是针对纵向科研项目经费管理。

横向科研经费是指高校接受有关部门、企事业单位、社会团体、个人等委托的研究任务，双方通过签订合同来确定、约束双方的责任、权利和义务而取得的非财政拨款经费性质的科研项目经费。这类经费还包括国际科技合作项目中由国外或境外机构、组织、企业、个人等资助的合作研究经费。作为高校科研经费的重要组成部分，横向科研呈现越来越活跃、越来越多的趋势。

（四）高校科研经费的特点

科研经费具有长期性、复杂性、风险性的特点。

1.长期性。科研活动会经历漫长的过程，不是短期内可以完成的，从科研经费的投入到科研成果的产出需要经历较长周期，且科学研究的经济效益和社会效益不是立竿见影的，往往要经过一段比较长的时间后才显现出来。

2. 复杂性。科研经费来源广泛、种类较多、支出多样，加之高校科研经费逐年增加，这使得科研经费复杂性较大，也在一定程度上加大了内部控制的难度。

3. 风险性。科学研究是在未知的领域探索，研究本身具有不确定性，研究结果是否成功具有一定程度的不确定性，这就使得科研经费的投入存在一定的风险。

二、科研经费管理基本情况

近年来，国家科研投入总量稳步增长，随着高等教育科研水平和能力的快速发展，高校逐渐成为我国科学研究的重要阵地，在我国科研中发挥重要的作用，大量的科研项目集中在高校，给高校科研带来规模庞大的研究经费。经费规模不断扩大，繁杂而刻板的科研经费管理办法已经不适应当前科研发展的要求，严重地制约了科研人员的积极性，影响了科研的进一步发展。为此，2016年以来，党中央、国务院出台多项文件，包括《关于进一步完善中央财政科研项目资金管理等政策的若干意见》（中办发〔2016〕50号）、《国务院关于优化科研管理提升科研绩效若干措施的通知》（国发〔2018〕25号）、《国务院办公厅关于改革完善中央财政科研经费管理的若干意见》（国办发〔2021〕32号）等。旨在通过进一步简政放权、放管结合、优化服务、强化落实，改革和创新科研经费使用和管理方式，促进形成充满活力的科技管理和运行机制，更好地激发广大科研人员的积极性和创造性，因此，加强科研经费内部控制必须落实国家各项政策文件精神，以纵向科研经费为主体，全面分析当前科研经费管理存在的不足，理顺科研经费管理关键环节，做好科研经费使用风险评估，再造科研经费管理业务流程，建立完善的科研信息管理系统，开展有效的监督检查和评估。

(一)科研经费管理组织机构

科研经费管理贯穿于科研项目立项、实施、结题验收的全过程,包括科研项目的申报、审核、研究、反馈等,不同阶段有不同的管理组织机构。从科研经费管理的宏观层面看,组织机构有:课题组、科研管理单位、牵头组织单位、专业机构或科研主管单位;从高校内部科研经费管理的微观层面看,组织机构有:课题组、学院或实验室、学校科研管理部门、国有资产管理部门、经营性资产管理部门、采购与招投标管理部门和财务部门等。不同高校由于内部管理体制机制不同,组织机构会存在差异。

高校通常依照"统一领导、分级管理、责任到人"的原则,实行学校、学院、项目负责人的三级管理体制。

1. 学校的法定代表人对科研经费管理负总责,各分管校领导负责相应的领导职责。

2. 科技处主要负责科研项目管理,包括申报、检查与验收,同时负责科研经费的预算编制与款项划拨。科技处与财务处共同管理科研经费的使用、审核与监督。

3. 财务处负责科研经费的会计核算与财务管理,包括经费收支和项目结余。此外,财务处依据相关财经法规与部门规章进行预算审核,并指导项目负责人严格按预算编制的金额、范围和数量使用科研经费。

4. 资产管理处负责物资、服务采购以及固定资产的管理工作,包括审核和报批科研仪器设备采购计划,受理及审核采购申请,组织科研仪器设备的采购论证工作,实施采购,审核和签订采购合同,对仪器设备进行验收,对固定资产进行建账、调拨及报废处置,根据管理要求向相关管理部门提供设备信息。

5. 审计处负责定期或不定期对科研项目进行审计检查和评价。

6. 项目所在学院负责指导项目负责人编制预算,确保经费按项目任务书和预算合理使用,并承担监管责任。

7. 项目负责人作为科研经费使用的直接责任人,需确保经费使用的真实性、合法性和有效性。

（二）科研经费的申请

科研课题组根据国家、省、市等有关科研项目主管部门发布的科研项目申请公告，按照要求撰写科研项目计划书，编制科研项目预算书或概算，经单位科研和财务管理部门审核，在规定时间内报送科研项目主管部门。

（三）科研经费的审批

科研主管单位在收到科研课题组科研项目计划书后，组织相关专家对计划书进行评审，听取科研课题组的汇报，通过审批的科研项目将进行公示，公示无异议后将被确定为获得资助项目，获得资助的课题组根据规定需要和科研主管单位签订科研项目合同或协议书，约定科研项目实施的时间、研究成果、预算和支出范围，科研主管单位根据合同或协议书按照一定时间节点向科研课题组所在单位拨付科研经费并下达预算通知书。

（四）科研经费的使用

科研经费的使用是科研项目实施的重要内容，也是构成科研项目是否能通过验收的关键环节之一。科研经费的使用必须严格遵守国家财经纪律、科研项目经费管理办法和高校财务报销管理规定，按照项目合同或协议书依法依规合理支出。高校是科研经费管理的责任主体，承担单位法人责任；学院作为科研项目实施的基层管理单位，负责承担监管责任；而科研项目负责人则直接承担对科研经费使用的合法性、合理性、真实性以及相关性的责任，包括直接责任和法律责任。

（五）科研经费的监管

科研管理部门负责科研项目执行管理和合同管理；财务部门负责科研经费的财务管理和会计核算；采购与招投标管理部门负责采购与招标的组织与协调工作；资产管理部门负责设备购置的管理和处置；审计部门负责科研经费的审计和绩效分析评价工作；纪检监察部门负责科研经费的监督，接受对科研经费使用的举报，对涉嫌违纪行为进行调查，对违纪行为进行问责。

第二节 科研经费业务控制的目标

一、确保科研经费收支合法合规

合法合规是一切经济活动的基本要求，是财务管理的基本原则。科研经费业务控制的目标要确保科研经费收支合法合规，要通过制定完善的内部制度防范风险，确保各项科研经费的收支符合国家法律法规和本单位规章制度，避免利用科研项目使用来历不明资金，签订不合法的合同，不按规定列支经费，经费支出审核不严导致资金被套取、挪用、贪污，造成科研经费流失。

二、确保资产安全和使用有效

科研经费业务控制的目标要确保利用科研经费形成的资产安全和使用有效，当前科研经费规模不断增加，利用科研经费形成的资产越来越多、种类越来越杂，有直接购买的设备、仪器，有购买零部件组装而成的设备、仪器，有科研和试验过程中形成的科研成果。确保资产安全和使用有效就要通过内部控制明确资产价值、管理人、管理办法，避免资产流失或闲置，避免资产长期滞留个人手中私用或占有。

三、确保科研财务信息真实完整

科研经费业务控制的目标要确保科研财务信息真实完整，要通过内部控制规范经费支出控制流程，确保各项支出真实反映科研活动，确保各项报销行为手续完备，严格执行支出预算，严格履行支出申请、审批、招标采购、资产验收等程序，严格经费外拨业务管理。

四、确保科研项目顺利完成

科研项目经费业务控制的目标要确保科研项目顺利完成，科研项目顺利完成是科研活动的根本目标，科研项目经费业务控制就是通过倒逼手段，通过推进预算执行督促科研人员按科研项目合同或协议书的进度完成研究内容。

五、提升科研经费使用绩效

科研经费业务控制的目标要提升科研经费使用绩效，提升科研经费使用绩效要建立科学的绩效评价制度和评价体系。建立绩效评价机制要充分利用已经建成的网络化信息平台，采取定量与定性相结合方式，对科研产出指标进行全面的审查、评估。同时，针对不同的学科，要让不同学科的科研人员参与指标的建立过程，合理设计科研项目评价指标，科学定位科研项目研究目标，合理评价科研项目成果内容，使绩效评价体系更科学。绩效评价不仅要把科技奖励、专利申请和收录论文数作为指标，同时，科研成果转化为生产力、产生经济效益或社会效益、教育教学质量的提升等也应该作为指标。绩效评价的结果作为对有关立项进行申请的重要参考因素，让有限的科研资源处于优化的配置状态，从而充分发挥作用，挖掘潜力，通过科研绩效评价切实提升科研经费使用绩效。

第三节 科研经费业务控制的风险描述

一、制度不健全的风险

依据上级科研主管单位制定的制度，结合本单位实际情况，大多数高校都建立了科研管理制度，通常是将国家规定直接转移到学校的官方网站上。然而这些制度往往缺乏基于具体情况的深入分析，并且未能建立符合高校特色的完善科研经费管理体系，因此科研制度的建设并不健全。这种情况导致经费制度仅仅存在于形式上，管理缺乏针对性，使得科研资金的使用缺乏约束，难以评估其必要性和合理性。

制度不健全会造成经费管理中存在漏洞，具体表现在：审批事项不清晰导致科研经费使用过程中出现内部管理部门互相制约机制不健全的情况，不能对科研经费使用形成互相牵制，管理部门对科研经费管理职责不清，互相推诿；制度相互矛盾容易导致科研经费使用混乱，支出口径差异；制度依据不足、不规范，标准不明确，事项不全面，容易导致科研经费的使用无法得到检查部门的认可，财务部门无法形成标准化作业，科研项目实施困难，科研人员没法得到明确答案；制度出台不及时容易导致相关报销业务滞后。

二、监管不到位的风险

制定科研项目经费规定易，监管难。高校科研项目多，涉及学科面广，专业细，监督工作的具体细节滞后是监督难的主要原因，监督力量的薄弱是重要原因。近年来，频繁发生的科研经费腐败案件暴露了监管漏洞，其中许多问题的根源在于高校尚未建立有效的科研经费协调监管机制。从学校角度看，管理费用足额提取后，剩余科研经费的管控处于松散自由的状态，财务部门一般只会关注是否符合预算要求和会计核算要求，不会干涉具体使用。具体使用的权限归项目负责人所有。在职能部门层面，由于项目管理和科研经费管理脱节，管理部门之间相互推诿扯皮，容易造成管理漏洞。

只有科研管理部门、财务部门、资产管理部门、采购与招投标部门、学院和项目负责人形成紧密的合作分工，科研经费的管理模式才能有效运行。然而，在现实情况中，相关主体的分工过于明确，呈现出"九龙治水，各管一段"的局面，这导致科研经济活动的整体性被分割。加上各部门之间缺乏有效的信息交流平台和协作机制，各部门、院系及项目组之间的沟通与协调不顺畅，这就导致科研信息不能及时传递与共享，严重影响了科研经费监管的综合效果。

三、教职工内控意识不足的风险

首先，科研经费往往是科研人员通过竞争的方式取得，部分科研人员对科研经费的认识不到位，认为自己争取来的经费属于自身所有，缺乏内部控制意识，也不会主动学习内控知识，认为财务部门应该提供好服务，监督职能甚至被认为是"难为"科研人员，导致相关内控制度执行不到位。

其次，科研人员往往更加注重自身的教学及科研项目，而忽视财务制度的重要性，并且相当一部分科研人员认为财务制度是财务部门的事情，跟自己没有关系。也不会对报销业务制度规定进行学习，缺乏财务素养。财务报销也多授权科研助理，项目负责人无法及时发现自己的报销是否按规定流程申报、审批签字是否合规、齐全等。部分科研人员只关注取得的票据能不能报销，而忽视报销业务是否真实、报销的内容是否可以为项目带来积极影响，从而容易出现套取科研资金的现象，导致科研经费的使用效率低，对科研质量产生一定的影响。

最后，财务人员在科研经费管理过程中，过多侧重服务，监督职能执行不到位。

四、岗位设置不合理的风险

提高管理效率的必备条件之一是明确科研经费管理业务部门的职责划分。然而，目前许多高校科研管理部门与财务部门职责不清，这就给管理工作带来了困难。作为科研经费管理的主要归口单位，科研管理部门和财务部门在整个经费管理过程中承担着重要责任，直接影响管理水平。现存的主要问题包括：科研管理部门与财务部门职责分工不明确，信息沟通不及时，信息不对称，缺乏有效协作，导致管理中断和效率低下。例如，科研部门一般不会给财务部门传递科研项目的合同信息，因此财务部门无法快速及时地识别出汇入学校银行账户的经费是不是科研经费，相应地也就无法及时确认科研收入；财务部门与科研部门之间的财务票据信息传递不畅，这就造成开具科研合同预借票据后，无人负责催缴应收款项，也间接导致了存在应收未收款项；财务部门对科研合同的预算情况了解不够，无法有效进行预算控制，造成支出超预算；财务部门未能及时了解科研合同任务的执行情况，导致科研经费结项未结账的现象普遍存在。

五、重复申报立项的风险

当前国家高度重视科研创新工作，各科研项目主管单位均掌握大量科研立项项目，项目之间存在相同或类似现象，各主管单位只负责本单位科研项目申报情况，彼此之间缺乏有效沟通和信息共享，高校个别专家利用信息不对称的漏洞，同一项目向各个科研项目主管单位申报立项并获得资助，造成一名专家同一项目获得多项资助，导致科研项目和科研资金严重浪费。比如：某专家向科技部申报立项，同时将向科技部申报立项材料修改名称或简单修改内容，然后向教育部、农业农村部或国家自然科学基金委申报立项，有时还会向省市科研项目主管单位申报立项，造成同一科研项目多次、重复申报立项的风险。

六、预算编制不科学，预算调整随意

科研管理办法一般规定，科研人员应根据需求合理编制预算。但在这一过程中财务人员不会参与。作为项目管理部门，科技处负责管理项目的立项、中期检查和结题验收，而财务处则负责科研经费管理。由于两部门的出发点和专业背景不同，工作上存在一定的片面性。项目申报书要求必须包含预算编制，因此许多科研人员认为预算编制只是项目申报的必要组成部分，随意填报完成申报即可，并不会重视预算编制的科学性和合理性，同时由于科研人员不具备财务知识，在预算编制时也就缺乏一定的财务观念和风险意识。科研人员知道在项目进行过程中可以根据需求调整预算，审核人员的审查也并不严格，于是调整预算十分随意。以上两方面的原因导致科研人员对预算编制越来越不重视，随意进行预算调整。

七、经费外拨的风险

高校科研管理部门或项目负责人对科研合作单位资质进行审查不严格、不规范，与通过资质审查的合作单位没有签订研究合作合同或协议，经费外拨的额度、拨付方式没按照规定流程审核办理。造成合作单位资质不符合要求，捏造虚假合作单位，合作内容不清晰，对合作单位没有法律约束力，可能导致科研项目资金流失、套取或挪用的风险，损害科研项目单位的权益。

八、设备购置的风险

无预算、预算外或超预算购置设备，超出内部管理规定金额的设备购置没有按要求进行论证，没有按照采购与招投标的要求履行相关手续，设备购置达到内部合同管理规定金额而没有按照规定签订合同。造成设备购置无依据，重复购置，参数和功能不符合实验要求，设备购置费用与预算不符，商家规避合同约束等问题，从而导致科研经费浪费，设备质量难以得到保障的风险。

九、材料购置的风险

材料购置没有按照采购与招投标的要求履行相关手续进行购置，达到内部合同管理规定金额而没有按照规定签订合同，没有建立材料领用制度、出入库台账，造成材料购置和领用领取监管缺失，无法验证材料购置的真实性，从而导致科研经费浪费，材料供应商规避合同约束，存在利用虚假材料购置套取科研经费的风险。

十、测试与化验加工费支出的风险

测试与化验加工费达到内部合同管理规定金额而没有按照规定签订合同，没有提供测试与化验加工结果或报告，造成测试与化验加工事项不清，无法验证测试与化验加工的真实性，从而导致科研经费浪费，存在利用虚假测试与化验加工业务套取科研经费的风险。

十一、会议/差旅/国际合作交流费支出的风险

没有按照会议管理规定履行报批手续，召开没有实质意义的会议，超标准列支会议费，虚列参会人数；没有提供会议通知，参加与科研项目无关的会议，利用出差到旅游景点旅游，利用差旅费回家探亲，超标准、超范围领取出差补助；召开国际会议没有按照国际会议管理规定履行报批手续，召开没有实质意义的国际会议，超标准列支国际会议费，违规在风景名胜景区召开会议，安排外国专家旅游，超规格接待，虚列参会人数，科研人员赴海外参加学术会议没按规定履行审批手续，违规绕道，超会议时间安排在国外逗留、探亲，超标准、超范围领取出差补助。以上情况均会导致科研经费浪费，甚至存在套取会议费、差旅费、国际合作交流费的风险。

十二、劳务费发放的风险

科研项目与聘用人员签订劳务合同不规范，没有按照规定进行审核，签订虚假劳务合同，没有制定劳务费标准，发放劳务费没有按规定进行公开公示，违规向科研项目团队成员、团队成员配偶或亲属发放劳务费，没有提供聘用人员信息和银行账户信息发放现金，从而导致科研项目用工存在风险，科研经费滥发，套取劳务费的风险。

十三、专家咨询费发放的风险

编造虚假专家咨询活动，向科研项目团队成员发放专家咨询费，超标准发放专家咨询费，没有提供专家信息和银行账户信息，发放现金，从而导致科研项目经费滥发，套取专家咨询费的风险。

十四、绩效发放的风险

没有按规定对团队成员和科研辅助人员进行考核，考核情况没有按规

定进行公示,向非科研项目成员发放绩效,编造虚假科研辅助人员,违规利用学生名义发放绩效,从而导致科研绩效发放不公平不真实,套取绩效的风险。

第四节 科研经费业务控制的具体措施

一、建立健全科研经费管理制度

高校应该根据国家有关政策文件精神,结合自身实际情况,建立健全科研经费管理制度。制度建设需要常抓不懈,不断完善。科研经费管理制度制定与完善可从以下几个角度思考:一是要聚焦高校科研人员关心的突出问题。科研经费管理制度要为科研活动和科研成果、科研产出服务,科研人员实施科学研究中关注的问题,制度就要有所呼应,从制度层面回应科研人员的关心。二是要聚焦高校科研经费管理制度中的缺漏问题。随着形势的变化、时间的推移、认识的深化,制度的缺陷或滞后性会逐渐显现,及时修订完善制度中的缺漏问题才能符合实际工作需要,解决无依据列支、依据不充分列支的问题。三是要聚焦高校科研经费管理制度中不科学、不合理的规定和不符合科学研究规律的条例。随着国家层面政策的修改、指导思想的变化,高校科研经费管理制度中管得过严、管得过死的问题急需解决。

积极响应国家政策,遵循"四个坚持"原则,积极主动激发创新创造活力。首先,是以人为本,要从激发科研人员的积极性和创造力出发,强化激励机制,增强激励力度,促进创新创造力的释放,并制定适应本单位实际的绩效奖励政策。其次,遵循规律,改进管理方式,建立完善的项目预算自主调整程序和劳务费、间接费的分配管理程序,并按规定使用结余资金。第三,要坚持"放管服"结合。简化政府管理,授权高校管理权限,扩大高校在科研项目上的自主权,激发科研人员的创新热情。最后,要贯彻落实政策。细化政策规定，加强执行监督，增强科研人员的改革成就感和获得感。

具体到财务部门来说，应当根据日常管理中遇到的问题，对相关的财务制度及时进行修订，将不适合、已经过时的财务报销规定替换掉，更新具体实施细则，明确各项报销经费业务流程及各类报销的具体内容，报销时需准备的材料、票据，尽可能体现在报销管理细则中。这样可以大大减轻科研人员的报销难度与压力。

二、不断强化内部监督检查机制

根据《教育部直属高校经济活动内部控制指南（试行）》（以下简称《内部控制指南》）文件精神，高校应当建立健全内部控制的监督检查制度，通过日常监督和专项检查，检查内部控制实施过程中存在的突出问题、管理漏洞和薄弱环节，进一步改进和加强内部控制。

首先，要认识到评价内部控制有效性的重要指标之一就是监督检查机制的建立和执行。因此，要全程监督科研经费管理的过程，实时监控，发现问题，及时解决问题。

其次，干部考核体系要考虑将内部控制检查结果作为其中一个要素，实施追责问责，推动内部控制规范有效执行。还要明确以管理责任为中心的监管制度，建立会计审计协同监督制度，对所有财务活动加强监管力度。

最后，加强科研人员的培训和指导，全面提升科研经费使用的合法性、合理性和合规性。同时，提高审计监督人员的职业道德和专业水平，有效降低审计监督管理成本。必须加强内审与外审相结合，相互补充，弥补审计中的漏洞，强化科研活动的执行监督检查。

审计部门有责任对科研经费的使用情况进行详尽检查和全面评估。这包括审查经费的分配方式、支出的合理性以及资金使用过程中可能存在的潜在风险和问题。审计科研经费时，要特别关注科研活动的效益、国有资产的管理，以及科研成果的转化、推广，专利的转让，科研论文数量和质量等。

三、增强教职工的内部控制意识

在建立健全内控制度的基础上，高校要注重面向全校人员普及内部控制知识，定期组织内部控制学习，让科研人员充分了解其申请的科研项目资金应归学校统一管理，各单位和人员不得私自挪用；认真解读相关内部控制政策，让科研人员了解到科研经费是科研项目的资金，而不是私人财产，纠正科研人员认为项目经费属于个人的错误观念，消除科研人员经费报销动机不纯洁的想法，使其全身心投入科研事业。

在科研经费的管理过程中，财务人员更应该加强内控意识，且不应该仅停留在核算层面，更多地要关注业务流程是否烦琐、报销是否麻烦；注重履行会计监督职能，不断更新财务知识，服务和监管并行。同时，应当注意的是，内部控制制度完善是基石，只有不断完善包括科研管理制度在内的内部控制制度，才能实现对教职工的制度约束，提升内控意识水平才能事半功倍，从而保障科研人员合规合理地使用科研经费。

四、建立健全岗位和部门责任制

《内部控制指南》指出：高校要按照决策、执行和监督相互分离、相互制约的要求，建立重大事项议事决策机制。对于重点领域的关键岗位，应在完善岗位设置和设定任职条件的基础上，选择适当的人员，并建立干部交流和定期轮岗制度。高校需审视科研经费管理决策中存在的风险点，科学设置岗位，明确岗位职责的权限和运行机制，建立科研经费管理责任制。进一步明确财务、纪检监察、资产管理、科研管理和审计等相关部门的职责和工作内容。特别是要加强部门间信息传递，确保科研经费预算、外拨流程、合同签订、设备购置、劳务费发放等环节的清晰设计，以防责任推诿和工作真空的出现。

五、规范预算编制和预算调整

预算是科研活动的起点，是科研经费中期检查、结题验收的重要依据，高校应重视科研经费预算编制工作，以此促进科研经费预算规范执行，进一步规范经费负责人的自主权。在科研预算阶段，财务人员对预算进行指导，协助科研人员分析预算编制的科学性、合理性，提高科研人员对预算编制重要程度的理解。在经费使用期间，科研管理部门与财务部门要加强沟通，联合把控经费调整的必要性与合理性，减少随意调整预算的次数，加强预算执行的刚性约束。

六、完善信息管理系统平台建设

建立和完善科研经费管理信息系统是完善中央财政科研项目资金管理的重要手段，是改进和提升科研经费管理、提高服务水平的重要举措。高校应运用信息化手段，将科研项目管理系统、财务系统、票据系统、资产管理系统等集成为一个闭合系统。在整合资源的基础上，实现科研系统对接，建立信息共享平台，争取实现科研项目从申报、评审、立项、执行到结题验收的全过程数字化管理与服务，提升管理水平和服务质量。

七、优化科研经费支出审核业务流程

作为内部控制体系的关键环节，高校科研经费支出审核业务流程需要各个管理部门相互制约、牵制、监督。为优化这一流程，需要重新梳理科研经费管理业务流程，审视和调整不科学、不合理、烦琐的环节，确保流程准确符合规章制度要求，同时方便科研人员使用经费。对于流程中可能出现的缺失和风险，需要进行补充和完善，以实现风险控制和流程完善的目标。优化支出审核业务流程的重点是要对预算调剂，经费外拨，设备与材料购置，测试与化验加工，会议费、差旅费、劳务费发放，特殊业务及绩效发放等方面的业务流程进行梳理，理顺学校科研管理部门、采购与招投标管理部门、资产管理部门、财务部门、后勤管理部门、经营性资产管理部门、审计部门和纪检监察部门在流程中各个环节上的职责，强化各职能部门的管理职能，明确责任，促进职能部门之间的沟通协调，确保各项支出得到有效的审核，支出审核流程完整，支出行为合法合规。

八、全面推进科研经费信息公开

《内部控制指南》指出：高校应当积极推进内部控制信息公开，逐步建立健全内部控制自我评价报告公开制度，通过面向学校内部和外部定期公开内部控制相关信息，逐步建立规范有序、及时可靠的内部控制信息公开机制，更好地发挥信息公开对内部控制建设的促进和监督作用。为了让财务活动在阳光下进行，信息公开被视为最有效的防腐工具。高校应建立科研信息内部公开制度，加强对科研项目实施和经费使用的监督，确保经费规范合理使用，提升资金使用效益，增强科技创新活动的透明度，推动学校科研事业的健康发展。信息公开应坚持合法、全面、真实、及时和便捷原则，通过及时全面公开科研信息，使学校师生了解项目的实施情况，便于有针对性地进行监督。科研信息内部公开内容应涵盖学校科研经费管理制度、科研申报信息和经费资金使用信息。其中，科研申报信息应包括项目名称、立项部门、实施期限、项目负责人、经费支持方式和强度等；经费使用信息包括项目中期检查收支明细、结题验收收支明细、预算及调整账务处理信息、外拨资金和结余资金使用信息等。

第十一章

财政专项资金业务控制

第一节　财政专项资金业务控制的基本概述

一、高校财政专项资金的概念

高校财政专项资金具有严格的指定用途、专款专用和单独核算的特性，并接受独立的监督和检查机制。这些资金是为了支持高校完成特定的工作任务和推动事业发展目标而特别安排的财政拨款，具有专款专用的特点。高校财政专项资金在高校的业务活动中扮演着至关重要的角色，它们为高校提供了可靠的财政支持，帮助实现各项事业发展目标和计划。通过对这些资金的合理使用和监督，高校能够更好地规划和管理资金，促进教学科研工作的开展，推动高等教育事业的不断发展。

二、高校财政专项资金的类型

（一）"双一流"专项资金

世界一流大学和一流学科，简称"双一流"。建设世界一流大学和一流学科，是中国共产党中央委员会、中华人民共和国国务院做出的重大战略决策，亦是中国高等教育领域继"211工程""985工程"之后的又一国家战略，有利于提升中国高等教育综合实力和国际竞争力，为实现"两个一百年"奋斗目标和中华民族伟大复兴的中国梦提供有力保障。中央高校开展世界一流大学和一流学科建设的经费由中央财政提供支持。同时，中央预算内的投资也用于支持中央高校学科建设相关基础设施。对于纳入世界一流大学和一流学科建设范围的地方高校，所需资金由地方财政进行统筹安排，中央财政提供引导性的支持。

（二）改善基本办学条件专项资金

该专项资金的目的是支持高校及其附属中小学校在校舍维修改造、仪器设备购置以及基础设施改造等方面的需求。这些资金被专门配置以促进教育设施和设备的现代化和提升。使用和管理专项资金时，会遵循一系列原则，包括保障基本、突出重点、因素分配、公平公正、放管结合、注重绩效等。这些原则的贯彻确保了专项资金的合理分配和有效利用，进而促进了教育设施和基础设施的改善，为学校教学和科研提供了更好的支持和保障。高校结合实际情况按照类别设置项目，适当增强高校按照规定安排使用专项资金的自主权。同时，通过明确管理责任、完善管理机制、规范管理行为及科学设定绩效目标等措施，按规定开展绩效管理，提高专项资金管理的科学化、规范化水平。

（三）高校教育教学改革专项资金

该专项资金用于支持高校教育教学改革，提高高校教学水平和人才培养质量。专项资金的使用和管理遵循因素分配、自主使用、统筹兼顾及突出绩效等原则。高校应该合理科学地安排专项资金，使其在本专科生和研究生、教师和学生、课内和课外教育教学活动中得到统筹利用。这些资金可用于教育教学改革、创新创业教育等各方面，确保对不同层面和领域的教育需求进行全面覆盖和支持。

（四）国家重点实验室专项资金

专项经费主要用于支持按照《国家重点实验室建设与运行管理办法》设立的国家重点实验室（以下简称重点实验室，不包括依托单位为企业的重点实验室）开放运行、自主创新研究和仪器设备更新改造等。专项资金的使用和管理遵循稳定支持、长效机制，分类管理、追踪问效，动态调整、择优委托，单独核算、专款专用等原则。重点实验室专项经费应当纳入依托单位财务统一管理，单独核算，专款专用，加强监督管理。

（五）中央财政支持地方高校发展专项资金

为促进高等教育区域协调发展，提高地方高等教育质量，财政部于2010年开始设立该专项资金，用于支持地方高校的重点发展和特色办学。该专项资金支持的地方高校包括：原"中央与地方共建高等学校专项资金"支持的普通高校；其他办学层次较高，学科特色鲜明，符合行业和地方区域经济及社会发展需要的地方普通本科高等学校。资金主要用于地方高校重点学科建设、教学实验平台建设、科研平台和专业能力实践基地建设、公共服务体系建设以及人才培养和创新团队建设等。资金安排坚持"择优促优、突出重点、扶持特色"的原则。

高校应严格按照财政部门批复的项目及预算执行，并制定具体的实施方案，报省级财政部门备案。专项资金项目年度预算一经审定下达，必须严格执行，一般不予调整，确有必要调整时，经省级财政部门同意后报财政部批准。专项资金应专款专用，专项管理。项目年度预算应确保按期完成，如确因特殊情况当年未完成的，可结转下年继续使用，不得挪作他用。专项资金不得用于基本建设、津贴补贴、对外投资、偿还债务、捐赠赞助以及与项目无关的其他支出。

第二节 财政专项资金业务控制的目标

高校财政专项资金从预算申请到绩效评价的过程中，不同的阶段有不同的内部控制目标，主要包含：预算编制控制目标、预算执行控制目标、预算调整控制目标、财政监督控制目标、绩效控制目标。

一、预算编制控制目标

1.根据绩效目标和预算编制的要求，编制项目支出预算。项目支出预算应按项目实际需要，并充分考虑财力的可能，对跨年度的项目应将绩效目标分解，分年度安排财政预算，确保目标实现。

2.在预算编制过程中，关键是加强预算与政策之间的紧密联系，以确保预算能够准确反映政策意向。为此，需要对资源使用方向进行系统性审核，特别是要考虑政策支持的重点领域。同时，建立起财政资源约束机制，旨在尽早明确可用资源的范围和限制，并设定对运作效率的具体要求，以确保预算执行的有效性和政策目标的实现。

3. 编制预算时，评估和检查方案的预期成本，并按规定送达主管机构审批。

二、预算执行控制目标

预算执行控制主要针对项目资金支出，旨在确保财政资金的安全和完整。在有效管理财政支出和优化高校采购制度的背景下，强化财政支出过程控制和会计控制显得尤为重要。

（一）财政支出的过程控制

财政支出过程控制确保了经费使用的合法性和安全性，通过正确授权和环节确认，有效监督每一步骤的执行，防止财政资金的挪用和滥用。

（二）财政支出的会计控制

财政支出会计控制的实施则保证了财政预算的有效执行，包括严谨的会计记录、完备的文件程序以及规范的会计报表编制，这些措施共同确保了财政支出的透明度和有效性。

（三）高校采购行为的控制

高校采购制度的优化对于提升资金使用效率和采购质量至关重要。采用公开、公正、公平的招标竞价方式，不仅能够降低交易费用，还能够优中选优，节约资金并提高所采购物品、工程和服务的质量。这种制度的实施不仅增强了支出管理和预算约束，还在竞争环境中促进了资源的有效配置，为高校在各项采购活动中带来了更高的实施效率和经济效益。高校应当建立预算执行分析机制，定期分析预算执行情况。

三、预算调整控制目标

1. 出现调整事项时，应及时调增或调减预算，预算的调整应按规定的程序进行审批。

2. 对调整后的预算应当及时批复，下达到部门，以便按调整后的预算执行。

3.部门在收到调整预算后，应按调整后的预算严格执行。

四、财政监督控制目标

1.财政监督在专项支出中扮演关键角色，涵盖预算编制、执行和调整的全程监督，同时关注项目实施和资金使用情况。这种全过程监督不仅确保了专项支出的合规性和效率，还有效提升了财政资金的使用效益。此外，通过定期的项目绩效评估，财政部门能够精准监督和控制归口管理部门在预算执行过程中的绩效目标达成情况，以及项目实施进展和资金支出进度。这种协作和监督机制不仅增强了财政监督的全面性，还确保了公共资源的有效配置和最大化利用，推动政府资金在经济社会发展中的稳步推进。

2.多个部门的协作是实现全方位财政监督的关键。预算部门负责监督预算的过程，确保经费使用符合预期目标；财政部门则专注于监督预算执行情况，保证资金使用的透明度和效率；审计部门则关注于评估支出的合规性和效益性，确保财政支出符合法规要求；社会监督则聚焦于绩效目标的实现情况，通过公众的参与和监督，促进政府行为的公正和透明；而人大监督则集中在预算和决算的审查上，确保政府财政活动符合法律法规及国家财政政策的要求，维护国家财政的稳定和持续。这种多部门协作的财政监督体系有助于确保财政支出的合规性、效率性以及绩效目标的实现，促进公共财政管理的透明度和规范化。

五、绩效控制目标

绩效控制在提升财政资金使用效率方面扮演着至关重要的角色。它不仅帮助财政部门将关注点从资金投入转向实际产出和成果，还有效提升了资金使用的效率和效益。财政资金的绩效评价成为评估项目支出绩效的关键工具，通过对预算支出目标的完成情况、项目带来的效益以及资金使用效率等方面进行全面评估，确保资源的最优配置和公共资金的有效利用。

在实施绩效评价时，首先需要建立科学合理的评价指标体系，这些指标应当准确、符合项目目标，并易于获取所需数据。其次，评价的核心依据是绩效目标的实现情况，及时发现和纠正偏差，以指导绩效管理，确保项目能够按照预期目标进行运作。最后，为确保评价结果的客观性和公正性，应当委托独立的第三方机构进行财政资金使用效果的评估，以确保评价结果具有权威性和可信度。这种绩效控制的全面实施将有助于优化财政资源的配置，提高财政资金的使用效率，推动政府部门的绩效提升，从而更好地满足社会公众的需求，促进经济社会的健康发展。

第三节 财政专项资金业务控制的风险描述

一、立项阶段

在项目立项阶段，由于立项程序不规范、项目论证不充分、预算评审不完善以及决策程序不合规等原因，常常导致重复立项、资金重复配置，或者本应列入财政专项资金支持的项目未能及时被纳入，从而无法实现项目的预期建设目标。

（一）预算申请随意

在专项项目申请阶段，预算申请是至关重要的，因为它直接关系到项目能否顺利完成总体目标，避免资源的浪费现象发生。高校在申报专项项目时，必须将促进事业发展、提升教学科研力量以及增强学校总体实力作为首要考量。编制预算申请时，高校通常需要详细列明项目范围、起止时间和资金使用途径，以确保在项目实施过程中能够有效追溯计划方案，并进行绩效评估。

然而，当前国内高校在项目申请及预算编制中面临诸多挑战。主管机构审批专项项目时，往往受到"戴帽"预算数额的约束，这种情况可能导致预算申请和审批过程的盲目性。为避免预算数额不足，申请人往往倾向于提高申请额度，这可能导致资源的浪费和不必要的支出。此外，由于资源分配不合理，一些需要更多投入的专项项目可能不得不减少投资，从而影响项目的绩效评估结果，甚至可能导致项目未能达到预期目标，对高校的教育事业长远发展带来阻碍。

（二）同一项目重复申请

在基于利益驱动的情况下，资金使用部门通常竭尽所能争取更多经费支持，这导致同一项目重复申报的现象时有发生。教育主管部门面对高校大规模的项目申报时，往往只能凭借申请材料召集专家进行论证分析，而难以借助大数据进行全面的横向和纵向甄别分析。这种情况容易导致同一项目多次重复申报，进而导致专项资金未能充分发挥作用，使得资金效益受损。

（三）预算编制及管理不完善

在预算编制过程中，时间紧迫和准备不充分等问题显著影响了预算编制质量。这些因素不仅使得预算编制缺乏全面性和准确性，还可能导致执行过程中出现偏差和效率低下的情况。尤其是财务部门与其他职能部门之间存在沟通不畅或者业务部门参与不足的情况，可能导致预算编制与实际执行、管理之间的脱节现象加剧。此外，预算项目不够细，编制粗糙，随意性较大，可能导致预算约束力不够。这些问题的存在可能会影响到预算的执行效果和资源的合理利用，对高校财务管理和发展目标产生不利影响。

二、执行阶段

（一）专项资金调整随意

在项目执行阶段，因违反制度规定，不合规的资金调整和使用行为不仅增加了项目执行过程中的风险，还可能导致检查与验收结果不合格。

（二）突击花钱、挪用专项资金问题

鉴于预算执行率考核指标的要求，一些高校存在突击花钱、挪用和挤占专项资金的情况，这包括购买并不实用的设备、参与伪造业务以及虚开

发票等行为，造成了校内资产和资金的双重浪费。与此同时，这些行为也违背了专款专用的原则，严重影响了财务管理的透明度和效率。

（三）项目执行不力、进度缓慢问题

项目执行不力，进度缓慢，导致项目资金不能按期使用的风险。预算执行涉及项目组、业务主管、资产管理、基本建设及财务等职能部门，需要跨部门协调一致，并本着绩效的目标推进项目进展。由于各方协调不一致、项目执行不力、进度缓慢等情况，存在着预算资金无法按期使用的风险。

三、验收阶段

在高校管理中，项目验收阶段的不规范操作和绩效评价效果不佳问题日益突出。这种情况可能导致项目未能达到预期的绩效目标，增加了风险和不确定性。

（一）绩效评价主体意识淡薄

部分高校存在着绩效评价主体意识淡薄的现象，管理者往往仅为了应付上级绩效考核而进行表面的应对，忽视了对项目预算执行的有效监管和管理。这种态度导致专项资金未能有效利用，使项目无法按计划完成。

（二）绩效评价效果不佳

当前高校管理体系中，缺乏为专项项目制定详细的定量绩效评价指标的情况普遍存在，使得绩效评价过程中缺乏科学性和客观性，无法真实反映项目实际执行情况和效果。

第四节　财政专项资金业务控制的具体措施

一、提高资金使用主体的责任意识和制度建设

高校应该建立健全财政专项项目管理制度，全面审视各环节潜在的

风险，并规范项目立项、执行、验收和绩效评价等流程。加强项目全程监控，确保项目建设取得成果。

根据专项资金的类别，高校应根据上级有关规定制定相应的管理办法，做到"每一类专项资金，都有一个与之相适应的管理办法"，做到"依法办事，依法理财"。同时，应强化对项目组及相关部门人员的培训，促其熟知专项资金使用规定、明确流程，按规定的支出范围和标准进行开支，强化资金使用主体的责任意识。

二、健全管理岗位设置与职责

高校管理体制在财政专项项目中起着至关重要的作用。为确保项目的有效决策、执行和监督，高校应建立健全的管理体制，使各个关键岗位如项目立项与决策、预算编制与审核、项目招标与采购、项目实施与价款支付以及项目验收与评价能够合理分工、相互制约。通过明确不同类别项目的归口管理部门及其职责范围，高校能够有效应对项目特点和建设要求，确保专项项目的顺利推进和成效评估。

三、完善专项资金的项目库管理

随着教育部门进一步简政放权，中央财政支持高校建设的资金通常直接下拨到省级财政部门，由省财政统筹安排。这种做法也导致上级财政安排的专项资金存在申报时间短等问题。因此，高校在创新、人才与学科建设规划的基础上，应加强管理机制建设，完善"项目库"制度，对各项目进行合理分类管理，确保资源的高效利用，实现项目建设的长期发展目标。做到及时因应上级申报需求，随时"有备而去"。

四、完善专项资金管理的信息沟通机制

高校财务部门在财政资金管理中扮演着关键角色，需要确保与财政部门和内部资金使用者之间建立畅通的信息沟通渠道。在当今信息化高度发达的时代，财务部门应当建立健全有效的沟通机制，以便顺利获取和使用

财政资金。

一方面，财务部门应与财政部门保持密切联系，及时了解资金拨款的动向和要求，为高校的资金使用提供前期准备。高校在申报项目资金时，也需确保有充分的材料支持，以便将资金用于真正需要的地方。

另一方面，对于来自财政部门的各类专项项目资金，财务部门应与相关部门紧密合作，及时通知资金使用者，确保他们清楚了解资金的到位情况和使用要求，特别是在政府强化专项资金结余管理的背景下，需要及时清理和回收财政结余资金。因此，财务部门需要做好信息的沟通和反馈工作，以避免因信息不对称而可能导致的损失和混乱。

因此，高校应加强内部财务部门、业务部门、预算执行部门、资产管理部门与基建修缮部门的信息沟通与协调，协力做好财政专项资金的使用与管理工作。

五、加强专项资金的预算控制

高校应当加强对项目实施过程的监控，各归口管理部门应加强人员配备，落实相应责任，积极跟踪和推进项目实施进度，确保项目按时实现预定建设目标，高校财务管理部门应当按照项目批复及时下达预算，加强项目预算控制，确保支出内容与项目预算的一致性，防止截留、挪用和超预算、超批复内容使用资金。高校应当建立健全项目管理机制，在项目实施过程中，如发生项目变更、终止的，必须按照规定的程序报批，并根据批复进行相应的调整。重大的项目变更应当按照项目决策和预算管理的有关程序和要求重新履行审批手续。在财政专项预算执行过程中，注意坚持合规性、严谨性及效益性。

第一，在财务管理中，财务部门应当全程监督预算执行的各个环节，从预算制定到资金实际使用，确保所有行为符合法规和内部规定。为此，财务部门定期编制预算执行情况分析报告，以便在每月末、季度末向管理层提供准确的预算执行进展情况。

第二，财务部门还需要结合事后和事中考评机制，对预算资金的具体使用情况进行深入审查，及时发现并纠正任何资金使用不当的情况，以保证资金使用的合规性。

第三，将预算考核结果与绩效考核结果相挂钩，不仅能提高财务管理的透明度和效率，也能激励员工更加积极地参与预算管理和执行过程。

在高校项目管理中，预算管理的重要性更为突出。由于项目的周期长、论证和申报程序复杂，高校应建立健全的项目库，提前进行 1 至 3 年项目的论证准备，合理分配预算资金，确保项目的顺利推进和资金的有效利用。同时，为了提高项目资金的效益性，高校还应提前进行项目可行性和完整性的论证，采取"货比三家"和市场定价原则，严格控制项目资金申报金额，确保每一笔资金都能够最大化地支持项目目标的实现。

综上所述，财务部门在高校管理中的角色至关重要，其全程监督预算执行、加强资金管理和优化预算执行效率对高校的发展具有重要意义。

六、建立和完善财政专项资金的绩效评价体系

高校财政专项经费的绩效考评是确保经费使用过程规范性和科学性的重要手段。评价过程不仅关注专项经费执行过程中是否符合预算安排和相关规定，还着重于评估资金使用效率和达成的预期目标。专项项目完成后的绩效评估需要全面衡量项目的执行情况，并与事前设定的目标进行比较，以验证经费使用的科学性和合理性。为此，需要建立多层次、科学合理、系统普遍的绩效评价体系，以适应不同类型专项项目的特点和需求。

科学的绩效管理体系不仅仅是对项目完成成果的评估，更是事后控制的关键工具和方法。面对难以直接衡量和比较的定性指标，可以通过采用科学算法或转化方式，将其量化为更容易计算、衡量和比较的指标。同时，评价指标体系必须平衡评估对象的异质性和同质性，确保评估过程的公正性和准确性。

高校应根据实际情况，将定性指标与定量指标相结合，绝对数指标与相对数指标相结合，构建科学的绩效评价体系。

第十二章

教育基金会业务控制

自 1994 年国内首家高校教育基金会成立以来，经过 30 年的发展，我国高校基金会已初具规模。相比欧美发达国家，我国高校教育基金会总体发展落后，大多存在资金规模小、作用不明显、运作能力缺乏等问题。但随着高等教育改革的不断深入，以成本分担为导向的高等教育资金筹措体系将越来越完善，高校教育基金会作为高校接受社会公益捐赠的窗口，将不断发展壮大并成为多元化筹资体系的重要组成部分。我国首部慈善法自 2016 年 9 月起正式实施，这使高校教育基金会运作有法可依，为高校教育基金会的发展壮大提供了法律依据。加强高校教育基金会内部控制，是现代大学制度建设的应有内涵。

第一节　教育基金会业务控制的基本概述

一、高校教育基金会概述

（一）教育基金会的定义与特征

基金会是一种以从事社会公益事业为目的，通过向社会筹措资金兴办、维持或发展某项公益事业的非政府、非营利组织。其构成要素包括：设立目的是为公益事业；系合法的非政府、非营利组织；拥有资产并能保值增值；向合乎条件的个人或机构提供资助；由委托人或独立的董事会管理，不受政府和捐赠人的操纵。教育是基金会发挥其公益职能的一个重要领域。高校教育基金会是承担教育公益使命，通过筹款活动将社会资源集中起来，再通过适当的资助方式反馈于高校教育事业的社会组织。高校教育基金会一般通过资助大学生学业、资助教师队伍建设、资助科研项目、资助学校基本建设等途径，为高校发展提供支持。

高校教育基金会具有基金会的一般特征，即高校教育基金会是以公益为目的，属于非营利组织，拥有自己的资产并使之保值增值。同时高校教育基金会具有两个明显的个性特征。一是高校教育基金会的服务对象具有单一性，某一高校教育基金会原则上只服务于自己的母体高校；二是高校教育基金会受母体学校的实际掌控，从组织机构安排到基金会业务活动，高校教育基金会都不能脱离母体学校。

（二）我国教育基金会的发展现状

自1994年1月清华大学注册成立我国第一个高校教育基金会以来，我国高校教育基金会取得蓬勃发展，到2017年，全国已有537所高校成立了基金会。我国高校教育基金会发展运作形式呈现多样化，已初步形成行政管理型、市场运作型、委员会型、海外拓展型、行业依靠型等多种发展模式，在资金募集和使用等方面发挥了越来越重要的作用。据相关统计，截至2016年底，国内高校教育基金会净资产总量已达300亿元。2016年，全国高校基金会捐赠收入超过70亿元，公益支出超过50亿元。

在《中华人民共和国慈善法》颁布之前，我国高校教育基金会受政府民政部门和教育主管部门的双重管理，受环境和自身的影响，高校教育基金会的发展存在一些制约因素。虽然多年来我国高校教育基金会发展已经取得很大成绩，但总体规模较小，捐赠资金占高校资金总量的比例较低，发挥作用的水平总体较低。国家税收减免方面，虽然相关法规对教育慈善捐赠有税收减免的优惠政策，但实践当中并未很好地落实到位，实际捐赠税额扣除率比较低。基金会自身建设方面，目前国内高校教育基金会开展业务的能力和水平普遍有限，很多处于被动应对的工作状态；高校教育基金会的组织管理队伍建设没有得到足够的重视，人员结构和专业化水平有待优化。

（三）教育基金会在高校中的作用

高校教育基金会对高校的作用，主要集中在两个方面。一是筹措办学资金，促进学校发展。根据成本分担理论，作为准公共产品的高等教育，其办学经费应当由政府、社会、学校和家庭共同分担。2015年10月，国务院颁布《统筹推进世界一流大学和一流学科建设总体方案》，其中提出："高校要不断拓宽筹资渠道，积极吸引社会捐赠，扩大社会合作，健全社会支持长效机制，多渠道汇聚资源，增强自我发展能力。"二是通过搭建高校与社会的沟通平台，促进完善我国大学治理结构。《国家中长期教育改革和发展规划纲要（2010—2020 年）》提出："积极发挥行业协会、专业学会、基金会等各类社会组织在教育公共治理中的作用。"高校教育基金会通过广泛联系社会各界，特别是紧密联系广大校友，不仅可以在办学资金方面获得广泛的社会支持，同时可以通过契约形式或协商共治形式对高校的运行与发展产生积极影响，促进社会力量与国家力量、学术力量共同治理结构的形成。

此外，有学者通过深入研究，提出教育基金会对高校的作用还体现在其他方面，如：高校可以依托基金会盘活教育资源、高校教育基金会的公益精神能推动大学的校园文化建设、高校教育基金会的资源配置能力能整合高校的人力和物力资源、高校教育基金会的运作模式能促进大学科学化管理。

二、高校教育基金会的制度规范与内部控制的基本要求

（一）我国高校教育基金会管理的相关法规政策

在 2016 年 9 月施行《中华人民共和国慈善法》（以下简称《慈善法》）之前，国家于 1999 年颁布实施了《中华人民共和国公益事业捐赠法》，2004 年颁布实施了《基金会管理条例》，2006 年颁布实施了《基金会年度检查办法》和《基金会信息公布办法》，2014 年发布了《教育部 财政部 民政部关于加强中央部门所属高校教育基金会财务管理的若干意见》，这些法规共同构成了我国高校教育基金会此前存在与发展的法制基础。《中华人民共和国慈善法》是我国慈善领域的第一部基础性、综合性法律，该法明确了慈善活动的范围与定义，规范了慈善组织的资格与行为，回应了社会普遍关注的慈善募捐和慈善捐赠的重大问题，提出了政府促进慈善事业的措施，确立了政府监管、社会监督和行业自律三位一体的综合监管体系。基金会作为该法明确的三大慈善组织形式之一，完全属于该法的调整范围，受该法的指导与约束。其他法规相应面临修订调整的任务。

《中华人民共和国慈善法》对慈善组织内部治理结构和管理制度作了

原则性规定：一是规定慈善组织应当根据法律法规以及章程的规定，建立健全内部治理结构，明确决策、执行、监督等方面的职责权限，开展慈善活动；慈善组织应当执行国家统一的会计制度，依法进行会计核算，建立健全会计监督制度，并接受政府有关部门的监督管理。二是规定慈善组织的发起人、主要捐赠人以及管理人员，不得利用其关联关系损害慈善组织、受益人的利益和社会公共利益。三是规定慈善组织不得从事、资助危害国家安全和社会公共利益的活动，不得接受附加违反法律法规和社会公德条件的捐赠。四是规定慈善组织清算后的剩余财产，按照慈善组织章程的规定转给宗旨相同或者相近的慈善组织。另外，该法专辟"信息公开"一章，强化了慈善组织的信息公开义务。

（二）高校教育基金会业务控制的基本要求

高校教育基金会内部控制的目标是通过采取控制措施，保障基金会经济活动合法合规；保障基金会资产安全和有效使用；保障基金会财务信息真实完整；有效防范舞弊和预防腐败，防范经济业务活动当中可能存在的风险，提高捐赠资金的使用效益。

建立和完善高校教育基金会内部控制应遵循四项主要原则：一是合法性原则，基金会内控应当符合国家相关法律法规；二是全面性原则，内控应当贯穿基金会经济活动的决策、执行和监督全过程；三是制衡性原则，内控应当在基金会机构设置、职责分工、业务流程等方面形成相互制约和相互监督的机制；四是实效性原则，基金会要结合实际情况，综合考量工作的风险性、协调性与工作效益，使内控措施既有效果，又有效率。

高校教育基金会的内部控制系统主要包括五个关键要素：内部环境、风险评估、控制活动、信息与沟通和内部监督。内部环境是高校教育基金会运作的基础，涵盖了组织形式、机构设置、权责分配、人力资源政策、文化建设以及内部审计等方面。这些要素共同构成了基金会的管理框架，确保其运作具有良好的规范性和有效性。风险评估则是基金会准确掌握各项业务活动中可能存在的风险，并合理确定应对策略的关键环节。我国高校教育基金会面临的核心风险主要包括决策与运行风险、投资风险、筹资风险、财务支出风险等。控制活动是应对风险的重要过程，基金会根据风险评估结果采取相应措施，目的在于将风险控制在可承受度之内。控制活动主要包括不相容职务分离控制、授权审批控制、会计系统控制、资产保护控制、预算控制、运营分析控制和绩效考评控制等。这些措施通过分工明确、权限控制、系统保障、资产管理和绩效评价等多方面的努力，确保基金会在运作过程中能够有效识别和管理风险。信息与沟通在这个过程中发挥着关键作用，确保基金会能够及时、准确地收集和传递相关信息，确保基金会内外部间能有效传递信息，以支持决策和行动。最后，内部监督是对基金会内部控制的建立与实施情况进行监督检查的重要环节。通过对内部控制运行的有效性进行评价，发现并及时改进内部控制中的缺陷，确保基金会能够持续优化其内部控制系统，从而更好地实现其目标和使命。这五个要素共同构成了高校教育基金会的内部控制系统，保障基金会的各项业务能够稳健、有序地运行。

第二节　教育基金会业务控制的目标

高校教育基金会作为非营利组织，通常由高校发起设立，旨在为高校教育活动和高校发展提供资金支持。通过面向海内外募集资金并实施捐赠管理，这些基金会在为高校提供有益的资金补充方面发挥了重要作用。其内部控制目标主要包括合理保证各项活动及管理的合法合规、资产的安全、财务报告及相关信息的真实完整。通过这些内部控制目标的实现，基金会能够提高公益活动的效率和效果，进一步促进其宗旨的实现。

一、促进遵守国家相关法律法规

守法和诚信是高校教育基金会健康发展的基石。内部控制要求高校教育基金会必须将发展置于法律法规允许的基本框架之下，避免违法违规行为发生，在守法的基础上开展支持高等教育发展活动，促进自身良性发展。

二、促进维护资产安全且使用有效

资产安全是高校教育基金会可持续发展的物质基础,同时也是发起人、捐赠人和其他利益相关者普遍关注的重大问题。为了确保资产的安全和完整,基金会必须加强内部控制,防范资产被挪用、贪污和盗窃等风险。与此同时,内部控制还需着力解决资产配置不合理、资产损失浪费和使用效率低下等问题。良好的内部控制应为资产安全和有效使用提供制度保障,确保基金会的货币资金和其他资产在严格控制下发挥最大效用,从而支持高校教育基金会的持续健康发展。

三、促进提高信息报告质量

合理保证高校教育基金会对外披露的信息真实、完整,是提升其诚信度和公信力、维护良好声誉和形象的关键。可靠及时的信息报告不仅为管理者提供准确完整的信息支持,还有助于制定管理决策和有效监控慈善活动及公益服务效果。这些措施不仅强化了基金会内部运作的透明度和效率,也增强了外部利益相关者对基金会的信任和认可,进而促进其可持续发展和社会影响力的提升。

四、促进提高公益活动效率和效果

高校教育基金会作为社会捐赠资金的主要接收者,若在资源和资金分配中监督不力,可能导致贪污和舞弊行为,从而影响社会资源的公平分配和有效利用,损害公共利益。高校教育基金会要结合自身所处的特定的内外部环境,通过建立有效的内部控制,防范各类舞弊和预防腐败,提高公益活动的效率和效果。只有在公平、公正、透明的环境下,高校教育基金会的捐资助学、支持高校发展建设活动才会得到捐赠者、其他潜在捐赠人及社会公众的支持,才能维护高校教育基金会的良好形象。

五、促进高校教育基金会实现宗旨

实现组织宗旨是内部控制的终极目标。它要求高校教育基金会将近期目标和远期目标相结合,在基金会的管理中努力做出符合宗旨要求、有利于提升可持续发展能力和创造良好公众形象的选择。我国高校教育基金会整体职责使命是有效地为高校发展提供社会资金支持。高校教育基金会业务活动开展的水平在某种程度上将间接影响高校发展的潜力。建立和实施内部控制能够改善教育基金会内部管理,提升其社会公益服务水平,从而最终有利于其宗旨的实现。

第三节 教育基金会业务控制的风险描述

一、决策与运行风险

1. 基金会不按照章程规定的宗旨开展活动。

2. 基金会的发起人、主要捐赠人及管理人员,利用其关联关系与基金会发生交易行为,或参与交易行为决策而损害基金会利益和社会公共利益。

3. 基金会从事、资助危害国家安全和社会公共利益的活动。

4. 不符合法律、行政法规规定的人员担任基金会的负责人。

5. 基金会发起人、捐赠人组织其他成员私分、挪用或者侵占基金会财产。

6. 基金会各项活动的决策、执行和监督没有相互分离,权力过于集中。

7. 组织机构设置不合理,部门岗位职责不明确,尤其容易与母体高校业务混为一谈,造成资金管理上的混乱。

8. 岗位设置不合理,关键岗位职责分工不明确,没有做到不相容岗位相分离。

9. 理事长或秘书长等关键岗位长期由同一个人担任,或不能保持独立性,没有相应的轮岗制度,加大了管理风险,降低了社会公益服务能力。

10. 没有会计机构或会计机构设置不合理，财务人员和其他工作人员业务水平和综合素质不适应基金会相关制度法规规定的要求。

11. 内部控制流于形式，人为操纵信息系统或各项公益活动的开展，信息不对称造成公益活动的透明度和效果受到社会公众质疑，甚至产生不良社会影响。

二、投资风险

1. 投资资金缺乏预算控制，存在个人意志或随意性，缺乏科学论证，投资比例过高或者过低，影响基金会后续业务开展。

2. 投资缺乏专业机构或人员指导，投资组合意识缺乏，风险规避能力较弱。

3. 投资决策失误，造成投资过程中的重大亏损，可能导致资金链断裂或资金使用效益低下，影响基金会社会公益活动持续开展，引发捐赠人及社会公众质疑，影响资金募集活动进行。

4. 投资活动盲目追求经济利益，投资方式过于激进，严重偏离基金会社会公益服务的宗旨。

5. 违背"三重一大"事项集体决策原则，导致个人意志主导投资方案，加大投资失利风险。

6. 捐赠人、管理者及其他关联方参与其中，导致违规操作或腐败行为发生。

7. 投资合同或协议签订不规范，如由无签字权的人签署或协议内容不规范，存在形式或内容上的不当，造成后续不确定性风险。

8. 投资资金账户和票据上的监管存在漏洞，相关人员玩忽职守或串通舞弊，导致资金意外损失。

9. 相关管理人员滥用职权虚借投资之名，侵占基金会投资收益或其他投资资产。

10. 投资协议或合同等重要文档保管不善，造成后续投资纠纷。

三、资金募集风险

1. 在接受捐赠的过程中，与捐赠方协商不充分，情况了解不清，出现虚假捐赠。

2. 资金募集人员对募集对象消极对待或错误引导，导致资金募集机会丧失，影响资金筹措来源。

3. 出现利用捐赠形式的违法违纪违规行为：利用捐赠手段为非法资金寻找出路的行为、利用优惠政策逃避法律责任的行为、利用捐赠手段进行非法利益交换的行为、利用捐赠渠道逃避财政监管的行为、利用捐赠机会对高校附加有违社会公德或非法条件的行为。

4. 接受带有特殊目的或有交易动机的捐赠，违背相关法律法规和可行性，损害基金会公益性服务形象。

5. 募捐方案个人意志明显，导致目的偏离基金会宗旨，造成不良后果。

6. 未经财务部门统一办理募捐收入业务的做法，各部门和个人未经审批擅自办理收款业务，可能引发贪污舞弊或私设"小金库"的风险。

7. 违反"收支两条线"管理规定可能造成资金挪用和私分收入的问题。若不及时入账或设立账外账，更可能导致资金体外循环的风险。

8. 接受实物捐赠未造册登记，资产管理程序混乱，导致实物资产流失、毁损。

9. 如果没有加强对捐赠票据的管控和明确保管责任，可能会增加票据丢失、相关人员出现错误或贪污的风险。

10. 不按要求公开捐赠信息，信息公开未尊重捐赠人意愿，可能导致基金会受到社会公众质疑或出现丑闻等不良社会影响。

11. 捐赠协议等重要文档资料保管不当或未按照规范程序管理，导致档案资料丢失或毁损。

四、财务支出风险

1. 管理与运行费用无预算支出，公益项目在捐赠协议中已明确支出内容的，未按捐赠协议执行；捐赠协议没有明确用途的项目资金，未按程序履行审批并签订协议。

2. 资助计划不符合公益性原则，出现利益侵占行为，如捐赠人的利害关系人作为受益人等情形，或受益对象明显违背基金会宗旨。

3. 采用设立虚假或不符合要求的慈善项目支出资金，导致利用虚假发票套取资金等支出业务违法违规的风险。

4. 协议签订违反相关法规，导致协议无效；支付范围与协议规定相悖，出现套取资金、谋取私利、贪污挪用等行为。

5. 重大支出未按照"三重一大"议事规则实施，未经适当的流程审批，出现违规开支和腐败行为。

6. 支出申请不符合基金会预算管理要求，开支范围和标准不符合相关规定，以及不遵守招标采购和现金结算规定，可能导致预算失控和出现违法违规的支出业务。这些问题不仅会影响基金会的财务健康，还可能引发法律责任和社会舆论风险。

7. 财务管理不规范，支出未按会计核算规定及时记账、对账，出现资金贪污、挪用等财务风险。

8. 对各项支出缺乏定期的分析与监控，对重大问题缺乏应对措施，经费支出未实行信息公开，造成暗箱操作，侵害捐赠人权益。

第四节　教育基金会业务控制的具体措施

一、完善高校教育基金会的组织架构与决策机制

组织架构是实施内控管理的基础，涵盖了组织的整体管理构架、内部权力层设置以及权责分配等环节。高校教育基金会作为相对独立的社会公益组织，具有一定的独立自主性；同时高校教育基金会几乎是单向服务于所在高校的，其组织架构必然体现与母体学校的相互沟通与融合。

当前高校教育基金会的组织结构一般包含三个层次。最高层次为理事会和监事会，负责决策与监督；中间层次为秘书处或办公室，负责日常工作的协调与运行；下层为内设业务部门。这种结构简单明了，使得管理体系关系清晰、政令统一、行动高效。然而，其缺点在于缺乏专业化的分工管理，秘书处可能权力过于集中，导致决策效率不及时或不够灵活。我国高校教育基金会的未来发展需要依法引入共同治理机制，以确保在法律框架下实现社会各界的共同参与，从而提升内部治理的效能和透明度。

高校教育基金实施内部控制时，关键在于要求不相容职务相互分离，以确保内部牵制的有效性。每个经济业务必须经过至少两个部门或人员的处理，这种安排使得工作流程相对独立，避免了单一部门或个人的过度权力集中。不相容职务分离不仅仅是责任明确划分的体现，更是各核心岗位之间相互制约和监督的基础。在高校教育基金的运作中，根据业务活动的不同特点，必须设立相应的部门和机构，确保申请、审批、执行、采购、验收、保管和会计核算等工作由不同部门独立完成。这种分工和制度安排不仅有助于防止内部腐败和贪污行为的发生，还能建立起有效的制衡和监督机制，保障基金的资金使用透明、合法和高效。

高校教育基金会决策要体现出基金会活动的宗旨和方向，要保证决策过程的科学化和民主化。"三重一大"业务要实行集体决策和特别授权，按照规定权限和规定程序实施，个人没有主导决策或者修改决策的权力。理事会作为基金会最高决策机构，对基金会"三重一大"事项具有最终决策权。基金会资金的募集、管理和使用计划，基金会财务收支预算、决算等重大事项，应当经理事会讨论决定。在考虑资助方向等一些重大问题时，理事会可先委托开展专项研究，以保障决策的科学性。基金会财务工作在基金会理事会领导下开展，并接受学校财务部门的业务指导和监督。基金会应当将所有分支机构、代表机构、专项基金以及各项业务活动纳入统一管理。分支机构的运行情况和财务状况应当在基金会年报中反映和说明。

二、规范高校教育基金会资金募集行为

基金会资金主要来源于社会捐赠，它的筹资活动，依法向各类筹资主

体负责并接受严格的监督。其中既要有组织内部的监督，如理事会、监事会的监督，还要受到组织以外，包括捐赠人、公众、登记管理机关等社会相关群体的监督，以保证募资活动符合政策法规，符合基金会目标宗旨。

当前基金会管理中，关于捐赠的核心问题包括区分具有利益回报条件的赠与和不符合公益性质的赠与。前者不应确认为公益捐赠，并不得开具捐赠票据，以确保捐赠的真实性和公益性质的清晰。此外，基金会在管理捐赠收入时必须严格区分交换交易收入和捐赠收入，确保不将交换交易收入误认为捐赠收入，从而避免税务或法律上的问题。涉及学校建筑、设施冠名以及内部机构冠名的事项，基金会需事先征得学校的明确同意，以保证所有冠名行为符合法律和道德标准，不影响学校的声誉和公共形象。基金会同时需遵循原则，不将组织名称和公益项目品牌用于非公益目的，以维护其公共信誉和社会责任。在筹资方面，基金会可以设立支持附属学校和附属单位发展的基金，但不得涉及与入学挂钩的赞助费或捐赠款，且不得以捐赠名义乱收费，以确保资金使用的透明和公正。对于公开募捐活动，基金会需先获得公开募捐资格，并按照规定制订详细的募捐方案，并向民政部门备案。特别是在通过互联网进行公开募捐时，必须在民政部门指定的慈善信息平台发布募捐信息，并且可以同时在基金会的官方网站上发布相关信息，以确保募捐的合法性和透明度，提升捐赠者和公众对基金会的信任和支持度。

高校教育基金会在面对项目形式的捐赠时，应当建立科学化、规范化和制度化的项目管理审批制度。首先，基金会应全面公开申请项目，通过多种方式和途径扩大资助计划的曝光度，使更多的机构和个人了解并参与基金会的捐赠计划。其次，为确保决策的科学性和有效性，基金会应组织内部人员或委托第三方对申请项目进行全面调查和分析，以获取充分的信息和数据支持。在建立捐赠项目管理责任制的过程中，基金会需要明确相关职责和工作内容，确保每个环节的责任和义务明确可控。最后，为确保项目审批过程的公正性和规范性，基金会应建立一套完备的审批制度，包括但不限于回避制度、保密制度、对虚假材料的惩处和公开透明的程序规定。

三、加强高校教育基金会的投资管理

实现基金的保值增值是高校教育基金会持续发展的基础条件。在保证捐赠基金的运作收入能履行捐赠人要求的情况下，高校教育基金会可以合理制定每年捐赠资金的投资比例，实现捐赠资金的保值增值。基金投资运作的一个重要规律是"高风险，高收益；低风险，低收益"。高校教育基金来之不易，在投资理财的过程中应当谨慎行事、规范操作，保障本金安全，合理追求收益。

教育基金会在借鉴国外经验时，可以考虑采用保守投资和风险投资相结合的策略来管理资金。通过实施专业化的组合投资，可以有效地分散投资风险，尽管我国的基金市场尚未完全成熟，投资环境也不尽理想。对于小型教育基金会而言，保守投资策略尤为重要，这有助于保障资金安全的同时，也能谋求适度的资本增值。相比之下，大型教育基金会则可以根据市场的行情和风险承受能力，合理配置一定比例的资金进行风险投资，以期望获取更高的投资回报。

无论保守投资还是风险投资，高校教育基金会投资业务的内部控制，重点要建立完善的决策机制，加强对资本的投资管理。参照其他基金会经验，高校教育基金会投资决策的重点程序包括：理事会提出投资计划和原则、专家组进行投资论证、理事会确定投资方案、投资实施与跟踪监管。风险投资的操作，一般应委托专业投资机构或者组建专业投资机构承担，以降低风险、提高收益。高校可以充分发挥知识密集、人才密集的比较优势，在进行投资（特别是风险投资）之前，对资本市场和投资项目进行充分调研论证，管控投资行为的市场风险和法律风险，以提高投资过程的安全性与稳定性。

基金会对资产投资有明确的限制，包括只能投资非限定性资产和在保值增值期间暂不需要拨付的限定性资产。这种限制确保基金会在资金运作中遵循捐赠人的意愿，不得违背其对捐赠款项的限制性意见。

基金会在管理投资时，关键在于确保资金的流动性以支持及时的公益支出，同时有效控制投资风险。为此，基金会采取严格的投资决策与执行分离制度，确保所有投资计划均经过理事会的审议和决策。投资决策过程中，每项计划都必须经过详细的表决程序，确保决策的合法性和透明度，所有相关记录应清楚地载明投资事项、参与人员的意见和签名，以及表决结果的书面档案。这种制度保证了投资过程的透明和责任，有效防止内部潜在的利益冲突和不当操作。基金会委托投资时必须选择信誉良好的银行或其他金融机构，严格禁止将资金投入风险较高的衍生金融工具，也不得为任何形式的经济或财产提供担保。投资收益应全额纳入统一账户管理，并确保用于符合公益宗旨的支出方向，优先考虑政府鼓励的产业融资类金融产品，以支持社会福利和教育发展等公益目标。在实际操作中，基金会应设定适当的投资限额和期限，通过有效手段严格控制金融投资产品的风险。高校教育基金会内部资金运作工作与收入分配工作应当相互分隔，这样既有利于资金运作工作保持独立性，又能适应投资产品的周期性。

四、建立以绩效为导向的支出管理体制

高校教育基金会支出主要包括项目支出和运行管理支出。《中华人民共和国慈善法》规定："具有公开募捐资格的基金会开展慈善活动的年度支出，不得低于上一年总收入的百分之七十或者前三年收入平均数额的百分之七十；年度管理费用不得超过当年总支出的百分之十。"目前我国高校教育基金会规模普遍较小，管理人员主要由母体学校按照内设职能部门的要求予以安排，经费支出主要为公益性项目支出，普遍存在管理支出少、运营经费低的状况。虽然现阶段表现得"更公益"，但从发展的眼光看，高校教育基金会需要进一步完善以绩效为导向的支出内控措施。

《中华人民共和国慈善法》规定，任何组织和个人不得私分、挪用、截留或者侵占慈善财产。基金会应当根据章程规定和宗旨要求，按公益活动的业务范围使用其财产；捐赠协议明确了用途需按协议执行。严格区分公益项目支出和费用支出的范围，把费用支出控制在一定范围之内，杜绝把费用开支转嫁为项目开支。对实施的公益项目，通过适当方式和程序进

行评审、决策，防止个别人"说了算"，防止"暗箱操作"，避免无效项目和低效项目。为了提高资金利用绩效，高校基金会可以在资金分配当中引入竞争机制，包括学生的学业竞争、教师的学术竞争等。基金会项目管理部门应积极推进建立和完善捐赠项目管理系统，并做好与财务系统、票据系统、资产管理系统等的信息共享与融合，建立一个可实现多方信息共享的信息平台。基金会不得向个人、企业直接提供与公益活动无关的借款，不得资助以赢利为目的的活动。

建立严格的内部财务制度对于高校基金会的稳定运行至关重要。基金会应根据相关规定和自身特点，选择适合的财务管理模式，并建立财务管理制度、捐赠协议签订的授权制度、资产管理制度以及审核报销流程等规章制度。在当前我国教育基金会发展的背景下，特别需要集中精力在三个方面进行工作：一是配置合适的财务机构，确保基金会内部有专业的财会人员，大型基金会更需设立专门的财务部门；二是明确岗位经济责任，按照会计规范进行岗位设置，建立财务审批制度，规范操作流程，大额资金使用由理事会决定；三是按照会计规范，逐步构建科学规范的核算管理体系，强化财务档案管理，执行财务报告制度，完善财务凭证管理，做好资产管理。

五、完善教育基金会的监督体系

监督体系建设能有效保证内控管理持续有效地运行。对高校教育基金会的监督包括内部监督和外部监督，其中内部监督主要有监事会监督；外部监督主要有审计监督、主管部门监督和社会监督。根据我国高校教育基金会的发展现状，完善监督体系重点应做好三方面工作：一是落实监事会的监督职责；二是加强审计监督；三是加强信息公开。以形成内外监督有效配合的监督体系，保障高校教育基金会的健康发展。

理解《基金会管理条例》下监事角色的重要性，他们的独立性确保了基金会运作的合法性和透明性。监事与理事会成员的任期相同，但必须保持独立，不能兼任理事或从基金会中获得任何报酬。他们依据章程规定的程序，对基金会的财务和会计资料进行审查，以确保理事会的运作符合法律和章程的规定。此外，监事还有权参加理事会会议，提出质询和建议，同时向相关管理机关反映基金会的运行情况。

为了确保基金会运作的透明和合规，监事负责组织定期审计工作，这一过程可以由社会审计部门或学校审计部门执行。审计的核心是全面检查每个财政年度的财务情况，包括资产总量、银行存款、收入支出等方面，以验证资金的使用是否符合国家法令和法规的要求，以及监督基金会内部制定的财务管理制度是否得到遵守和执行。

根据《中华人民共和国慈善法》，慈善组织需定期公开年度工作报告，包括财务会计报告、募捐接受捐赠情况、慈善财产管理及项目开展情况，以及工作人员的工资福利情况。这些报告的及时披露和信息的真实性、完整性对维护慈善组织的公信力至关重要。透明的信息传达不仅能确保捐赠者和社会公众了解资金的使用情况和项目进展，还能促进了社会对慈善事业的监督和支持。为此，创建多层次、多渠道的信息公开平台是必要的，以确保信息的公允性和透明度，让公众能够有效参与和监督慈善组织的运作。

第十三章

财务信息系统业务控制

第一节　财务信息系统业务控制的基本概述

一、高校财务信息系统业务控制的概念

高校财务信息系统是指高校运用先进的计算机和通信技术，将高校会计制度、内部控制制度、财务管理制度及其业务流程等关键环节进行集成、转化和提升所形成的高校财务信息化管理平台。

高校财务信息系统业务控制是指高校为提升其财务管理水平，提高财务管理效率，保证财务信息系统高效、稳定运行，对财务信息系统业务进行的全流程监督和管理。

二、高校财务信息系统业务控制内容

高校财务信息系统是智慧型校园、数字化校园下各财务信息系统的集合，其内部控制涉及整个系统的方方面面，包括硬件、软件、人、数据流、内部控制制度、财务管理制度等，其业务控制主要是针对财务信息系统的建设与开发战略规划阶段、开发阶段、运行与维护阶段存在的风险进行有效控制。

高校财务信息系统建设与开发战略规划阶段主要包括财务信息系统的建设方案及网络规划。

高校财务信息系统开发方式包括自行开发、委托外单位定制开发及直接外购商业软件等，其开发阶段分为项目计划、需求分析、系统设计、编程和测试及上线五个环节。

高校财务信息系统运行与维护阶段主要包括日常运行及维护、信息系统变更及安全管理。

三、高校财务信息系统业务控制的原则

（一）信息集成原则

信息集成在高校管理中扮演着至关重要的角色。它不仅仅是信息共享的简单行为，还是各系统之间动态互动关系的体现。高校信息集成涵盖了资源和业务数据的整合管理，涉及多个部门的协作与链接，确保了信息的同步处理和完整性。这种集成打破了传统的信息孤岛现象，将财务部门以外的教务处、人事处、科研处、资产处等专业信息系统无缝连接，促进了全面资源的优化配置和管理。通过接口方式实现数据共享，不仅提升了业务处理效率，也加强了决策的科学性和准确性，从而推动高校管理水平的整体提升。

（二）适用性原则

高校财务信息系统在财务管理人员工作中扮演着重要角色，是他们的工具和助手。系统的设计和使用应重视实际效用，结合财务管理工作的实际需求，确保达到适度、适时、适用的目标。

（三）安全性原则

高校财务信息系统的建设、运行和维护是一项极为复杂的系统工程，其中安全性原则至关重要。在不同的阶段，必须设定相应的安全管理目标和措施，以确保系统的稳健性和数据的高度安全性。全面分析和系统验证是实施方案的关键步骤，必须进行科学合理的论证，考虑到高校的实际情况和管理需求，逐步改进是保障高校管理体系完整性和数据安全的有效策略，确保财务管理业务的连续性和数据的保密性。权限控制是防止越权操作的重要手段，同时，设置防火墙、网闸等工具来保障系统的整体安全。高校财务信息系统的安全性不仅涉及技术层面的防护，还需注重管理层面的规范和执行，以建立健全的安全管理体系，为高校的信息资产保驾护航。

（四）成本效益原则

依据成本效益原则，财务管理信息系统的建设需要在确保系统性能安全稳定的基础上，尽可能减少系统的资金投入，节约成本。同时，必须逐步完善系统的统一规划和管理，以有效满足各项管理需求。

（五）可拓展性原则

高校财务信息系统在与高校会计制度改革同步更新的同时，也需与其他数字化校园部门信息系统实现紧密的互联互通。这种系统必须具备预见性和可扩展能力，以应对高校未来发展和管理要求的变化。这样的设计不仅能够有效整合和管理财务信息，还能支持高校在不断拓展和细分管理需求的同时保持系统的稳定性。

（六）统筹规划、分步实施的原则

财务信息系统建设的关键在于由归口管理部门提出整体建设方案，并进行统筹规划。在实施过程中，必须根据实际情况分步进行，逐步完善，避免盲目追求高标准和一步到位的做法。采用全面、科学、规范的业务流程和操作规范是确保实施效果和规范基本业务处理行为的关键。这种方法不仅可以有效地巩固财务信息系统的实施成果，还能确保管理模式与高校管理需求的匹配，逐步实现财务信息系统业务控制的整体目标。

第二节 财务信息系统业务控制的目标

一、促进会计业务遵循高等学校会计制度

高校在进行财务信息系统建设时必须将高校会计制度、内部控制制度、财务管理制度及业务流程等关键环节嵌入其中，使得财务人员在使用财务信息系统进行会计业务处理时，会计业务遵循国家相关会计政策制度法规，尤其是高等学校会计制度。

二、促进维护高校资产安全

资产是高校可持续发展的物质基础，高校应该建设资产管理信息系统，在数字化校园下实现财务管理系统与资产管理系统的无缝对接，保证资产数据传输及时、完整、准确，做到账实相符，促进高校资产安全。

三、保障高校财务信息系统稳定运行，使得高校财务管理工作正常开展

高校财务信息系统是进行财务管理和处理财务业务的有效手段，加强财务信息系统运行环境及数据安全管理，保障高校财务信息系统稳定运行，才能使得高校各项财务管理工作正常有序开展，学校各项事业才能稳步发展。

四、提升财务服务水平，提高财务管理效率

近些年，高校办学规模不断扩大，各项经费逐年递增，高校财务人员少、校财务业务量大等矛盾明显。高校应加强财务信息化建设，使各项财务管理业务通过财务信息系统进行管理，以此提升财务服务水平，提高财务管理效率，最终为师生员工提供高效、便捷、满意的财务服务。

五、保证高校财务信息及时、真实、准确、完整，提高财务信息报告质量，为学校发展决策服务

高校财务信息系统要在智慧型校园、数字化校园下进行统一规划和系统建设，实现人事、资产、教务、科研、后勤等管理信息系统与财务信息系统的无缝对接，统一数据标准，实现高校各项数据归口管理、规范管理，打破"信息孤岛"，实现数据共享，最终及时为师生员工、各级领导、社会各级部门提供真实、准确、完整的财务信息报告，为学校各级领导各项工作决策提供数据参考。

第三节 财务信息系统业务控制的风险描述

一、信息系统建设与开发战略规划阶段的风险

制定高校财务信息系统战略规划的主要风险：第一，缺乏统一规划和归口管理，缺乏有效整合，存在重复建设或真空区域，导致财务管理效率低下。第二，规划方案未通过学校信息中心统一论证和审批，导致财务信息系统无法与数字化校园进行无缝对接，不能达到数据共享的目的。

二、财务信息系统开发方式选择、开发阶段的风险

（一）财务信息系统开发方式选择

高校财务信息系统的开发方式：自行开发、委托外单位定制开发、直接外购商业软件等。

高校财务信息系统业务管理部门应该根据自身实际情况选择开发方式，如已使用的财务信息系统的运行情况、信息系统开发技术人员水平、财务管理人员素质和能力等，高校在选择开发方式时要进行充分的调研和论证，避免因选择失误导致财务信息系统使用效率低下，从而影响财务管理效率。

（二）财务信息系统开发阶段风险

1. 高校财务信息系统自行开发风险

高校财务信息系统的开发流程通常包括项目计划、需求分析、系统设计、编程和测试、上线五个环节。

（1）项目计划环节风险

在项目计划环节，关注项目计划不当可能带来的风险，如进度滞后、费用超支和质量低下等问题。有效的战略规划和分阶段建设财务信息系统的子系统是确保项目按时、按预算、高质量完成的关键步骤。

(2) 需求分析环节风险

在需求分析环节，关注点则是需求的合理性和准确性。如果需求分析不当，可能导致提出的功能、性能、安全性等要求与实际业务处理和控制需要不符合，进而增加技术可行性和经济成本效益方面的风险。特别是在高等学校会计制度背景下，需求文档的不准确和不完整可能导致系统开发过程中出现表述缺失、表述不一致甚至表述错误的问题，影响整体项目的顺利实施和成果的有效交付。

(3) 系统设计环节风险

该环节的主要风险：第一，设计方案可能无法完全满足用户需求，导致系统无法实现需求文档中规定的目标。这不仅影响系统的实际效用，还可能导致用户对系统的不满和抵制。第二，设计方案如果未能有效控制建设开发成本，可能导致预算超支，使项目无法在预定的资金范围内完成。进度控制也是一个关键因素，如果设计方案未能保证建设质量和进度，将会使项目进度滞后，影响整体计划的实施。第三，设计方案中未能确定数据共享与交互标准。这可能导致系统在运行后缺乏可扩展性，使得系统在面对未来变化时难以调整和适应。第四，如果设计方案没有考虑高校财务信息系统建成后对高校内部控制的影响，系统运行后可能会衍生出新的风险，这对高校的财务管理和内部控制都会产生负面影响。

(4) 编程和测试环节风险

在编程和测试环节，主要风险包括编程结果与设计不符，这会导致系统功能无法按预期实现，使得系统的可靠性和稳定性受到影响。各程序员编程风格的差异大，程序可读性差，导致后期维护困难，维护成本高。这种情况下，系统的长期维护和优化将面临巨大的挑战。缺乏有效的程序版本控制也是一个严重问题，可能导致重复修改或修改不一致等问题，进一步增加系统的不稳定性和维护难度。测试不充分则会使系统在上线后暴露出各种问题，影响系统的正常运行和用户体验。

(5) 上线环节风险

在上线环节，关键风险涵盖缺乏可行的上线计划、不足的人员培训以及初始数据准备不合格。这些问题可能导致系统上线过程中的混乱和业务处理错误,进而影响系统的效能和工作效率,阻碍系统功能的最大化利用。有效应对这些风险至关重要,以确保系统顺利运行并获得用户的信任和支持。

2. 高校财务信息系统委托外单位定制开发风险

在高校委托外单位定制开发或直接购买商业软件的过程中,由于高校在财务信息系统设计、编程、测试环节的参与程度较低,相应的风险控制措施可以适当简化。然而,这种开发方式也带来了一些新的风险。首先,开发商选择不当可能导致信息泄露或系统开发无法满足高校财务管理工作的需求。这种情况下,高校的财务数据可能面临安全隐患,系统功能也可能不能充分支持财务管理的实际需要。其次,委托开发合同条款不准确、不完善,可能导致高校的正当权益无法得到有效保障。合同条款的不明确和漏洞可能使得高校在项目出现问题时缺乏有效的法律保护和追索权利。此外,高校如果缺乏委托开发服务的跟踪评价机制,或跟踪评价不到位,可能导致委托开发服务质量不能满足高校财务信息系统开发需求。服务质量的不足会直接影响系统的稳定性、可靠性和实际应用效果。

3. 高校财务信息系统直接外购商业软件风险

在直接外购商业软件的方式下,高校面临与委托外单位定制开发类似的问题,需要选择合适的系统供应商和签订详细的合约。然而,这种方式也带来一些特殊的风险。首先,系统选型不当可能导致所购软件在功能、性能、易用性等方面无法满足高校财务管理的实际需求,影响系统的实际应用效果。其次,供应商选择不当也会带来问题,特别是如果供应商的售后服务能力不足,产品的后续升级缺乏保障,这将影响系统的长期稳定运行和维护。

三、财务信息系统运行与维护环节风险

(一)高校财务信息系统日常运行维护的风险

日常运行维护的目标是保证高校财务信息系统正常运转。这一环节的主要风险:第一,没有建立规范的日常运行管理规范,计算机软硬件的内

在隐患易于爆发，可能导致高校财务信息系统无法正常运行。第二，高校未明确专门的信息系统运行维护管理部门，或已建立但职责不清，分工不够明确，导致维护工作不到位。第三，业务管理部门未设置专门的信息管理科室或信息管理岗位，信息化建设重视程度不够，导致财务信息化水平不高。

（二）高校财务信息系统变更的风险

高校合并或财务信息系统升级通常会触发系统变更，这些变更涉及诸如变更申请、审批、执行和测试流程等方面。变更环节的主要风险：第一，缺乏严格的变更管理流程，可能导致变更的实施不规范或不及时，进而影响系统运行的稳定性和效率。第二，变更后系统效果未能达到预期，可能因此影响到高校财务信息系统对业务需求的适应性和支持能力。

（三）高校财务信息系统安全管理的风险

这一环节的主要风险：第一，财务信息系统业务管理部门缺乏专门的硬件软件的管理人员，或者管理力量薄弱，导致财务信息系统无法正常运行。第二，网络安全意识淡薄，缺乏财务局域网安全管理措施，导致系统运行不稳定甚至瘫痪。第三，对涉及同时需要访问内外网的财务信息系统，网络安全措施不到位，导致遭受黑客攻击，造成财务信息被篡改或泄露。第四，高校未建立财务新系统数据定期备份管理制度及容灾备份方案，可能导致损坏后无法恢复，从而造成重大损失。

第四节　财务信息系统业务控制的具体措施

一、加强财务信息系统建设与开发战略规划阶段业务控制

第一，财务信息系统业务管理部门必须制定财务信息系统开发的战略规划，分步实施，逐步完善。第二，高校财务信息系统建设应纳入学校管理信息系统统一规划，要由学校信息中心进行统一论证和审批，要在学校

信息化总体规划的框架下进行建设，满足智慧型校园、数字化校园建设的要求，提高学校信息化建设的整体效应。

二、加强财务信息系统开发阶段业务控制

（一）加强财务信息系统自行开发业务控制

1. 项目计划环节具体措施

高校在财务信息系统建设中，应制订详细的分阶段项目建设方案，明确建设目标、人员配备、职责分工、经费保障和进度安排。所有计划必须按照规定的权限和程序审批后实施，确保项目的有效性和可持续性。

2. 需求分析环节具体措施

第一，高校财务信息系统的业务管理部门在满足财务管理需求时，应该积极促进系统开发人员、分析人员以及财务管理人员和业务人员之间的密切交流和合作。通过综合分析和深入沟通，形成科学合理的需求提炼过程，以确保系统开发能够准确反映业务实际需求。第二，制定清晰、详细的财务信息系统开发需求文档是关键，确保开发过程中的信息准确传达和理解，从而有效推动系统开发和实施阶段的顺利进行。

3. 系统设计环节具体措施

第一，高校负责设计开发的部门在财务信息系统建设中应与业务管理部门紧密合作，确保总体设计方案充分覆盖用户需求，并通过书面确认获得业务管理部门的认可。第二，高校信息中心需制定统一的数据共享与交互标准，以确保财务信息系统在建设过程中具备高度可扩展性和数据一致性。第三，在系统设计阶段，建立设计评审制度和设计变更控制流程至关重要，以保证设计方案的科学性和实施过程的稳定性。第四，财务信息系统的设计必须充分考虑财务管理业务流程及内部控制要求，通过嵌入系统程序实现自动化和更有效的控制功能，从而提升管理效率和减少操作风险。

4. 编程和测试环节具体措施

第一，项目组在财务信息系统开发中应建立严格的代码复查评审制

度，确保所有代码符合高标准的质量要求。第二，统一的编程规范在标识符命名和程序注释等方面的一致性，有助于提升代码的可读性和维护性。第三，采用版本控制软件系统可以有效管理和协调开发人员在相同组件环境下的工作，从而保证开发过程的协同效率和代码版本的一致性。第四，在测试阶段，项目组应区分并实施多种测试类型，包括单元测试、组装测试、系统测试和验收测试，以确保财务信息系统在功能、性能、控制要求和安全性等方面达到预期标准。特别是在验收测试中，项目组需与最终用户密切合作，提高测试用例的编写质量和测试分析的深度，利用自动化测试工具优化测试工作的质量和效率。

5.上线环节具体措施

第一，高校在财务信息系统上线前应制订全面的上线计划，并经相关领导审批。第二，针对涉及新旧系统切换的情况，必须明确应急预案，确保在需要时能够顺利切换回旧系统，以保证系统运行的连续性和稳定性。第三，对于涉及数据迁移的上线，应制订详细的计划并进行充分的测试，以验证数据迁移的完整性和准确性。

（二）加强财务信息系统委托外单位定制开发业务控制

第一，高校在选择受托开发服务商时要对受托开发服务商进行严格筛选。第二，高校在委托开发财务信息系统时，应严格控制审批和管控流程，优先采用公开招标方式选择外包服务商，并确保集体决策审批机制的有效运行。第三，双方需签订经学校法律顾问严格审核的正式合同，特别对涉及高校秘密和敏感数据的项目，必须签署详细的保密协定，以确保数据安全和合规性。第四，高校需要确立规范的委托开发服务评价工作流程，建立科学完整的质量考核评价指标体系。定期进行综合评估，并公布评估结果和服务周期的考核成果，这有助于持续跟踪和评价委托服务的水平。

（三）加强财务信息系统直接外购商业软件业务控制

第一，高校应明确自身需求，对比分析市场上的成熟高校财务信息系统，合理选择。第二，高校在选择财务信息系统供应商时，不仅要评价其现有财务信息系统的功能、性能，还要关注其售后服务及软件后续升级的能力。

三、加强财务信息系统运行与维护环节业务控制

（一）加强财务信息系统日常运行维护业务控制

第一，高校在管理财务信息系统时，必须建立详尽的使用操作程序、管理制度和操作规范，以确保系统稳定运行。及时发现和解决系统运行中的问题对于持续稳定支持高校财务管理至关重要。第二，记录系统的运行情况、异常现象、发生时间和可能的原因是关键的管理措施，这些记录不仅有助于及时调查和解决问题，还能为未来的系统优化和改进提供重要参考，以提升财务信息系统的效率和可靠性，满足高校日益复杂的管理和报告要求。第三，建立技术支撑部门和业务管理部门两级维护机制，明确职责分工，对信息系统进行定期维护，并做好运行维护记录和应急事故处理记录。第四，业务管理部门应设置信息管理科室或信息管理专门岗位，对支撑本部门系统运行的硬件、软件进行定期维护，对自身无法解决的软硬件故障问题可会同系统开发人员或软硬件供应商共同解决。

（二）加强财务信息系统变更业务控制

第一，建立标准流程来实施和记录系统变更，保证变更过程得到适当的授权与管理层的批准，并对变更进行测试。第二，系统升级改造应紧密结合高校会计制度的要求，注重实用性和兼容性，避免出现各部门重复建设的浪费现象。第三，组织专家评审小组对财务信息系统进行测试、评估、验收。涉及新旧系统切换的，应制订详细的数据迁移计划，建立应急预案，确保新旧系统顺利切换和平稳衔接。

（三）加强财务信息系统安全管理业务控制

第一，建立服务器托管机制，设立统一集成的服务器管理中心，由技术支撑部门负责统一管理和维护。第二，建立局域网运行环境安全管理机制。保密要求较高的信息系统，应当通过相对独立的局域网运行，严格管

理局域网内的服务器、客户端、网络设备等相关硬件，不得安装接入与信息系统无关的软硬件设备，并定期检测局域网内病毒等恶意软件。第三，建立有效的网络安全机制。第四，建立数据定期备份制度，明确数据备份范围、频度、方法、责任人、存放地点、有效性检查等内容，责任人应当定期检查备份数据是否正常可用。第五，建立财务信息系统容灾备份方案，确保因人为破坏或不可抗力等因素造成的财务信息系统硬件毁坏或数据缺失后，财务信息系统能够得到有效恢复。

第十四章

高校会计核算实务

第一节 高校会计核算中存在的问题及解决建议

会计核算也称会计反映，是高校财务内部控制工作的重心所在，其以货币为主要计量尺度，对会计主体的资金运动进行反映。高校现行会计制度在高校会计核算中存在诸多问题，有较大局限性。本节分析了高校会计核算在法律制度、会计准则、会计制度、会计核算等层面存在的问题，并提出解决高校会计核算存在问题的建议，以使高校的会计核算更科学、更具有实效性。

一、高校会计核算工作中存在的问题

（一）高校会计核算应遵循的基本法律制度问题

我国高校会计核算主要遵循《中华人民共和国会计法》《中华人民共和国预算法》《事业单位会计准则》《高等学校会计制度》等，不过这些法律制度现在来看尚有不足。例如，《中华人民共和国会计法》于1999年10月31日修订完成，且与企业单位比较，高校等事业单位仅在第一章"总则"第二条有处理会计事务的相关规定，而企业单位另有第三章公司、企业会计核算的特别规定。《中华人民共和国预算法》中没有提及高校预算相关的内容，只在第二十七条第三款所称"公共预算支出"中提到"其他支出"。自进入21世纪以来，我国的社会主义市场经济实现高速发展，但与此同时，经济问题在市场上接踵而来，我国的会计制度和法律也在不断创新和完善。但通过以上观察来看，我国高校的会计制度和法律还处于比较落后的状态，因此更应该重视制度方面的完善，高校方面可以对此提出自己的意见和建议。

（二）高校会计核算技术层面的问题

第一，国库集中支付系统与财务预决算软件不匹配。

高校在实施国库集中支付管理制度的过程中，因国库集中支付系统与财务预决算软件的不匹配，导致财务管理面临诸多问题。这种不匹配主要体现在预算指标的录入和核算上。高校作为预算单位，需严格按照财政部门下达的预算审批指标执行预算，且不得擅自调整或变更。然而，由于预算指标和补充指标需要手工录入两个不同的系统，导致工作量大幅增加，同时因系统间数据不一致，会计核算出现混乱。尤其是国库支付系统发布的指标较为笼统，项目细节不明确，与预算指标要求存在偏差，进而影响资金使用的规范性和科学性。

此外，这种不匹配直接影响了预算执行的透明度，导致未指定用途的资金和结余资金难以准确反映，资金使用的计划性和规范性受到削弱。信息反馈的延迟进一步导致报表的不准确，使得预算执行情况难以全面、及时呈现。这不仅增加了财务管理的复杂性，还影响了高校财务管理的效率和透明度。

第二，发票不规范的问题。

高校财务管理中，发票审核不规范是影响会计核算质量的重要问题之一。原始凭证作为会计核算的起点，其真实性、合法性和完整性直接决定了会计资料的可靠性。然而，在实际工作中，经常出现发票内容不真实、不符合逻辑或不符合时效性原则的情况。例如，有些发票标注的内容过于笼统，缺乏品名、单价、数量或明细清单，还有些发票时间久远，与现行经济业务无关，这些问题严重削弱了会计凭证的规范性和合法性。

此外，高校在会计核算技术层面还存在诸多不足，例如未按规定核算固定资产折旧和资产减值准备、未按月核算收支等，这些问题导致财务数据的完整性和准确性受到影响。同时，会计核算科目与预算科目未统一，会计报告缺乏附注说明资料，也使得会计信息难以为管理者提供有效的决策支持。这些问题不仅影响高校财务管理的规范化水平，也在一定程度上增加了财务风险。

（三）高校会计核算管理层面的问题

管理层面的问题比较复杂，主要有资产核算、基本建设资金核算、收付实现制及财务报告体系不健全等问题。

第一，资产核算中存在的问题。

高校在资产核算方面存在多方面的问题，这些问题对财务管理的真实性和效益产生了深远影响。首先，固定资产核算标准过低是一个显著问题。现行《事业单位会计制度》中规定，一般设备价值1000元以上、专用设备价值1500元以上即列为固定资产。这一标准明显滞后于当前的经济发展水平和物价水平，导致高校固定资产的总额庞大且数量繁多，增加了资产管理的复杂性，尤其是在固定资产报废和清理时，容易出现账实不符的情况。

其次，高校固定资产核算不准确也是一个突出问题。目前高校会计制度仅核算固定资产原值，不计提累计折旧和固定资产减值准备，导致账面价值未能真实反映资产的实际价值。这种核算方式不仅使资产和净资产虚增，还为财务决策带来误导。

最后，高校在无形资产核算方面存在严重不足。图书馆数据库、教学应用软件、科研成果及专利等长期积累的无形资产，往往未能全面纳入核算体系，而这些资产在一定时期内可以为高校带来显著的经济效益。缺乏对无形资产的准确核算和动态管理，可能导致潜在价值的流失。

第二，基建资金核算存在的问题。

高校基建资金会计是高校财务管理中的重要组成部分，但目前的核算方式存在显著问题，对财务信息的质量产生了负面影响。

高校基建资金会计采用单独核算方式，同时实行专项基建会计制度。这种方式虽然在一定程度上能够体现基建资金的独立性，却导致与现行事业单位会计制度的不符，形成了一种割裂的财务管理模式。在这一模式下，高校通常为基建资金单独开立银行账户，并按照专项基建会计制度进行核算和报告。虽然这一制度设计初衷可能是为了便于专项资金的管理和监督，但其弊端已逐渐显现。由于核算的单独性，同一所高校内部实际上存在两个账户体系和报表体系。这种双轨制的财务管理方式直接导致财务信息完整性受到削弱，信息割裂的现象显著。

同时，由于两个体系之间可能存在数据对接不充分、信息传递不及时等问题，进一步影响了财务信息的真实性和可靠性。财务信息作为高校重要的决策依据，其完整性和真实性的受损无疑会对高校整体财务管理和战略决策产生深远影响。

第三，高校财务报告制度不完善。

高校财务报告制度目前存在明显的不完善之处，直接影响了高校财务管理的质量和效率。在现有制度框架下，高校财务报表主要包括资产负债表、收支明细表及其附表，而这些报表的重点更多是体现国际收支情况。虽然这些报表能够提供一定程度上的统计数据，但它们缺乏对实际收付货币资金流动的准确反映能力。这种局限性使得高校的实际财务状况难以全面展现，导致报表信息与实际情况之间存在偏差，从而扭曲了高校的整体财务状况。

此外，这种信息的不准确性可能掩盖潜在的金融危机，使得高校的财务风险未能及时暴露。长期来看，这种局面对高校管理层识别、评估和应对财务风险极为不利，同时可能影响高校在资源配置和战略规划上的决策。高校作为资金运作和管理较为复杂的机构，如果不能通过完善的财务报告制度准确反映真实的财务状况，其财务健康度将难以得到有效保障，并可能因此错失预警和化解财务风险的最佳时机。

二、解决高校会计核算中存在问题的建议

会计核算是对会计对象和会计要素进行完整、连续、系统反映和监督的重要过程，其核心目标是通过科学的方式记录和分析财务信息，以支持决策和管理。在高校财务管理中，会计核算的作用尤为重要，不仅关系到资源的高效配置和使用，还对高校整体财务健康起到保障作用。那么，高校究竟该如何进行科学合理的会计核算？高校层面可以采取以下建议：

（一）遵循会计核算的基本操作原则

第一，固定资产折旧原则。

高校固定资产折旧是客观存在的，在实际会计实务中具有重要意义。

为更准确地反映固定资产的使用状况和财务信息，高校会计实务应增设"累计折旧"科目。通过这一科目的设立，可以更加清晰地记录固定资产的折旧过程，将其折旧费用直接计入当期费用，既能合理分摊成本，又能提升财务信息的透明度。在固定资产的预计使用寿命内，按年度或月度计提折旧费用，有助于使固定资产的账面价值与其净值保持一致。高校固定资产净值的核算直接影响各预算单元对资产状况的管理，清晰的净值数据能够帮助预算单元全面了解固定资产的实际状况，提高资产管理和预算编制的科学性。

此外，由于高校固定资产账面金额与实际金额往往存在较大差异，仅依靠累计折旧可能无法全面反映固定资产的真实价值，因此建议在会计期间适当计提资产减值准备。这种做法可以更真实地反映固定资产的实际状况，有效避免资产价值高估或低估对财务决策的影响。

第二，相关性原则。

高校会计科目设置应遵循相关性原则，这是实现财务会计与财务预算有效衔接的重要前提。在实际操作中，由于高校会计科目与预算项目的不一致，常常导致预算管理工作面临诸多挑战。这种不一致主要源于会计明细分类要求过于详细，而预算管理的重点仅在主要类别，具体的预算管理项目相对粗略，致使会计信息与预算编制之间缺乏对应关系，无法满足高校日益复杂的预算管理需求。这不仅给拨款的准确性带来困难，还增加了资金管理的复杂性，进而影响预算执行分析的有效性。因此，高校需要在会计核算过程中，根据实际情况对会计科目进行适当调整，使其与预算项目更紧密匹配，从而优化预算与决算的协调性。通过这样的调整，高校可以有效确保年度预算与决算的一致性，减少信息割裂所带来的管理隐患。同时，这种调整也为高校在预算管理、资金分配和使用效率提升方面提供坚实基础。

第三，科研经费实行专项拨款原则。

科研经费管理是高校财务管理的重要组成部分，为保证科研工作的规范性与高效性，科研经费应实行专项拨款原则。这一原则要求在科研经费的使用和管理过程中，对每个科研项目的费用进行详细分类，确保经费支出目标明确且用途合理。通过对经费支出的科学分类，不仅可以提高资金使用的透明度，还能为科研经费的管理提供重要依据。

此外，对于科研项目在实施过程中形成的固定资产，应进行细致核算，避免资产流失或管理不善。为进一步规范科研经费的使用，在项目完成后，应委托相关部门对项目的合理性和合法性进行严格审查，并出具具有法律效力的审计结论。通过这一流程，可以有效避免科研经费的随意支出问题，确保资金使用的合规性和有效性。同时，这种管理机制也能够强化高校科研资产的完整性和管理水平，推动科研工作向更加规范化、精细化方向发展。

（二）改进会计核算的具体措施

第一，完善国库集中支付制度。

高校财务管理工作中，财务人员应及时与软件供应商沟通操作流程中出现的问题，推动软件功能的优化与完善，以更好地满足高校预算制度与国库集中支付制度的兼容性需求。这样的改进将有助于强化预算制度的严肃性和权威性，进一步完善预算执行机制。与此同时，为了适应现代化财务管理的需求，高校应投入资源升级改造网络系统，确保财务软件系统在高负荷工作状态下依然能够高速、有效地运行。这不仅能够为财务人员提供稳定的技术支持，还能提升整体财务管理工作的效率。

在日常工作中，财务软件系统的高效运行是保证会计信息披露准确性的重要基础。通过优化操作流程、改进软件性能和升级网络系统，高校可以增强预算约束力，为预算编制、执行和管理提供更高质量的数据支持，从而全面提升财务管理的科学性和可靠性。完善的机制和系统保障也能够促进高校财务管理迈向更高水平，为高校的教学和科研工作提供强有力的支持。

第二，把好审核关口。

高校会计人员在财务管理中扮演着重要角色，他们不仅需要高度的责任感，还必须具备良好的职业判断能力，这是确保会计工作质量的核心要求。在审核原始凭证时，会计人员应当秉持严谨的态度，对不真实、不符合规定以及违法的原始凭证敢于质疑并坚决拒绝报销。对于记录不准确或不完整的原始凭证，应及时予以退回，要求经办人员进行更正和补充，以消除所有不合格的凭证，从而确保财务数据的规范性和合法性。严格审核的过程不仅能够防范财务风险，还能充分体现会计监督的功能，提升高校财务管理的透明度和公信力。

此外，会计人员通过细致的检查和监督，可以有效保证会计凭证的程序完整性，防止信息失真或遗漏。只有确保原始凭证的准确性和合法性，才能保障会计基础数据的真实性和完整性，进而为高校的财务决策和管理提供可靠依据。

第三，确定固定资产的原值。

固定资产的核算不仅要遵循上述固定资产折旧原则，还要确定固定资产的原值。可以参考企业会计制度，制定新的资产管理制度，对固定资产的成本核算提出更加严格和科学的要求，明确不同来源和用途的固定资产在入账时的价值计算方法。这些规范要涵盖固定资产的购置、自建、无偿捐赠、库存过剩以及改扩建等多种情形。

对于购置固定资产，其成本包括实际购置价格以及达到预定可使用状态前发生的相关税费、运输费、手续费、安装费和专业服务费等费用。对于自建的固定资产，其成本则由资产建造过程中产生的必要支出构成，确保其在达到预期可使用状态前的所有必要成本都能被准确记录。针对无偿捐赠或转让的固定资产，入账价值需要根据同类资产同期的市场价格或相关证明文件规定的金额，与相关税费进行对比后确定。

此外，对于库存过剩和盘盈的固定资产，其入账价值则以类似资产的市场价格为基础进行核算。对于在原有固定资产基础上进行改建或扩建的情况，新制度要求按照改建、扩建的实际支出减去过程中产生的变价收入后的净增加值作为入账依据。

第四，合理计算学生的培养成本。

合理计算大学毕业生的培养成本是高校成本管理中的重要环节，也是提高高校管理和服务效率的关键措施。通过对与学生培养相关的费用进行精细划分，明确直接成本和间接成本的构成，可以更加科学地计算每批毕业生的培养成本，并为学费制定提供重要依据。

具体来说，将与学生直接相关的支出划分为两部分，其中可以直接计入学生培养成本的部分，将被直接归入某个系或某个专业的培养成本；而不能直接归入的费用，可以通过设置专项科目，并采用合理的成本分摊方法，将其分摊到相关部门和专业的培养成本中。

此外，通过年终总结和数据分析的方式，将每年学生的各项费用进行汇总和分发，不仅可以精确计算每批毕业生的直接培养成本，还能够核算每位毕业生的平均直接培养成本。与此同时，间接费用也需要通过科学的分配方式，平均分摊到每位学生的培养成本中，以形成更加全面的成本数据。这些数据不仅有助于评估高校在校学生的平均培养成本，还能为横向和纵向的成本对比提供基础，帮助及时发现成本结构中的不合理因素，进而推动高校降低不必要的开支，提高资源利用效率。在这一过程中，数据分析技术的应用尤为关键，它能够帮助高校全面掌握成本分布情况，为未来的成本优化提供坚实基础。

第五，关注现金流量信息，增加现金流量表。

关注现金流量信息并增加现金流量表的编制是高校管理中不可或缺的重要举措。这一过程不仅能够为高校提供清晰的现金流量信息，还能确保资金管理的透明性与科学性。通过编制现金流量表，可以系统地记录和分析高校内部与外部的现金流入与流出，从而全面掌握现金流的动态变化。特别是在货币资金的使用与支付方面，现金流量表能够帮助高校评估当前的支付能力，提前预防因资金短缺而导致的支付不足问题。

此外，将货币资金收支计划与实际执行情况对比并通过现金流量表加以反映，可以为高校决策者提供依据，确保资金使用更加高效与合理。在此过程中，不必完全遵循企业会计制度中对"现金流量"分类的传统模式，而是可以根据高校实际情况简化编制流程，例如弱化对"经营活动""投资活动""融资活动"等项目的细分，更注重实际收支信息的全面性与可操作性。通过这种简化编制方式，高校不仅可以降低编制成本，还能够更加迅速地获取资金流动的关键数据,从而为日常运营和长远发展提供支持。

第六,根据高校的实际情况来调整高校会计的年度报告。

高校会计报表的编制采用学年周期,更符合高校运行的实际需求。这种方式能够有效避免会计年度与学年周期不一致所导致的时间节点误差,从而确保高校经费的拨款与使用可以完整、准确地体现在报表中。学年周期通常从每年 2 月开始到次年 2 月结束,涵盖两个完整的学期,这种编制方式更能真实反映高校财务状况、服务收入与支出以及现金流动情况。这对于高校计划、控制和使用资金尤为重要,使得财务管理更加贴合实际运行。

此外,按月结算和定期编制收支表为高校提供了清晰的财务运行图景。通过每月的收入支出表,高校能够实时了解收入完成情况和支出控制效果,这种透明和精细的核算方式为预算编制和资金调控提供了重要依据。不仅如此,按月结算的方式还使得高校能够更加灵活地应对突发的资金需求和调整财务计划,进一步提升资金使用效率和管理质量。通过这种周期性、精细化的财务核算模式,高校可以更科学地规划资金使用,优化资源分配,并以更高效的方式支持教学、科研和服务的可持续发展。

第二节　建立健全高校财务内部稽核制度

高校经济活动日益复杂,建立健全财务内部稽核制度已成为高校管理的重要任务和当前的迫切需求。这一制度作为内部控制制度的重要组成部分,不仅可以有效防范会计核算工作中的差错与漏洞,还能在一定程度上遏制可能出现的舞弊行为。通过稽核,能够对日常会计核算中存在的疏忽和错误及时发现并进行纠正,进而全面提升会计核算的质量,确保高校财务数据的真实性与准确性。

同时,财务内部稽核制度的建立,对于高校资金的合法、合理、有效使用起到了重要的保障作用。它确保了高校在贯彻执行国家财经政策和财务制度时，可以以更加科学规范的方式使用资金，降低经济活动中的财务风险。除此之外，财务稽核制度的完善也为高校内部审计工作提供了基础支撑，通过有效稽核手段协助审计发现潜在问题，从而推动整个内部控制体系的优化。

本节将着重讨论高校财务内部稽核的具体内容、内部稽核对高校内部审计工作的作用、建立健全高校财务内部稽核制度这三个议题，以期促进高校财务内部控制制度的进一步完善。

一、高校财务内部稽核的具体内容

财务内部稽核是高校财务管理中不可或缺的重要环节，通过对会计事项实施事前、事中和事后的全流程监督与复核，确保财务活动的合规性和效率。稽核工作的核心在于稽查与审核，具体体现在多个层面，包括对财务计划的合理性评估、财务预算的科学性审查，以及财务收支的合规性控制。在实际操作中，稽核还延伸到会计凭证的真实性验证、会计账簿的完整性核查以及会计报表的准确性复核。此外，高校财务内部稽核还涉及对债权债务的全面稽查，以确保高校在资金流动和资产管理方面的安全性与稳定性。这种全方位、多层次的稽核机制，不仅能够有效防范财务风险，还能够提升高校资金管理和资源利用的效率，为教育事业的可持续发展提供坚实的财务支持。

（一）审核财务计划和财务预算

《高等学校财务制度》明确指出，高校编制预算必须坚持量入为出、收支平衡的总原则，收入预算坚持积极稳妥的原则，支出预算坚持统筹兼顾、保证重点、勤俭节约的原则。

高校预算编制是高校财务管理的重要内容，必须严格遵循量入为出和收支平衡的总原则。预算的编制不仅要保障高校正常运转，更要与其整体发展规划相契合，以推动高校事业的可持续发展。在稽核过程中，稽核人员需要重点关注多个关键方面。

首先，预算是否充分考虑了高校近期各项事业发展的需求，并确保其与高校财力的协调性，即合理处理资金投入与事业发展之间的关系。其次，预算需平衡国家、集体和个人三方利益，做到分配公平、公正。

此外，收入预算的编制需秉持谨慎原则，既要全面估算各类收入来源，又需避免将不确定的收入纳入预算，以保障预算的稳健性。在支出预算方面，则需坚持统筹兼顾和集中财力保障重点项目的原则，避免不合理开支及赤字预算的出现。

与此同时，预算编制需确保数据的可靠性和可行性，包括依据是否充分、数据是否准确、项目是否齐全、指标是否衔接得当等。稽核人员还需通过对计划和预算的细致核查，及时发现其中的问题并提出切实可行的改进建议，以确保高校预算编制科学、合理，为高校的财务管理提供强有力的保障和支持。

（二）审查各项财务收支业务

审查高校各项财务收支是保障财务管理合规性和资金使用效率的核心环节，必须严格遵守国家财务会计制度和高校相关规定。

在审查过程中，首先需要确保各项财务收支符合核定的预算和计划，同时符合高校内部及外部相关制度的要求。对收费标准的审查尤为重要，需确认其严格按照国家规定的范围和标准执行，避免超范围或违规收费行为的发生。各项收入的及时性和完整性也应受到重点关注，确保所有收入能够足额入账，杜绝收入滞留或流失的现象。

此外，根据不同资金来源和性质划清收支渠道，是维护财务透明性和规范性的关键，有助于准确归属费用并保障财务数据的真实反映。在支出管理方面，严格控制无预算的资金支出，防止因超预算或盲目支出导致财务风险。

对于违反财经纪律的违法收支行为，应及时采取措施进行制止和纠正，并对偏离计划或违反制度的业务进行深入调查，必要时向领导汇报以采取进一步行动。

（三）审查复核原始凭证、记账凭证、账簿、报表及债权债务

审查复核高校的会计凭证、账簿、报表及债权债务是一项系统性、全方位的工作，必须贯穿事前、事中和事后全过程。这一过程的核心在于确保所有经济业务的真实性、合法性和合理性，从而为高校财务管理提供可靠保障。

在原始凭证的复核中，需审查经济业务的实际发生情况是否属实，相关手续是否完备，票据是否符合国家票证管理要求，以及签字或盖章是否齐全。对于记账凭证，则需确保其科目使用准确，经济内容与金额均与原始凭证相符，避免数据错误导致的财务偏差。

账簿记录的复核是另一项重要内容，需要检查账簿的设置和使用是否符合国家会计制度要求，账簿登记、更正及结账过程是否规范，同时确保所有经济业务全部入账，并核查账账、账实是否一致。

会计报表的审查复核侧重于数据的真实性和计算的准确性，内容是否完整、表与表之间的钩稽关系是否清晰，以及报表上报是否及时。

在债权债务管理方面，需对暂付款、借出款和暂存款进行稽核，及时清理应收应付款项，加强催收力度，避免债务失控。

总体而言，这一复核过程不仅需要对所有会计资料进行全面稽核，还应逐步实现从以稽审会计业务为主到促进内部控制制度健全的转变，推动高校内部会计控制体系的不断完善，提升财务管理水平和资金使用效率。

二、高校内部审计工作需要内部稽核

高校的内部稽核监督在高校财务管理中占据重要地位，是推动内部控制体系完善的核心环节，也是高校实现办学目标的重要保障。科学、有效的稽核制度能够全面提升高校内部管理的规范化和科学化水平，确保财务管理工作高效、有序运行。同时，健全的内部稽核监督机制为内部审计工作的顺利开展提供了有力支持，能够及时发现和纠正问题，降低风险，提高管理的透明度和可控性，从而进一步促进高校财务管理和治理能力的优化。

建立科学、有效的高校内部审计制度是完善内部控制的重要举措，直接关系到高校财务管理的规范化与效率提升。内部审计制度的科学性和有效性，不仅能够优化审计程序、提高审计效率，还可以确保审计测试质量，为高校财务管理的各项工作提供稳定的保障。通过完善的内部审计制度，高校可以对财务工作的各个环节进行全面的监督和管理，有效防范和化解潜在的审计风险，从源头上降低审计结论的误差和不确定性。

同时，健全的内部审计制度能够为高校财务部门的日常管理和决策提供可靠依据，使审计人员在审计实施过程中更有针对性地制订审计计划，合理评估审计风险，从而设计和实施符合实际情况的审计程序。有效的内部审计不仅可以通过抽样审计等高效手段完成审计任务，还能在条件不足的情况下为全面审计奠定基础，弥补审计资源和精力的不足。

此外，健全的内部审计制度可以提高样本的代表性和审计数据的质量，使审计结论更加准确，为后续的整改和优化提供强有力的支持。总之，建立完善的高校内部审计制度是实现高效财务管理、完善内部控制体系和保障审计工作质量与成效的关键一步，对高校的长远发展具有重要意义。

三、建立健全高校财务内部稽核制度

内部审计制度是会计工作的核心规范和标准，对于推动会计基础工作规范化具有重要意义，同时也是会计机构内部监督的关键环节。建立健全的内部审计制度，不仅有助于财务部门完善自身的会计基础工作流程，还能强化内部监督职能，提升财务管理的透明度和规范性。此外，完善的内部审计制度还为高校进一步优化内部控制体系提供了重要支撑，有助于提高财务管理水平，增强高校在财务管理和资源分配上的综合能力。

（一）建立高校内部审计岗位责任制

高校应严格按照国家和教育部关于财务管理的要求，结合自身实际情况，建立科学、适用的财务内部审计制度，以促进财务管理水平的全面提升。

通过采取自上而下的审计管理模式，高校可以在分管领导的直接指导下，明确财务部门的职责和权限，指定专门部门负责内部审计工作的组织和实施。在此过程中，通过在各部门设立主管会计岗位并实行岗位责任制，可以有效确保审计工作的覆盖面和落实力度。

同时，为进一步加强内部控制，高校财务管理应严格实施不相容岗位的分离制度，确保重要财务职能的独立性和规范性。具体而言，高校财务部门需要做到银行出纳与现金出纳分工负责，支票和印章的保管及使用分离，会计与出纳的收付业务严格区分，同时明确会计凭证的填制和审核职责，确保流程中每一环节的独立性和可追溯性。此外，出纳不得兼任审计师，以避免潜在的利益冲突和舞弊风险。

这一系列制度和规范的实施，不仅能够强化高校财务内部的控制能力，降低管理风险，还能够有效提升审计工作的透明度和准确性，为高校的整体财务管理和决策提供坚实保障。通过完善的内部审计制度和管理模式，高校能够实现更高效、更规范的财务治理，为教学、科研等核心任务的顺利开展提供有力支持。

（二）高校内部财务审计岗位设置

第一，高校要建立会计岗位责任制。

高校财务部门应在组织架构中设立专职或兼职审计岗位，将内部审计工作覆盖到会计工作的各个环节，从而形成贯穿全流程的审计监督机制。这种设置不仅有助于全面提升财务管理的规范性，还可以确保各项会计业务的执行符合既定的制度和流程要求。

同时，建立会计岗位责任制，以明确每个岗位的职责和权限，强化责任落实，从根本上保障会计工作的质量和效率。在预算管理方面，高校财务部门应按照内部审计的要求，对计划预算的编制过程进行严格的检查和审核，确保预算数据的真实性、准确性和合理性。通过建立动态监控机制，对预算的执行情况进行实时跟踪，能够及时发现预算偏差或问题，从而为管理层提供可靠的依据，必要时建议对预算进行调整。尤其在实际执行过程中，指定专人负责预算的监督与调整工作，可以有效提升预算管理的灵活性和科学性，为高校整体财务目标的实现提供重要保障。

第二，高校要建立全面的审计岗位责任制。

按照国家财政会计制度的规定，各项财政收支应当逐项核算。对不符合规定的收支及时提出意见，并及时采取措施处理。审计岗位应当随着经济业务的发生对会计凭证进行逐项审计，不得拖延积压和记账。验证证书应当签名或者盖章。会计账簿、会计报表的审核由会计部门负责人完成。抽查应在审核日和登记日进行。发现错误，提出纠正意见，并要求有能力的簿记员及时纠正。会计报表审计应当每季度、每年进行一次，并遵守负责人管理制度。

第三，高校要建立资金科的内部稽核机制。

高校应在财务管理体系中建立资金科的内部稽核机制，以确保财务收支和现金管理的安全与规范。资金科的内部稽核机制要求出纳在处理收入和支出之前，必须经过审计员的事先审计，以加强对资金流动的控制。同时，出纳只能审核已通过审计的会计凭证，并严格按照规定办理财务收支手续，杜绝未经授权或未审计的财务操作。

为进一步强化资金管理，高校还应通过对银行对账单和银行日记账的审计，来全面监督银行出纳的工作，及时发现并纠正可能存在的问题，并如实记录相关情况，确保财务数据的完整和透明。

第十五章

高校财务报账对账工作实务

第一节 现行高校财务报账存在的问题与解决措施

一、现行高校财务报账方式普遍存在的问题

高校的财务报销流程相较于一般企业或机构的报销流程要复杂得多，主要体现在其涉及的多个环节和层级审批上。一般而言，报销流程通常始于报销人取得真实合法的发票，并按照财务规定对发票进行整理和粘贴。此后，报销单需要经过经办人、验收人和领导的签字审批，接着交由财务部门进行会计审核。这个过程中的每一个环节都需要严格把控，确保报销的合理性与合法性。

高校财务部门的审核工作不仅要求对凭证进行逐项检查，还需要在《资金指标使用簿》上填写报销单，并与审核人员协商确定报销时间。财务审核完成后，根据预算执行情况，审核人员进行分类汇总，编制会计凭证，并与报销人员核对凭证编号。在出纳阶段，所有单项支出超过1000元的费用将通过支票支付，而较小的支出则通过转账或其他方式结算。最后，财务复核人员还需要对所有凭证进行复核，以确保报销的每个环节都符合规定。相比一般财务报销流程，这一流程不仅耗时更长，而且每一环节都需要多方审批，造成了不小的行政负担，尤其对于科研人员来说，往往会因烦琐的流程而浪费大量时间。这种复杂的报销流程也反映出高校在财务管理中的独特需求，如何在规范性与高效性之间找到平衡，仍是高校财务管理急需解决的问题。

从实际情况来看，目前高校财务报账方式普遍存在如下问题：

（一）报销人不熟悉财务规章制度，报销信息不对称

信息的传播、理解和透明度在报销业务中发挥着至关重要的作用，尤其是在高校的教职工和课题研究人员的日常工作中。由于这些人员通常忙

于教学和科研工作，往往缺乏时间关注校园网上的财务政策和流程，导致报销过程难以一次性通过，必须多次往返财务部门进行修改。这种反复修改不仅增加了报销人员的时间成本，也使得财务部门的审核工作变得更加烦琐，从而降低了工作效率。而这一问题的根源之一是报销者对于政策的不了解。特别是在国家财政政策和高校财政体制不断更新的背景下，相关信息的传递和理解受到阻碍，造成了报销信息的严重不对称。例如，2018年1月1日开始实施的增值税专用发票和增值税普通发票的新规定中，对"货物或应税劳务、服务名称"的填写标准做出了具体要求。然而，由于许多报销者未能及时了解这些变化，他们依然依赖旧的发票格式，导致报销时发票无法通过财务审核。这种情况下，报销者可能不得不更换发票或放弃报销，增加了不必要的麻烦。而一些报销者甚至对财务部门拒绝报销心生抱怨，误以为是财务人员故意刁难，殊不知，是政策信息滞后、理解不足所致。

（二）财务信息沟通不及时

在高校的报销管理中，问题的根源不仅在于报销者未能及时了解财务政策的变化，还在于财务人员未能有效地传递相关信息。由于信息传递不及时，造成信息不对称，报销者只能通过亲自前往财务部门来获取最新的财务政策，而这种被动的获取方式使得很多重要信息未能及时传达给需要的人。高校教师在日常工作中更多地专注于教学、科研和管理事务，对财务信息的关注较少，信息获取的主动性和意识也相对较弱，进一步加剧了这一问题。因此，缺乏专门的财务信息传播渠道和机制，导致财务规章制度的落实不够及时和全面。

（三）高校财务人员稀缺，报账等待时间长

随着科研经费的不断增加，财务报销工作面临的压力也逐渐加大，而财务人员的相对短缺使得工作负担更加沉重。尤其是在报账时间集中时，财务人员的工作负荷剧增，导致报账效率低下，审核程序烦琐且耗时，影响了报销质量。这种情况不仅拖延了报账进度，还导致高校教师在等待报账时产生不满情绪，影响了他们的教学与科研工作效率，从而显著降低了对财务报销工作的整体满意度。

（四）报账工作量日益增大

随着高校资金来源和报账科目的多样化，财务报账工作逐渐变得更加复杂且繁重。除了需要审核大量的原始凭证和金额的准确性外，财务人员还需对经办人签字、负责人盖公章等手续进行严格把关。同时，对于不熟悉报账流程的报销人员，财务人员还需进行详细的指导和解释。这些因素共同导致报账工作量的激增，财务部门的工作压力不断加大，最终形成报账排队等待的现象，影响财务工作的效率和质量。

（五）报账人找领导审批签字难

随着高校财务管理体系的不断发展，尤其是科研经费和事业经费的增多，财务报账工作日益复杂。然而，当前高校在报账流程中依然面临诸多问题，影响了财务工作的效率和质量，严重时甚至影响了高校整体的经济保障。这些问题的根本原因，既包括报账人员对财务规章制度的不熟悉，也有信息传递不及时、审批流程烦琐等方面的因素。首先，许多报账人员并没有充分了解高校财务管理的具体规定，尤其是在处理科研经费、事业经费等多元化资金时，经常因为不熟悉流程而浪费时间，这无形中增加了报账的难度和复杂性。报账人员对各类报账科目、发票审核等具体要求的不了解，往往导致反复修改、补充材料，增加了财务人员的工作量，也延长了报账时间。更为复杂的审批流程也是导致"报账难"的另一大原因。许多高校实行"一支笔签字"制度，即发票和报销单需要逐级审批，这一制度虽然旨在保证财务管理的规范性，但烦琐的审批环节往往导致报账周期过长。特别是一些大额费用的报销，不仅需要经过多级领导签字，还经常遇到领导出差、开会等因素，造成报账人必须多次往返才能完成报账，进一步加重了报账人员的负担。

面对这些问题，高校必须采取一系列措施来进行改进。首先，需要通过加强财务制度的宣传和培训，提高报账人员对财务管理流程的了解和认同，避免因不了解规定而产生重复报账或错漏情况。其次，优化信息传递渠道，确保财务信息能够及时、准确地传达至每一个报账人，避免因信息滞后导致的流程停滞。最后，高校可以考虑简化审批流程，例如设置专门的财务专员处理日常的报账工作，减少不必要的层级审批，减少不必要的等待时间。

二、解决现行高校财务报账问题的具体措施

（一）定期宣传财务制度

随着国家和各省市不定期出台新的财务规章制度，高校财务管理办法也需要不断更新，以确保财务工作与时俱进。然而，许多报账人由于对新政策的不了解，常常在报销过程中出现开错发票、重复报销等问题，从而导致"报账难"。为了避免这些问题，高校财务处应定期更新财务管理办法，并采取一系列措施向报账人宣传新的财务政策。首先，可以通过定期的培训和走访，为报账人提供及时的政策解读，使其更好地理解财务规定。其次，财务处还可以利用线上通知、会议通知、微信群等多种方式，迅速传达最新的财务信息和政策更新，确保每一位报账人都能及时掌握最新的财务规章制度。通过这些宣传和培训手段，不仅能提高报账人对财务管理办法的认知，还能有效减少因不熟悉政策而产生的报账错误。最终，这些措施将有助于解决"报账难"的问题，提升财务管理的效率和准确性。

（二）培训二级报账人员，增强财务信息透明度

二级报账人员在财务管理中扮演着至关重要的角色，他们对财务政策的了解和对报账流程的熟悉程度直接决定了报账工作的顺利与否。然而，当前许多二级报账人员的财务专业知识水平较低，且对政策性文件的理解不够全面，这使得他们在日常工作中容易发生错误，影响报账的效率和质量。为了有效提升报账工作的效率，必须加强二级报账人员的财务知识培训，并提升其对报账流程的熟悉程度。一方面，高校财务部门可以定期组织政策变更的宣讲会和财会知识的小讲座，通过讲解财务政策的更新与变化，让二级报账人员及时了解最新的财务管理规定，从而减少因政策不明确或理解不到位而导致的错误。另一方面，财务部门还应当优化报账

流程，增强流程的透明度，让报账人员能够清楚了解每一个环节的具体要求，减少因手续不全或票据错误而造成的延误。在提升报账人员专业素养的同时，财务部门还可以通过设立线上交流平台，如利用微信、微博等工具，构建便捷的沟通渠道，及时解答报账人员在实际操作中遇到的问题。通过这些途径，不仅可以提高报账人员的专业水平，还能进一步提升报账工作的效率。此外，制定符合高校实际情况的报账标准，规范报账流程，也能有效避免由于流程不清晰或信息不对称而导致的报账难题。

（三）优化报账程序，均衡报账人流量

为了提高报账效率并减少报账人员的等待时间，完善报账排号体系至关重要。首先，建立一个科学的排号系统可以实现报账人流的均衡分配，避免出现排队长龙的现象。通过开发相应的报账网上预约系统，财务部门可以实时管理排队人数，及时更新报账人员的排号信息，有效疏导和分流人流，从而减轻财务部门的工作压力，并提高报账的效率。此外，财务处应当设立专项业务报账时间，针对一些手续简便、流程较短的报账业务，如教职工探亲路费、婚丧补助费等，设立专门的报账时段。通过这种方式，不仅能减少这些报账人员的等待时间，也能避免与常规报账工作叠加，减少高峰时段的压力。这种专项安排能够有效分流报账人员，提升整体的报账效率。

同时，错峰办理报账业务也是提高效率的重要手段。教职工的借款、暂付款等冲账工作通常集中在月初或月末，但这些时段往往是报账高峰期，财务处需要合理调配人力资源，避免高峰时段的业务过于拥挤。将这些业务安排在月中进行处理，不仅能避免与月初、月末的高峰期重叠，还能确保各项业务的高效进行。此外，对于年终和月末集中报账的情况，财务处应提前安排好审查、制单、支付的具体时间，合理调配人力资源，确保这些"大宗"报账任务能够顺利完成，同时不影响日常部门和院系的正常报账工作。

（四）使用 OA 系统办公软件，提高签字审批效率

随着办公软件的广泛应用，报账流程的效率得到了显著提升。通过

这些软件，报账人可以直接向领导请示审批并获得签字，极大地减少了因地理位置和时间限制而导致的延误。领导可以随时随地进行审批，节省了大量的时间成本。此外，系统化的操作保障使得报账过程更加准确，避免人工操作中常见的核查不清和信息传递错误等问题。这种数字化、系统化的保障不仅提高了报账的准确性，也使得财务审核和项目审核变得更加高效。在审核过程中，相关数据能够迅速从系统中调取，避免了传统手工记录带来的烦琐与延迟，从而提高整体的工作效率和质量。通过这些技术手段，财务部门能够更高效地管理报账工作，也能为教职工提供更为便捷的服务。

（五）提高财务人员的素质和服务质量

提高财务人员的素质和服务质量，是优化财务管理、提升工作效率的核心因素。首先，财务人员应具备良好的情绪管理能力和沟通技巧，尤其是在报账人员排队等待的过程中，能够通过耐心的引导和交流，缓解他们的焦虑情绪，确保良好的沟通氛围，进而提高报账人员的满意度。此外，财务人员在服务过程中要注重细节，对报账人员提供必要的帮助，如指导他们如何粘贴发票或解释相关政策，以确保报账顺利进行，避免因不理解政策而产生不满情绪。定期举办财务工作探讨会，可以为财务人员提供一个交流平台，帮助解决日常工作中遇到的问题，提升其专业水平。同时，通过不定期的学习调研，向兄弟单位借鉴先进经验，财务人员能够不断优化自己的工作方法和流程，提升工作效率。各学院也应设置专门的报账人员，定期进行培训，确保各部门及时掌握最新的财经政策和报账流程，形成更为高效、顺畅的财务管理体系。总之，通过全方位提升财务人员的素质和服务质量，可以有效提升报账工作的整体效率，进一步推动财务管理水平的提升。

第二节 高校财务对账工作两大主体的实操指导

一、银行：确保开户单位资金安全，真实反映债权债务关系

在对账过程中，银行有责任对开户单位的资金安全提供应有的保障，并明确债权债务的关系，以确保会计资料的真实完整。银行与开户单位在对账时已不再采用传统的对账方法，而是采用新的现代化对账方式，目的是可以更有效地规避风险的产生。为了达到这个目的，银行在对账过程中要注意以下事项：

第一，银行要让自己的职员深刻地理解工作的重要性，积极主动地从事对账工作。同时，要加强职员的风险防范意识，端正认真负责的工作态度。

第二，银行方面要指定专人主动上门与客户对账，银行在对账过程中应确保回单信息清晰、准确，并及时送交客户，以确保银行与单位之间的对账一致性。特别是在每月末，银行应核对纸质和电子对账单的一致性，并及时交给客户。如客户在对账后发现任何未对账的情况，银行的对账人员应积极配合解决问题，确保每一笔业务得到妥善处理和跟踪。

第三，为了防范对账人员可能存在的作案风险，银行必须加强内部控制措施，确保每笔业务的经办手续经过严格审查。对账工作人员应定期轮换，以减少单一人员长时间操作可能带来的风险。此外，银行的记账和复核人员不应参与对账工作，以确保工作分工明确，避免对账失误或故意违规操作。通过这些措施，银行不仅能够提高对账的准确性，还能够有效降低金融操作中的风险，确保客户与银行之间的财务数据准确无误。

二、高校：选好与本单位财务系统匹配的银行对账管理系统

为了确保对账工作的有效进行，高校财务部门必须在对账之前选好与

自己高校财务系统匹配的银行对账管理系统。除此之外，高校的所有财务人员都要有很强的风险防范意识。

（一）在对账开始之前，高校财务部门要选好与本单位财务系统匹配的银行对账管理系统

银行对账管理系统是确保高校财务账务准确性和一致性的关键工具。该系统通过定期将银行对账单与高校的银行存款日记账逐笔核对，实现账务的自动对账。当结算单号与金额匹配时，系统能够自动对账，确认"单位已收"与"银行已付"，以及"单位已付"与"银行已收"等情况。如果未提供结算单号，系统则会根据金额和摘要进行手工对账，以找出未达账项，如"银行已收但单位未收""银行已付但单位未付"等情况。对于这些未达账项，系统会自动调整账单余额，编制银行存款余额调整表，从而确保账务的准确无误。通过这一过程，银行对账管理系统不仅能提高对账的效率，还能有效避免账务错误，保障高校财务管理的合规性和透明度。银行对账管理系统的特点如下：

1. 功能全面

银行对账管理系统加强了对账条件功能的设置，财务人员通过该系统能够轻松、严谨地完成对账工作。

2. 正确率高

如今的对账已不再采用传统的手工对账方式，因为传统的手工对账弊端较多，错误率也相对较高。所以银行对账管理系统的应用，能够让财务人员的对账工作更加准确无误，也更加得心应手。

3. 信息共享

基于网络的银行对账管理系统，能够充分体现网络互通共享的特性，可以有效实现用户信息实时同步，管理者也可以随时获取准确的对账信息。

4. 操作简单

银行对账管理系统的使用，让对账过程更加快捷，操作也更加简单，准确率更高，同时也可以实现账单的逐笔核对。

（二）高校中所有财务人员要明白对账工作的重要性，同时各相关岗位员工都要加强风险防范意识，并且在对账工作中需要注意以下几点

1. 财务人员要将审核做账作为财务业务的基础

在收到银行回单时，要仔细观察回单上显示的信息。在输入时，时间、账号、摘要、金额和结算单号等信息都要保持一致。

2. 财务人员要做好复核工作

复核是重复审核和监督审核的工作，使错误和风险尽量不发生。

3. 财务人员要使信息、票据完整

在转账、出纳、收款、付款的每一个环节中，都应该认真复核每张银行单据，把单据未填全的银行信息资料补全，因为每家银行及同家银行的不同账户所用的凭证各不相同，所以要确保每个账户的银行凭证信息准确无误。

4. 财务人员要完成月清并复核确认

记账工作是整个财务工作结转和安全稳定的基础，记账人员的工作就是在每月月末监督业务是否已经做好了结清处理，并由出纳人员递交给复核人员进行审核确认，最终完成复核确认工作。

5. 财务人员要对银行与高校两个相关系统的匹配负责

在对账工作中，电算化人员的技术支持是保障对账系统匹配的重要条件，要对银行对账管理系统与高校财务系统的相互匹配负责，也要对高校电子对账系统与银行对账管理系统的相互匹配负责。

6. 财务人员要认真对账

财务流程及财务对账系统是高校对账人员必须熟悉和掌握的，对账人员的工作与相关岗位的工作密不可分，要在做好单位与银行对账的基础上认真对账。随着电算化的不断发展，财务管理的加强，高校对账人员要对每一笔挂账业务做到及时查明并认真处理，这样才能有效避免问题的产生，控制风险的发生。

第十六章

高校财务窗口高效服务实务

第一节 高校窗口报账模式现状分析

一、目前高校窗口报账较为常见的模式

目前高校窗口报账较为常见的模式主要有以下三种：

1.开办多个宽敞的财务报账大厅，并要求报账人在规定的时间内将报销单据拿到财务服务大厅窗口，收单员对报账人的单据进行初步审核，初审合格后对报销单据进行编号，经办人在"报销接单记录本"上签字后即可离开现场，不再排队等候。财务人员在报销制单过程中发现不符合报销规定，或者需要报账人修正内容的单据，电话通知报账人再次来到报账大厅取回或者现场修正。

2.使用自动排号机。在排号机取号后在座位上等待，等着叫自己的号码，然后到指定的窗口办理财务业务。但由于窗口办理速度比较慢，报账人常常需要长时间等待，而且每天的人数总量也因窗口办事效率低而出现人为的限制。

3.进行网上分类预约，并需要报账人在确定的时间点之前准备好所需的票据。

网约报账虽然为高校节省了一定的人力资源，但在实际运行过程中也存在以下不足：

首先，师生普遍对报账业务不熟，退单率偏高。由于许多高校师生对报账系统不够熟悉，尤其是在填写财务单据时对经济业务分类等信息缺乏了解，导致操作错误和较高的退单率。这一问题不仅浪费了报账人员大量时间去反复修改不符合要求的单据，还使得财务人员需要再次审核修正后的报账单，造成了报账效率的严重滞后。

其次，在报账单据的分配上，财务部门的工作安排不够合理。由于单

据的分配没有考虑到各个会计岗位的专业性和工作负荷，财务人员往往会接收到不属于自己职能范围的单据，而有时单据数量不均，造成工作进度不一致，影响了整体工作效率。

最后，当前高校普遍面临网络报账平台建设不足的问题，尤其是缺乏与其他管理系统的数据共享。以资产管理为例，报账人员往往需要分别在资产管理系统和网报系统中录入相同的信息，既增加了重复操作的负担，也导致了数据不一致的问题。这些技术和操作上的局限性，使得高校财务管理面临着效率低下和信息孤岛的挑战。因此，为了提高报账效率，优化财务管理流程，高校需要加大对报账系统的培训力度，推动网络平台的整合和模块化建设，同时改善报账单据的分配机制，确保工作流程的顺畅与高效。

二、目前高校窗口报账模式的不足之处

由于财务窗口业务处理模式存在上述问题，致使参与其中的财务人员、报账人、审签人均有不满情绪。

（一）财务人员压力大

在整个报账过程中，财务人员由于长期处在高强度的工作环境中，容易心理压力过大，导致精神疲劳。这种情况的产生，会在工作时出现失误的现象，长期的紧张状态致使财务人员产生暴躁的情绪，容易和报账人发生冲突。

（二）报账人办理业务费时费力

在高校的财务报账过程中，报账人由于对账务流程不熟悉，常常导致错误和重复提交，特别在多校区办公的情况下显得尤为突出。报账人需要多次找领导审批签字，由于领导的工作安排繁忙，审批过程通常受到时间和空间的限制，增加了报账环节的复杂性和时间成本。与此同时，财务窗口的排队时间过长也是一大问题，许多报账人员需要长时间等待，并且在此过程中可能因资料不全而被要求多次补充，进一步拖慢了整个流程。尤其在现金收支过程中，缺乏有效的管理和监督机制容易导致现金丢失或账务错误，增加了财务管理的风险。这些因素综合起来，严重制约了报账效

率和准确性，影响了财务工作的整体质量。

（三）审签人左右为难

审签人如果与报账人相识，在审签的过程中可能会出现因人情世故导致违反制度的情况。遇到当面难以抉择的事项时，需要财务给予指导性意见，才能避免错误出现。工作的有利开展，需要杜绝一切不利因素。正常情况下，报账人需要自己找领导审批签字，在这种情况下，会存在一定的弊端及漏洞，比如原始单证被加塞、更换、涂改等。

第二节 高校财务窗口高效服务模式的构建

一、增设咨询窗口，单证封闭运行

为了进一步优化高校的财务报账流程，增设咨询窗口成为一项值得推行的举措。随着高校财务管理工作的复杂性不断提升，报账人员在办理相关事务时面临的困难和不便逐渐显现，尤其是在财务流程和规章制度不够明确的情况下。为了解决这一问题，设立咨询窗口岗位不仅可以将财务报账工作前移，减少报账人员的等待时间，还能提升工作效率。咨询窗口的主要职责是接听电话、解答各类财务流程问题、发放报账所需单据等工作，为报账人员提供及时的帮助。此外，咨询岗位的人员需深入了解高校的财务规章制度，熟悉各项政策，确保能够准确解答报账人员的疑问，并对财务制度进行有效宣传和解释。这不仅能够提高报账工作的透明度，还能让报账人员更清楚地了解具体操作流程，从而减少因不理解规则而导致的错误或延误。

在此基础上，财务单证的管理尤为关键。采用财务单证的内部封闭运行机制有助于确保财务处理的高效与规范。在这一过程中，部门账务核算员负责对单证进行初审，确保其符合基本要求后，再将合格单证提交至财务窗口进行复审。财务窗口人员进一步审核单证的要素和形式是否完整，并在审核通过后，签署财务意见。对于审核不合格的单证，财务窗口人员会将其退回，要求报账人补充或完善相关内容。内容完善后，单证会按照批量方式送至相应的校级领导进行审批签字。对于审批通过的单证，财务部门会立即处理并完成账务操作；而未通过审批或需要进一步完善的单证，则会被退回相应部门进行修改后重新报审。这一流程不仅能确保财务单证的合规性和准确性，还能减少因单证错误或不完整而带来的时间浪费，从而提升整体财务工作的处理效率和准确度。

1.审批工作的过程对于报账人和领导来说都是比较费时费力的，当领导面对巨量的审批单时，因为工作繁忙，在不能及时处理的情况下，总会受到报账人的频繁打扰，报账人也疲于奔走在找领导的过程中。为了避免上述情况的出现，可以采用单证内部封闭运行的方式，从而顺利避免问题的产生。

2.防止单证丢失。在报账人办理签字时，有时需要在多个地点走动办理，这就容易造成单证丢失。为了有效避免这种风险带来的麻烦，采取单证封闭运行的办公模式，可以防止单证丢失。

3.在整个报账过程中，单证在个别环节可能出现被随意处理的现象，比如被涂改、更换、加塞、抽留和冒名签字等，这是一种犯罪行为。

这种情况的产生主要是因为单证在经过报账人时停留时间过长，导致处理空间加大，出现空子。为了避免这种情况的发生，我们只要将原始单证予以隔离，不给报账人弄虚作假的机会，就可以杜绝因流程疏漏而发生的上述犯罪行为。

4.减少差错和误解。报账人在办理业务的过程中，常常使用各种手段对领导者进行各种错误的引导，致使领导者立场不坚定，产生错误的决断。而有的领导者在政策界限模棱两可时，本应听取财务审核意见，但是由于报账人使用了非正规手段，导致一些事项在时间紧迫的情况下逃过了应有的监督。而如果领导能够最大限度地减少报账过程中的差错和误解，多听取财务审核的意见，就可以有效避免上述情况的发生。

二、减少现金流转，实行无现金报账

高校财务部门在资金支付处理方面设定了严格要求，以确保财务管理的规范性与透明度。首先，所有资金支付必须具备齐全的单证和完整的审批签字手续，以保证每一笔资金流动都经过严格审查，并对相关的结算单证进行账务处理。对于资金支付方式，银行转账部分要求报账人提供相关账号，由银行直接进行转账；而现金支付则由财务部门开具现金支票，由银行按照财务部门的清单将款项转入个人公务卡或部门账务核算员的银行卡，尽量避免现金流动，以降低风险。在现金收入管理上，现金收入由经办人或部门核算员统一存入单位账户，进一步减少了现金交易的风险和不必要的麻烦。对于集中收费，如学杂费等，通常会联系银行提供上门服务，直接代收现金或进行转账，确保资金流动的安全与高效。这一系列的措施有效规范了资金支付流程，增强了财务管理的安全性和透明度。与现金流转方式相比，实行"无现金报账"方式，借助银行卡、网上银行等电子化工具进行资金流转，就可以相对地减少现金和支票业务的流动。在以后的工作中，教职工工资发放、学生奖学金发放、学费的收缴以及各种业务的结算等都可以实现电子化划转，这样可以使工作效率与服务质量大幅度提升。

三、建立网上自助报账系统并推广使用

为了提高财务服务的效率和便捷性，高校财务部门正在推动财务信息化建设，尤其是建立网上自助报账系统。这一系统的推出，使得报账流程不再受时间和空间的限制，极大地方便了广大师生的报账需求。报账人可以随时在办公室、家中或任何地点通过网络录入报账信息，上传相关原始凭证，无须再前往财务部门排队等候，从而节省了大量时间。报账人在提交网报单后，财务部门将通过系统进行后续的审核和复核，并通过银行转账将报账金额直接支付到报账人指定的账户，避免了传统报账流程中的复杂环节和不必要的等待，大大提升了工作效率。

网上自助报账系统不仅在操作上便捷，也在财务管理上起到了规范化的作用。系统预设了各类会计科目，并为每个科目提供了详细的业务说明，帮助非财务专业的人员更容易理解和操作，确保财务记录的规范性和准确性。系统的设计充分考虑了财务工作的要求，使得报账人能够根据实际需求快速完成报账信息的录入和提交，避免人工操作中可能出现的错误，提升报账信息的准确度和一致性。

为了加快网上自助报账系统的普及与使用，财务部门要通过多种方式进行积极推广。财务部门每天在报账大厅播放幻灯片，可以直观地展示网上自助报账的操作流程，使得广大师生在等待报账的过程中也能快速了解系统的使用方法。此外，财务部门还要与科技处、纪监办等多个部门联合，开展多场关于科研政策、科研经费管理的宣讲活动，进一步普及科研经费的使用规定和网上自助报账系统的优势。这些活动不仅能帮助师生更好地理解财务报账流程，也能提升系统的使用率，促使更多的报账人主动采用这一高效便捷的报账方式。

四、畅通沟通渠道，增强服务意识

高校要建立畅通的信息沟通渠道，增强高效和谐的服务意识，为此应做到以下几点。

（一）充分利用财务部门网站平台，建立畅通的沟通渠道

要解决财务人员与报账人信息不对等的问题，就要及时更新财务信息，普及高校各类财务规章制度，解决财务人员与报账人信息不对等的问题。报账人是否能顺利报账取决于他们对财务信息的了解程度。为了让广大报账人更加了解报账规定，各类报账业务规范化的、详细的流程要在财务部门网站上公布，财务部门的网络平台可以为校内各单位提供各种查询服务，最大限度地实现信息共享。

（二）培训报账人员

为提高财务工作的效率，财务部门应定期组织报账人员参加财务培训，帮助他们掌握报账的基本流程和相关知识。这些培训应包括如何辨别

发票的真伪，如何规范整理各类票据，以及报账时的注意事项和禁忌。同时，培训内容还应涵盖票据的填写规范，确保报账人员在操作时不会因细节错误而影响报账的成功率。通过这种定期的培训，可以有效提升报账人员的专业素质，使他们更加熟悉财务管理规则，减少因不懂规则而频繁向财务部门咨询的现象，从而减少财务人员的审核负担，提升报账审核的效率。此外，财务部门还可以利用官方网站等平台，公开发布基本财务知识、报账规范以及解答常见疑难问题的资源，方便报账人员随时学习和查阅。这不仅能够加速报账的流程，还能在整体上提升财务工作的透明度和规范性。通过这种方式，报账人员能够更加自信和高效地完成报账任务，进一步提高报账的成功率和财务部门的工作效率。

（三）增强财务人员的服务意识和专业素质

财务工作质量的高低与财务人员的工作能力和职业素养密切相关。高校财务人员不仅需要具备扎实的专业知识和技能，还应严格遵守国家会计法律法规和相关政策，确保财务工作符合法定标准。此外，财务人员必须熟悉高校财务工作的整体流程，充分理解学校的工作特点和实际要求，这样才能在日常工作中做到精益求精、细致入微。在实际操作中，财务人员只有具备较高的素质，才能在复杂的财务管理工作中尽职尽责，确保每一项工作都能够顺利、高效地完成，从而为高校的财务管理提供强有力的支持和保障。

1. 在工作中，面对繁杂的业务要认真细致，事必躬亲；标志指引要鲜明醒目，便于报账人看见；为报账人提供舒适的办理业务场所，做到有效沟通、认真服务。

2. 在财务人员再教育方面，要注重对个人专业业务知识、思想品质和自身素养等进行培训。

各岗位员工之间要以不同的形式，进行工作之间的交流、总结，使彼此间经验和能力在互动中都得到提升。

3. 要对财务人员进行继续教育以及最新财经法规和有关知识的培训，不断拓展财务人员业务知识的广度和深度。

4.要保障报账流程的畅通无阻,就必须适应会计电算化网络等硬件设备和软件系统维护的需要,引进计算机方面的专业人才,进而改善财务人员队伍的知识结构,使之能够及时排除硬件设备、软件系统的故障。

第十七章

构建高校财务激励机制实务

第一节　高校财务人员激励机制现状分析

一、片面理解财务管理，不重视财务人员

目前，许多高校存在片面认识财务管理以及不重视财务人员的现象，这是高校财务人员群体激励机制不健全的根本原因。

（一）片面理解财务管理

高校财务管理作为高校整体管理的重要组成部分，其重要性不言而喻。然而，在实际管理实践中，许多高校对财务管理的理解仍然存在片面化的现象。这种片面理解往往局限于基本的财务核算和报账工作，而忽略了其在高校管理中的战略意义。尽管高校财务管理需要遵循财务法律法规和财务管理原则，并通过科学的方式组织财务活动和处理财务关系，但由于缺乏对其重要性的深入认识，财务管理的实际作用未能得到充分发挥。

一些高校领导和财务部门未能及时调整工作方向，将科学财务管理理念融入高校的发展规划中，使得财务管理的实践与高校整体发展需求脱节。这种现象不仅限制了财务管理的效率和效果，也弱化了其对高校发展的支持力度。在当前形势下，高校财务管理亟须从片面理解中解放出来，进一步提升认识水平，通过科学的手段和理念推动财务管理的优化。

（二）不重视财务人员

高校领导不重视财务人员也是一个客观事实。高校财务人员在高校财务管理中发挥着重要作用，但许多高校对财务人员工作的认识存在偏差。他们认为财务工作只需要报告、记账和计算账目，因此不重视财务人员政治和业务素质的培养，没有制定相应的财务管理制度。一些单位严重违反《中华人民共和国会计法》，随意任免财务部门人员，导致财务部门部分人

员出现业务错位和不适用现象。财务人员知识结构的缺陷和专业知识的缺乏也会对高校的财务管理工作产生不利影响。

首先，用人机制不完善是其中的关键问题之一。财务人员长期被固定在某一岗位上，岗位流动性差，这种岗位终身制不仅限制了财务人员的职业发展，也使竞争意识的缺乏成为常态，进一步削弱了他们的责任心和进取心。

此外，缺乏合理的业绩考核机制，导致工作表现好坏差别不大，无法激发财务人员的工作积极性，整体工作绩效因此受到影响。同时，由于满足感偏低，财务人员的职业归属感和成就感逐步减弱，这进一步降低了他们的工作热情和动力。

与此同时，高校在财务人员继续教育方面的投入和设计也存在明显不足。教育内容单一、形式呆板，难以有效满足财务人员提升理论水平和业务技能的需求，更难以解决实际工作中的复杂问题。缺乏创新的继续教育模式，使财务人员的专业能力提升受到限制，导致他们在适应新事物和解决创新性问题时显得力不从心。

（三）缺乏对财务人员的激励机制

高校激励机制在资源分配上明显偏向于教学和科研人员，而对财务人员的关注和激励则严重不足，这种不均衡的机制导致高校内部收入差距的进一步扩大。财务人员的利益在这种机制中受到损害，甚至常常遭遇不公正的待遇。这种现象的背后是多方面因素的叠加。

首先，财务人员的工作性质决定了他们需严格遵守坐班制，并承担繁重且繁杂的日常工作任务，这使得他们几乎没有时间和精力从事第二职业，收入来源相对单一。其次，在职称评定方面，财务人员由于被划分为"非主流"人群，长期以来编制名额偏少，评审机会少，与教学和科研人员相比处于明显劣势。再加上晋升渠道狭窄，竞争激励不足，财务人员的职业发展空间受到极大限制，导致其晋升机会较少，收入水平相对偏低。这些问题不仅影响了财务人员的工作积极性和公平感，也使他们难以通过正常职业发展途径实现自我价值。

二、高校缺乏针对财务工作人员的竞争机制

高校财务人员在高校管理体系中扮演着重要角色,但其积极性和创造性却难以得到充分发挥,原因主要在于缺乏科学和完善的竞争机制。当前,尽管高校的规模不断扩大,管理愈发细致化,但针对财务人员的竞争机制仍未建立或完善。这种缺失直接导致财务人员职业危机感和竞争意识不足。由于高校普遍未实施竞争性就业制度,绩效考核也未能与工作实际表现紧密挂钩,许多财务人员在岗位上长期缺乏危机感和压力,逐渐形成消极的工作态度,工作积极性被大大削弱。

同时,财务人员的服务意识也存在明显不足。一些财务人员未能正确定位自己的职业角色,忽视了财务工作在高校教学和管理中服务性的重要地位。在服务过程中,更多表现为被动应付,缺乏主动服务意识。这不仅降低了高校财务工作的服务质量,也对高校整体形象造成不利影响。

为了改善这一现状,高校必须加强对财务人员服务意识和责任意识的培养,通过宣传和培训,使其明确职业定位和责任。在日常工作中认真履职,避免因责任心不足而带来经济损失,同时树立起积极服务的工作态度。

三、高校财务人员评价考核制度有待完善

随着高校各类经费不断增加,随之而来的便是财务核算工作量的不断增加,这就需要建立起核算岗位的绩效考核制度,从而激发在岗人员的工作积极性,提高工作效率,确保工作质量。

高校财务人员的考核评价机制存在明显不足,对其工作积极性和实际成效造成了严重影响。当前,许多高校的考核主要集中在年度考核,频率较低且缺乏动态的日常考核数据支撑。这种形式化的考核模式更多注重财务人员的职业道德和勤勉表现,对其职业能力的关注不够,导致考核总结难以反映实际工作表现。

与此同时,考核人员的专业素质问题也不容忽视。许多考核人员在评价过程中依赖主观判断,对被考核人员的实际工作了解不足,进一步降低

了考核结果的公平性和可信度。

此外，高校财务人员的评价指标体系设计过于粗糙，指标与实际工作联系不紧密，缺乏关键要素，导致评价的可操作性大打折扣，使考核流于形式，失去了激励与导向作用。尤其值得关注的是，现行考核体系普遍未针对财务工作的特殊性和技术性设置科学的评价标准。大多数高校仍然沿用适用于其他管理岗位的考核标准，忽略了财务工作对精确性、专业性和技术性的特殊要求。这种考核标准的不完善与不科学使得考核结果无法真实反映财务人员的工作能力和实际贡献，进而引发更多不公平问题。在上述问题综合作用下，严重挫伤了财务人员的工作积极性，也对高校财务管理的整体水平造成了负面影响。

四、岗位津贴制度的积极作用没能有效发挥

高校实施岗位津贴制度对提高教职工的工作积极性、增强办学活力、提高办学效益等有积极的作用。目前，高校普遍实行了岗位津贴制，财会管理也不例外，但是在这一制度实行的过程中，也存在着一定的漏洞。

（一）重职称激励而轻岗位激励

目前高校有一个比较普遍的现象，那就是普通财务人员与具有高级职称的财务人员在经济待遇标准上存在较大差异。过于强化职称激励而弱化岗位激励，这会导致普通财务人员缺乏工作积极性。

（二）用人制度存在问题

随着高校改革的不断深入，许多高校对财务会计管理中的用人制度进行了调整，逐步采用职工薪酬制度、劳动合同制度和新员工年薪制度相结合的模式。这一制度的实施在一定程度上提高了高校用工的灵活性，但同时也暴露出许多问题，尤其是在工资和福利待遇方面的不平等现象。

具体而言，新员工和合同工的基本工资与高校正式员工的基本工资差距显著，同时，新员工和合同工通常被界定为非正式员工，无法享受高校提供的全面福利。这种差异化的待遇直接导致普通财务会计管理者在工作中的动力缺失。他们在工作中难以获得与付出相称的回报，进而对工作失

去积极性和热情,这不仅影响了他们个人的职业发展,也对高校财务工作的整体效率和质量产生了负面影响。由于动力不足,财务人员在处理工作任务时可能会表现出效率低下、创新能力不足的现象,甚至可能导致财务管理的执行效果不佳,影响高校整体运行的规范性和科学性。

第二节 建立健全高校财务人员激励机制

财务工作具有很强的专业性,财务人员的素质和工作热情对高校的财务管理乃至整体发展都有着直接而深远的影响。在高校管理体系中,财务工作不仅是资源配置的核心环节,也是高校健康运行和长远发展的基础保障。然而,现阶段许多高校在财务人员激励机制方面存在明显漏洞。这些漏洞不仅限制了财务人员工作积极性和主动性的发挥,还在一定程度上影响了高校财务管理工作的效率和质量。具体表现为激励政策缺乏针对性,激励手段单一,无法有效满足财务人员的职业发展需求,导致他们在岗位上的热情和动力逐渐下降。激励机制的缺失还可能加剧人才流失,进一步削弱高校在财务管理方面的竞争力和可持续发展能力。因此,高校和财务管理部门必须认识到完善财务人员激励机制的重要性和紧迫性,积极采取措施构建科学合理的激励体系。

要构建行之有效的财务激励机制,就必须有针对性地从构建竞争体制、完善收入分配制度、建立评价指标考核体系、物质激励与精神激励并重、注重环境激励、加强继续教育和提高财务人员的业务水平及职业道德等方面下功夫。

一、改变管理观念,构建竞争体制

高校要提升财务管理水平,必须从改变管理观念入手,构建公平公正的竞争体制,优化财务人员的管理机制,充分激发其潜力和创新能力。

首先,各级领导需强化财务管理意识,营造一个良好的工作氛围,为财务人员提供公平竞争的环境。在招聘环节，应严格遵循"公开、公平"的原则，对应聘者进行全面考核，确保新员工的能力与岗位需求匹配。在新员工分工时，采用竞争性用人机制，让每位员工都有机会找到最合适的岗位，充分发挥自身优势。

其次，明确所有财务人员的岗位职责，细化工作任务，通过周考核、月考核等方式准确记录工作成果，并将考核数据作为年终评价的重要依据。这不仅有助于量化绩效，还能激励财务人员提升工作积极性。高校还需赋予财务人员更多的自主权，鼓励他们参与会计部门日常管理，并对重大决策提出意见和建议，从而增强职业幸福感和责任感。

在日常工作设计上，可以拓展财务人员的工作领域，避免单一机械化操作引发的无聊感。同时，定期组织员工进行自我评估和同伴评估，帮助他们认识自身不足并加以改进，及时反馈工作成果，激励员工不断进步。

二、切实完善收入分配制度

高校收入分配制度有四项功能，即高校教职工的生存和发展保障功能、对教职工的激励功能、对高校发展导向功能和促进社会发展的功能。还需要从多方面入手，以更好地调动财务人员的工作热情和积极性，推动财务管理水平的提升。

首先，高校的收入分配制度不仅应满足教职工的基本生存和发展需求，还需发挥激励功能，指引高校的发展方向，并为社会发展提供助力。将个人收入与工作业绩挂钩是完善分配制度的核心举措。在具体执行中，应充分公开分配方案的制订过程，虚心听取员工意见，根据财务部门的实际情况尽量满足大多数员工的需求，使分配方案更加科学合理和具备可操作性。

同时，高校应优化收入激励模式，调整分配结构，改变职级间收入差距过大的现象，充分重视财务人员的工作绩效和平时表现，直接将这些表现与收入挂钩。

此外，还需特别关注新员工的待遇，通过提高他们的工资标准和福利支付，给予他们更多关怀，帮助他们融入工作环境。透明度也是收入分配的重要方面，高校应合理公布财务人员的收入分配、工作表现和考核结果，避免幕后交易，确保每位员工意识到收入与业绩的正相关关系，从而鼓励他们更加积极地投入工作。最后，按时发放工资、奖金和福利是确保员工劳动积极性的重要基础。

三、明确岗位职责，建立考核体系

在高校财务管理实践中，明确财务人员的岗位职责和建立财务人员评价指标考核体系是不容忽视的两个重要环节。做好这些工作必将有助于管理工作的顺利开展，更能有效调动财务人员的工作积极性。

明确岗位职责是解决许多高校财务管理中职责不清、工作推诿等问题的基础。职责不清不仅导致财务人员工作效率低下，还会引发服务态度问题和人际关系紧张，影响团队协作。因此，明确岗位职责，可以减少内部冲突，增强责任感，进而提高财务人员的服务质量和工作效率。

此外，科学的评价指标考核体系对于提升财务人员的满意度和成功感具有重要意义。考核不仅是激励机制，更是一种约束机制，它能为财务人员素质提升提供参考，形成正确的价值导向。通过将绩效考核与岗位晋升、奖励分配挂钩，可以激励财务人员努力工作，逐步形成自我激励、自我完善和自我发展的良性循环。特别是科学、公正的绩效考核制度，需要根据不同岗位的特点、工作难度和参与程度，设置合理的定量和定性指标，确保考核的精准性和公平性。将考核结果与分配制度挂钩，可以促进激励机制与绩效管理的良性互动，使财务人员在实现个人职业发展的同时，推动高校财务管理水平的整体提升。

四、物质激励与精神激励双管齐下

高校财务管理的优化需要物质激励与精神激励双管齐下，正确处理两者的关系是提升财务人员积极性和创造力的关键。

物质激励是基础，它通过满足员工的物质需要来保障基本生存，通常以加薪、奖金和福利等形式表现。这种激励机制在任何时期都具有显著效果，因为它直接关系到员工的基本权益和生活保障。精神激励则是根本，它以表扬、晋升、认可等形式满足员工的精神需要，增强他们对工作的成就感和价值认同。物质激励和精神激励并不是孤立存在的，只有在物质需要得到满足的基础上，精神激励才能发挥其最大效能。

长期以来，高校财务人员的晋升机会有限，晋升空间狭窄，奖励分配制度缺乏科学性，这大大削弱了物质和精神激励的效果。因此，高校需要结合财务工作的特殊性，制定合理的物质激励机制，通过提高薪酬标准、增加奖金和优化福利保障，为财务人员提供实实在在的支持。同时，要强化精神激励，扩展财务人员的晋升渠道，为业务能力强的员工创造更多发展机会，不仅限于内部晋升，还可以提供跨部门发展的可能性，让他们通过更多挑战实现自我价值。

五、提供成长环境，营造工作环境

环境激励在高校财务管理中扮演着不可或缺的角色，对财务人员的工作行为和态度具有深远的影响。通过营造良好的成长环境和和谐的工作环境，可以有效促进财务人员的职业发展，提升工作效率，并增强团队的凝聚力。

首先，高校应牢固树立尊重知识、尊重人才的理念，肯定财务人员的劳动成果，鼓励他们积极探索新知识和创新管理理念。这需要通过定期专业知识培养、提供更多学习和进修机会，以及对利用业余时间提升自己的员工给予物质和精神上的双向激励来实现。与此同时，针对每位财务人员的个性化需求，高校需提供合理的职业规划建议，并保障晋升渠道的畅通，以帮助员工在工作中实现自我价值的突破。

其次，营造和谐发展的工作环境同样至关重要。高校管理者应完善财务人员的用人机制，推进公平竞争和人才流动，确保财务团队的综合素质不断提高。此外，科学合理的人事管理和分配制度是保障员工利益的基础，有助于增强员工的工作热情和归属感。

最后，财务部门领导者还需重视改善办公条件，例如提供整洁明亮的工作场所和充足的硬件设备，从而为财务人员创造一个舒适便捷的工作环境，减轻工作压力和不满情绪。与此同时，良好的亲和力和信息沟通机制能有效促进管理者与员工之间的理解与协作，营造融洽和谐的工作氛围。

六、加强继续教育，进一步提高业务水平

在高校财务人员激励机制的构建过程中，加强继续教育、提高业务水平以及培养职业道德是不可或缺的关键环节。

通过建立多元化的继续教育体系，可以有效激发财务人员的学习积极性和主动性，帮助他们不断提升综合素质与职业能力。继续教育应摆脱单一的理论说教模式，转向多样化和灵活性的教学形式。在教育内容方面，需要拓宽知识结构，丰富专业内涵，涵盖理论教学、实践案例分析、经验交流以及专题讨论等多种方式，同时通过专家讲座和现场调研等途径，为财务人员提供全方位的学习机会。在教育方式上，可以采用集中培训、互动交流和线上学习等多样模式，以满足财务人员在不同环境下的学习需求。

同时，高校应采取有效的激励措施，鼓励财务人员积极参与教育培养和学术研讨，不断提升专业水平。除了传统的会计知识培训，还应涵盖金融、法律以及办公自动化等领域的知识，使财务人员具备多元化的技能，以应对日益复杂的财务管理需求。此外，高校还需注重职业道德的培养，提升财务人员的服务意识与责任感，确保其能够在实践中做出科学决策并维护高校的外部形象。

为了确保激励机制的实施效果，高校应通过制度保障为财务人员提供支持，避免因担忧人员流失而限制继续教育的参与度。通过多样化的激励措施和科学的评价体系，不仅可以提升财务人员的工作积极性和热情，还能够优化高校财务管理水平，改善工作质量和高校的整体形象，从而为高校的长远发展提供有力支撑。

第十八章

高校财务绩效评价实务

第一节 高校财务绩效评价指标体系现状分析

一、对高校财务绩效评价存在认识误区

许多高校在进行财务绩效评价时，过于侧重资金的价值取向，而忽略了对资金使用效益与效果的系统评价。这种倾向导致高校在追求财政资金不断增加的同时，缺乏有效的追踪与问责机制，未能充分关注资金使用的实际效果，从而造成资源配置的不合理。

高校在财务绩效管理和评价方面存在明显的制度性缺失。许多高校在财务管理上存在"重投入轻产出"和"重分配轻监督"的思想，这使得财务绩效评价体系的构建受到了很大制约。教育资源的配置因此变得严重不合理，财政资金的使用效率也大大降低，影响了高校资源的优化配置与财务管理的科学性。

二、高校部分财务绩效评价指标不科学

在高校财务绩效评价指标体系的设计过程中，存在一些显著不科学性问题。首先，许多高校的财务绩效评价指标过于侧重财务信息，忽视了对非财务信息的考虑，这导致了评价体系的不全面和不完善。非财务信息，如教学质量、科研水平、师生满意度等，实际上是评估高校整体绩效不可或缺的因素，然而许多高校在指标设置时未能有效涵盖这些内容，从而限制了评价体系的全面性。

其次，许多高校在确定财务绩效评价指标时，缺乏科学合理的分析过程，尤其是未充分借鉴教师和专家的意见，也未进行广泛而深入的调查研究。这样的缺失导致了评价指标的设置存在层次过高或过低的问题，无法准确反映高校的真实财务绩效水平。

三、缺乏科学、合理的财务绩效评价体系

由于传统教育理念的制约，我国高校在财务绩效评价体系的建设上存在较大问题，尤其在对网络系统和新型高科技产品的掌握方面仍显不足。这种局限性导致了财务绩效评价指标体系的不健全与不规范，进而影响了高校各类改革和发展。首先，由于不同地区的高校采取不同的会计核算方法和核算软件，导致基础数据缺乏统一性，无法为准确评价提供可靠依据。其次，财务绩效评价指标体系缺乏统一和公平的判断依据，这使得指标体系的设定缺乏可操作性和适用性，难以全面衡量高校的财务绩效。再者，高校的主要目标是培养人才，而人才的评价往往难以量化，尤其是投入与产出的关系无法通过货币来简单表示，这使得人才评价指标的确立存在不确定性。最后，教育资源的配置和基本情况也存在不确定性，进一步增加了财务绩效评价指标确定的难度。

四、缺乏必要的法律支撑和完善的监督机制

当前，在高校财务绩效评价指标体系的构建过程中，缺乏有效的监督机制和法律支撑体系，导致许多高校在实施绩效评价时遇到困难。首先，缺乏良好的制度环境和组织环境，使得高校的财务绩效评价体系无法得到有效的支持和执行。没有健全的法律保障，绩效评价体系和标准在实际操作中难以落地，导致其效能受到严重制约。同时，缺乏动力支撑，使得高校无法激发各相关部门和人员的积极性，进一步影响了绩效评价体系的有效开展和整体效果。更为严重的是，缺乏有效的监督机制，使得高校财务绩效评价结果的真实性和有效性无法得到保障，评价过程中的漏洞和不规范操作无法及时发现和纠正。这不仅制约了高校财务绩效水平的提升，还会使教育资源配置不合理，影响教育资金的使用效率。最终，这种情况导致了教育资源的浪费，无法达到优化资源配置和提升资金效益的目标。

五、财务分析方式和绩效评价方法存在缺陷

现行高校财务绩效评价指标体系的缺陷,主要体现在财务分析的方式方法不完善和绩效评价方法主观性强两个方面。目前,高校在进行财务分析和绩效评价时,存在一些显著不足。财务分析方法主要依赖简单的比较分析法,分析对象通常仅集中在大收大支上,缺乏趋势分析法、因素分析法和动态分析法等多维度分析方法的综合运用,这导致分析结果的局限性,无法全面解决复杂的财务问题。此外,高校对大量专项经费的财务分析较少,且绩效评价工作尚未完善,未能全面、准确地评估资金的使用效果。在绩效评价方面,存在数据基础不足的问题,大多数学者在分析时使用的数据多来自教育等部门,这些数据通常未经审计,可能存在较大的误差,进而影响绩效评价的准确性。同时,现行的评价标准和指标体系大多基于专家的经验判断,具有较强的主观性和随意性,缺乏客观、系统的标准,进一步影响了评价结果的有效性。

第二节 建立健全高校财务绩效评价体系

目前,现行的高校财务绩效评价指标体系已无法满足高校财务管理日益增长的需求。随着高校财务管理环境的变化和管理目标的多元化,现有的评价体系显得不再适应,因此,迫切需要对财务绩效评价的内容进行明确界定,并在此基础上构建一个更加健全和科学的评价体系。新体系的构建不仅要明确评价的基本原则,还要根据高校的实际情况设计出具体的评价内容和方法,确保评价过程的全面性、准确性和可操作性。此外,构建完善的财务绩效评价体系,将为高校财务管理提供明确的指导思路和实务操作框架,提升财务管理的科学性与透明度,从而更好地支持高校的发展与决策。

一、确定高校财务绩效评价的内容

根据高校财务绩效研究对象的不同范围和研究内容,财务绩效评价可以从四个方面进行指标设计。首先,资金筹集能力指标反映高校在资金获取方面的能力,包括资金来源的多样性和稳定性。其次,资金使用绩效指标评估高校如何有效地使用资金,确保资源配置的优化。第三,财务综合实力指标从整体财务状况出发,衡量高校的财务健康程度与风险管理能力。最后,可持续发展能力指标则侧重于评估高校在长期运营中的财务稳定性和发展潜力。通过这四个方面的指标设计,可以全面、客观地评价高校的财务绩效水平,推动高校财务管理的改进和优化。

(一) 确定融资能力的相关指标

在当前的市场经济体制和教育改革背景下,高校的融资能力逐渐成为衡量其综合实力和发展潜力的重要指标。随着国家对高校资金投入的逐步减少,高校必须更加注重自身的筹资能力,提升融资效率,确保可持续发展。高校的融资能力不仅反映了其筹措资金的能力和努力程度,还能够体现其在激烈的市场竞争中获取资源和实现自身发展的综合实力。具体来说,融资能力的评价应包括多个方面的指标,如自筹收入、资金自给率以及自筹资金的增长率等。这些指标能够有效衡量高校在自主资金筹集方面的表现,进一步揭示其整体经营状况和财务管理水平。此外,教学活动的总收入也是衡量高校融资能力的重要依据,它直接关系到高校的教育资源配置和教学质量。

(二) 确定资金使用绩效的相关指标

资金使用绩效是通过比较投入和产出的方式,同时结合社会经济效益的评价原则,全面评估高校财政资金的使用效率和所取得的社会经济效益。该评价体系不仅仅关注资金的直接使用效益,还包括资金对社会效益的贡献与经济效益的体现。资金使用绩效的相关指标涉及多个维度,如师生比、生均教学仪器设备费、科研收入等,这些指标有助于综合评估资金在教学、科研等方面的具体应用效果,并揭示其对高校整体运作和发展趋势的影响。同时，资金的流动性、科研成果的转化效益、资产创收率及教学设备的利用率等指标也在反映资金的使用效率和效益上发挥着关键作用，进一步推动高校财务管理的优化，提升资金使用的整体效能。

（三）确定财务综合实力的相关指标

综合财力是指高校在政府拨款和自筹资金方面的能力，它直接反映高校的财务状况、资产管理水平以及资金获取的综合能力。随着教育改革和财政压力的增加，高校的资金来源逐渐多元化，政府拨款和自筹资金的比重对高校的财务健康至关重要。综合财务实力通过一系列指标进行衡量，包括净资产占总资产的比率、教学活动收入年增长率、年度收支比、固定资产总额等，这些指标不仅帮助高校评估财务稳健性，还能揭示其在市场环境下的资金获取能力。

（四）确定高校可持续发展能力的相关指标

可持续发展能力不仅反映了高校的财务稳定性，还体现了其盈利能力和资本运作效率。高校的财务发展潜力可通过多个指标来衡量，其中包括校产经营收益年增长率、资产负债率等关键数据。这些指标能够全面反映高校在资金管理方面的能力，包括融资收入、银行存款的管理和投资回报的效益。

（五）确定高校财务绩效指标

财务绩效评价体系是一个复杂且多维度的指标体系，涉及多个关键领域，如盈利能力、运营能力、偿债能力和抗风险能力。每一项能力都反映了企事业单位在不同方面的财务状况和运营表现。盈利能力主要通过经济增加值和销售利润增长率等指标进行衡量，反映企业的盈利水平及其增长趋势。运营能力则侧重于资产管理效率，旨在提高资产使用效益，从而增强企业的盈利能力。偿债能力关注企业偿还债务的能力，反映其财务状况的稳定性。抗风险能力则是衡量企业应对外部不确定性和潜在风险的能力。

二、高校财务绩效评价指标体系的原则

高校财务绩效评价指标体系的构建应当考虑到不同需求者的具体信息需求,并确保各项评价指标具备兼容性与统一性,以便实现信息资源的共享。在此过程中,构建一个多维度、相互联系的指标体系至关重要,避免过度依赖单一指标进行评价,确保能够全面反映高校的财务状况和管理水平。同时,评价体系的构建并非一蹴而就,它需要在实践中不断进行修订和完善,以适应高校财务管理水平的动态变化。通过持续的优化和调整,最终实现一个科学、精准的指标体系,全面提升高校财务绩效评价的质量和有效性,为决策者提供准确的信息支持,并推动高校财务管理水平的持续提升。

在高校财务绩效评价体系的构建过程中,必须遵循四项基本原则,以确保评价体系的科学性和有效性。

首先,科学性原则要求在建立和应用财务绩效评价体系时,使用严谨的科学分析方法。科学性不仅强调数据收集和分析方法的合理性,还要防止片面化和主观臆断,从而确保评估结果具有客观性和可靠性。科学性原则的核心在于,评价过程应基于充分的数据支持和科学的分析模型,以避免人为偏差对评价结果的影响。

其次,可比性原则要求选定的评价指标应具有广泛的可比性。具体来说,评价指标不仅要能够在时间维度上进行纵向比较,即比较高校当前与过去的财务状况,还要能够在空间维度上进行横向比较,即与其他高校的财务绩效进行对比。通过纵横向的比较分析,可以全面反映各高校财务管理的优劣,从而找出差距并提出改进方案。为了确保可比性,所有的比较都应在统一的核算范围和相同的数据基准下进行,这意味着在制定评价指标时,必须确保各项数据的一致性和规范性,以便实现真实有效的对比。

第三,整体优化原则要求在选择评价指标时,能够全面反映高校财务状况和财务运行情况。整体优化不仅仅是在指标的数量上做出平衡,更多的是在质量上做出优化,确保每个指标都能有效评估高校的财务管理水

平。此外，整体优化还要求选择具有较强代表性的指标，避免选择过多的次要指标或冗余指标，这样可以确保评价体系具有高度的针对性和效率。在设计指标体系时，应根据实际情况进行合理的分类与层次划分，确保每个指标都能够最大程度地反映财务管理的不同方面，同时注重指标之间的相互独立性，避免重复计算或数据间的高度相关性。

最后，可控性原则强调数据的真实性和可靠性，这对于任何财务绩效评价体系而言都是至关重要的。由于高校财务评价是以数据为基础的，如果所使用的数据不准确或存在偏差，那么任何评价结果都将失去实际意义。因此，在构建财务绩效评价体系时，必须确保所有财务数据都来源可靠，并且在收集、整理和处理过程中要进行严格的审查和验证。高校必须确保财务数据的透明度和公开性，以便外部评价者可以获得真实的信息进行评估。同时，还应设置必要的内部控制机制，对数据的采集和使用过程进行监督，确保评价体系的结果能够反映出真实的财务状况。

三、构建高校财务绩效评价体系

通过构建科学合理的财务绩效评价体系，高校能够深入了解自身财务运行的现状，识别存在的管理问题和漏洞，从而为改进管理、提升运营效率提供依据。财务绩效评价不仅有助于高校及时发现问题并加以整改，还能在管理决策过程中发挥指导作用，确保资源得到合理配置与有效利用，从而推动高校的可持续发展。通过这一评价体系，高校能够更好地优化财务结构，提升财务管理水平，为实现内涵式发展奠定坚实基础。为此，高校需要构建财务运行绩效指标体系、财务综合实力指标体系、财务发展潜力指标体系、绩效跟踪监督落实机制和绩效评价制度体系。

（一）构建财务运行绩效指标体系

我国高校教育事业改革促进了高校教育资金来源的多元化，但高校传统的效益评价已不能服务于现今社会的发展，因此新的全面绩效评价体系应运而生。如今我国各高校教育资金多元化的格局加大，这就要求高校财务绩效评价体系必须量化，同时评价指标必须具有可操作性，因为财务绩效评价不仅是经济效益评价,也是财务运行绩效的综合评价。

开展财务运行绩效综合评价工作,要从投入产出对照着手,来确定财务的社会效益评价指标和经济效益评价指标。财务运行绩效评价体系的指标,主要应包括科研服务收入增长率、高校人均科研经费增长率、年度固定资产增长率、设备使用率、科研成果使用成功率、学位获得率等一系列指标。

(二)构建财务综合实力指标体系

高校的财务综合能力是评估其综合财务实力的关键指标,涵盖了政府拨款、外部筹资及自筹资金能力等方面。这些因素直接影响高校的办学实力和未来发展潜力。政府拨款作为资金来源之一,反映了国家对高校的支持力度,而高校的资金筹集能力,尤其是自筹资金的能力,则体现了高校在面对资金需求时的自主性和应变能力。

综合财务能力的评价体系应涵盖多个层面,全面反映高校的财务状况、办学实力以及未来发展的潜力。具体来说,评价体系应包括教学服务收入、总收入、资产总额等财务指标,进一步评估高校的经济规模和资源管理效率。此外,专任教师中博硕比率也应作为一个重要指标,用以衡量高校师资力量的结构,间接反映其教学质量和科研水平。

(三)构建财务发展潜力指标体系

所谓高校财务发展潜力,指的是从财务风险的视角来反映与评价高校的资产负债及承受能力。在高校的财务发展过程中,负债多少和偿债能力大小都影响着财务绩效水平的高低。高校作为非营利性的事业单位,筹资是发展过程的必经之路,多元化的筹资模式是高收益的必然条件,而高收益的产生必将伴随着高风险。

在各高校中,财务发展潜在能力的高低,是由高校各项指标的完成率来决定的。这些指标包括高校年度对外借款总数占校年度总收入比、高校年终净储蓄占总支出比、高校年度收入和支出的比例、高校合计欠款额度等。在构建高校财务绩效评价指标体系时,财务部门不仅应关注评价体系的完善，还需重视对各部门资源配置、使用效率、对外投资收益以及办学社会效益等因素的综合分析。事实上，教育事业的发展，需要教育资源配置不断优化，以及合理、科学、完善的高校财务绩效评价的指标体系。

（四）构建绩效跟踪监督落实机制

绩效的跟踪、监督和落实是高校的财务部门、监审部门、教务部门和科研部门等协同管理的，各部门要共同成立一个执行检查小组，小组组员要参与到各个环节的管理中。具体来说，要由执行检查小组组长安排组员到各部门开展工作，并对各部门的绩效预算执行情况进行定期或不定期的监督检查。检查结果的优劣将作为高校的院系、部门、个人的年度考核依据。

在工作中，执行检查小组不仅仅是监督预算资金的使用情况，还要监督预算资金是否合理、合法、合规。在本年度年末结算时，用于人数计算的日常经费可以结转至下年，其他的经费秉持本年度预算经费在本年度使用的原则进行处理。

（五）构建绩效评价制度体系

绩效考评是对个人、各部门、各院系的考评，在考评过程中，将个人的年终考评、聘期考评等作为重点考评方向。高校财务部门应在事前、事中、事后全程参与到绩效管理中，并注重对绩效目标与经费过程管理两者的相互结合，将预算编制、预算执行、决算三个支出环节整合成制度化管理，这将有助于资金运行质量的提高。事实上，事前、事中、事后的任何一个环节的制度性改进都能提高绩效考评的效果。

第三节　基于绩效评价的高校财务分析指标设计

以绩效评价为核心的高校财务分析，旨在通过科学的指标体系和分析方法，对高校在特定时间段内的财务运行情况进行全面、系统的评估。这一分析过程依赖于国家相关财务管理办法、高校发展规划以及年度计划，结合经费预算、财务报表等数据，确保评估结果的科学性和准确性。通过这一体系，主管部门和管理层能够全面了解高校的财务现状，并有效预测未来发展趋势。与此同时，绩效分析不仅有助于评估高校的经济效益，还能全面反映其社会效益，为高校的资源配置和管理决策提供重要依据。本节围绕高校绩效评价，探讨高校财务绩效指标的界定及最新研究成果、基于高校财务绩效定义评价的具体内容、以绩效评价为核心的高校财务分析指标体系、运用平衡计分卡设计高校财务绩效评价指标等议题。

一、高校财务绩效指标的界定及最新研究成果

高校财务绩效指标的概念与定义尚未达成统一，这一现象反映了不同机构和组织在理解和应用财务绩效指标上的差异性。经济合作与发展组织（OECD）认为，财务绩效指标是一种可以量化部分无法直接用数量表示的事物价值的工具，其核心在于通过数量化手段对高校财务管理进行评价与衡量。而英国大学拨款委员会则进一步提出了更加具体的定义，将财务绩效指标视为提供比较性数据和学校实际开支相关信息的工具，同时能够补充学校办学评价所需的关键数据。这些定义共同体现了财务绩效指标在高校管理中的双重功能：既是对高校活动特征的全面测量手段，又是反映高校绩效信息的重要指标。

事实上，高校绩效管理中用于财务的指标有很多，基于相关指标的财务指标体系主要有2022年修订后的《高等学校财务制度》界定的财务分析指标体系，以及目前高校使用的财务绩效评价指标体系。

修订后的《高等学校财务制度》明确指出，财务分析是财务管理工作中的核心组成部分，其重要性不可忽视。这一制度提出，高校应根据财务管理的实际需求，科学设置财务分析指标，并开展系统的财务分析与评价工作。然而，尽管这一要求为高校财务管理提供了指导方向，但目前高校在具体实施中仍面临较大的挑战。现阶段，高校财务绩效评价指标体系尚未形成统一规范的指导性意见，这使得各高校在实际操作中缺乏清晰的依据，导致评价工作的开展存在较大的随意性和局限性。同时，国内关于高

校财务绩效评价指标体系的研究相对较少，整体研究较为分散，并未形成一套普适性强的体系和方法。

尽管如此，已有一些研究者和机构在该领域做出了初步探索。陈华凯和刘贵等人在《建立高等学校财务状况分析指标体系初探》中提出了一套高校财务综合评价指标体系。这一体系包含支付能力、资金支配程度和资金动用程度3个一级指标，以及8个二级指标，着重从资金使用的合理性、安全性和有效性角度对高校财务状况进行评价。这一研究为评价体系的构建提供了重要的理论参考。另一项由施建军、杜元炳和李杰完成的研究则更为系统和全面。他们在《高等学校财务评价体系研究》中构建了包括总经费效益、事业发展成绩、科研成果、产业效益和对外服务5个一级指标，以及19个二级指标的高校财务综合评价体系。这一体系从财务效果和财务效益两个维度进行了深入探讨，为高校财务管理的评价提供了更广阔的视角和更多的实践依据。此外，教育部联合南京大学课题组完成的"高校财务评价指标体系"研究则堪称目前该领域内最为完整和系统的成果之一。通过广泛的调查研究和深入分析，这一研究提出了3个一级指标和38个二级指标，涵盖了高校综合实力、财务运行绩效以及财务发展潜力，为高校财务绩效评价提供了系统化的分析工具。

总的来看，高校财务绩效评价的理论基础和实践路径已经在一些研究中有所体现，但整体上仍存在较大的改进空间。当前，推进科学的财务分析和评价，不仅是高校提升财务管理能力的重要途径，也是实现高等教育高质量发展的关键保障。

二、基于高校财务绩效评价的三方面内容

高校财务绩效评价的核心目的在于对教育资源的分配及其效果进行全面的评估，同时深入分析资源使用过程中的效率与效益，最终为提升高校管理水平和管理效果提供科学依据。这一评价通过量化分析教育资金投入后所带来的效果、效率和效益，揭示高校在教学科研、社会服务等方面的实际表现。高校财务绩效涵盖了三个关键维度：效果、效率和效益。这些维度从不同角度反映了教育资源使用的全貌。

高校财务效果关注的是教育资金的最终产出质量和数量。具体来说，这包括人才培养的规模与质量（如本科生、硕士生、博士生的就业率与就业质量）、科研成果的影响力（包括论文发表、学术奖项等），以及科研服务社会的能力。例如，科研成果的产业化和高新技术产品的推广已成为高校服务社会的重要方式。这种从传统教学科研到推动社会经济发展的转变，使高校财务效果不仅体现在学术产出上，也在更广泛的社会层面上产生深远影响。

高校财务效率则是教育资源使用水平的集中体现，直接影响教学效果与资金使用潜力。效率的高低不仅与资源配置的合理性有关，还影响着高校可持续发展的能力。具体表现为三方面：其一，人力资源效率，体现在管理者、教师、后勤人员的有效配置和合理利用上；其二，资金使用效率，要求学校合理安排教育经费，避免浪费并优化资源分配；其三，资产使用效率，强调学校购买的设备、仪器等资产要得到充分利用，以最大限度发挥效用。

高校财务效益则是对资金实际使用效果的最终考核，包括教学效益、工业效益和对外服务效益。这些效益不仅体现为经济利益，还影响学校教学水平、科研能力以及校办行业的发展效益。例如，校办行业的经济收益可以有效补充高校资金来源，对教学科研形成良性支持。此外，通过对外服务和科研项目的经济效益，学校得以拓展财务资源，为高校长远发展注入活力。

三、以绩效评价为核心的高校财务分析指标体系

在构建以绩效评价为核心的高校财务分析指标体系时，需紧紧围绕高校绩效评价的目标，参考当前高校绩效评价研究的最新成果，科学选取关键性指标，确保其科学性、规范性和适用性。本体系从预算指标、财务运行绩效指标、财务风险管理指标、支出结构指标、财务发展能力指标、高校规模指标、人力资源指标、科研能力指标以及对外交流指标等九个方面出发，将这些核心指标有效融合，为高校财务分析提供全面而系统的评价

工具。

预算指标是反映高校预算管理水平的核心部分，设置了预算执行率和财政专项拨款执行率两个二级指标，着重评估高校在财政项目补助支出中的计划执行进度和整体预算控制能力。

财务运行绩效指标通过包括自筹收入比率、事业收入增长率、科研收入增长率等九个二级指标，全面衡量高校的经营状况、收入结构、财务管理水平以及基建投资和校办产业的经济效益表现。这些指标能直观揭示高校经济运行的效率与质量。

财务风险管理指标旨在评估高校的短期偿债能力和财务风险承受能力。六个二级指标（如资产负债率、流动比率、收入负债比率等）从多维度揭示高校财务健康状况，帮助管理层优化资源配置，规避潜在风险。

支出结构指标反映了高校办学效益的分配合理性和资源使用效率。四个二级指标（如人员支出比率、公用支出比率、生均事业支出比率等）关注教育经费在师生和教学条件保障中的分配比例，体现办学投入产出的平衡程度。

财务发展能力指标则通过总资产增长率、净资产增长率等三项二级指标评估高校资产增值和长远发展潜力。这类指标能够揭示高校在资金使用效益上的提升空间，为学校发展战略提供参考依据。

高校规模指标包括七项二级指标，如本科生和研究生在校人数、实验室数量和校舍总面积，直观反映高校教学规模与资源配置能力。这一部分指标对于评估高校硬件条件与教育资源支持能力具有重要意义。

人力资源指标是对高校人力资源配置的核心评估，涉及专任教师数、行政人员数等四项二级指标，反映了高校在人力资源投入上的效率与结构优化水平。

科研能力指标通过课题数量、获奖数量、科研成果数量等五个二级指标，评估高校科研工作的产出质量、数量及科研方向，为科研水平和创新能力的提升提供科学依据。

对外交流指标包含国内学术交流人数和国际学术交流人数两项二级指标，从国际化程度和国内影响力角度反映高校的学术地位和教育声誉。

值得一提的是，对于这些指标，高校可结合自身发展需求和实际情况进行灵活调整，或参照国家教育质量评估的相关指标进行优化。通过这样科学且灵活的指标体系设计，高校能够有效提高财务管理水平，实现资源的优化配置和综合效益的持续提升。

四、运用平衡计分卡设计高校财务绩效评价指标

高校财务绩效评价体系作为一个多层次、复杂的系统，旨在通过全面分析和科学评估高校的财务管理与运行状况，为提升高校整体绩效水平提供支持。在构建这一体系时，需综合考虑高校的财务效果、效益及效率，并结合高校实际运行情况，科学合理地确定各项指标的权重，以客观、全面的方式反映高校的综合财务绩效水平。为了实现这一目标，绩效评价体系的设计需以明确的绩效目标为依据，并严格遵循指标体系设计的基本原则。

平衡计分卡（BSC）的引入为高校财务绩效评价指标体系的设计提供了新的思路。其核心思想是以"财务"为中心，将绩效评价与高校财务目标相结合，从高校实力、教学绩效、科研绩效、资产绩效和产业绩效五个方面入手，设计出多层次的财务绩效评价体系。具体来说，构建该体系的首要任务是将上述五个一级指标作为"子目标"，并进一步细化为二级指标。在二级指标仍不可测量的情况下，则需进一步分解，直至形成具有可操作性、可测性的具体指标。这样，通过逐层细化，可以有效建立科学且适用的财务绩效评价框架。

高校实力指标旨在评估高校的综合实力，包括生均总经费收入、国家拨款比例、自筹经费能力及增长率、基建经费来源分布和捐赠收入等。这些指标体现了高校在资金获取与资源筹措方面的能力。

教学绩效指标聚焦于教学资源分配与产出效率，包括教师教学比重、师生比、生均事业支出、设备支出及收入增长率等内容。这些指标旨在衡量教学经费的投入效果以及教学活动的综合效益。

科研绩效指标主要反映科研经费的使用情况及科研成果的产出效益，包括人均科研经费、科研收入增长率和科研成果收益率等。这些指标评估

了高校在科研资源管理及成果转化中的成效。

资产绩效指标关注高校资产的使用效率及创收能力,包括固定资产增长率、仪器设备利用率、资产创收率等内容,直观反映高校资产管理及投资效益。

产业绩效指标则着眼于校办产业的经济效益,包括投资收益率、资本保值增值率等,进一步揭示高校在多元化收入来源方面的表现。

通过这些层级分明的指标设计,评价体系能够从多个维度科学评估高校财务绩效水平,并对其经营管理和资源配置的优劣进行诊断。在具体应用中,高校还需结合自身实际情况对指标权重及内容进行调整,同时借鉴国内外的先进方法和实践经验,以确保体系的科学性、规范性和适用性。这一系统化的评价体系为高校的财务决策和资源优化提供了可靠的依据,并为提高高校财务绩效和促进教育事业高质量发展提供了有力保障。

第十九章

高校财务电子档案管理实务

第一节　高校财务电子档案管理现状分析

一、财务电子档案存储环境达不到要求

高校财务电子档案是将传统财务相关票据、凭证、账簿、报表等资料以数字形式存储，以满足财务档案的各项管理要求。这种数字化档案存储方式不仅能提升管理效率，也为财务数据的长期保存提供了便捷的途径。然而，电子档案的存储并不是一项简单的任务，它对存储环境有着严格的要求。为了确保电子档案的安全性和有效性，存储环境必须防水、防火、防尘、防磁，并且要求具备适宜的温度控制和良好的通风条件。然而，当前大多数高校的财务电子档案存储环境未能满足这些基本要求。具体来说，许多高校的存储设备存在通风不良、湿度过高或抗干扰能力不足等问题，这直接影响了电子档案的长期保存和读取能力。例如，部分早期使用的磁性存储介质，如 DOS 系统环境下的磁盘，由于缺乏合适的存储条件，数据读取已经变得困难，甚至有些文件已经无法恢复。这些存储问题不仅影响了数据的可用性，也对档案的完整性和长期存储构成了威胁。因此，高校在推进财务电子档案管理时，必须注重存储环境的优化，确保其满足相应的技术标准和条件，以便有效地保护档案资料，并延长其使用寿命。

二、高校财务电子档案管理人才缺乏

在当前的高校管理中，信息化管理的推进面临着一系列挑战。首先，虽然许多高校在信息技术领域有精通的专业人员，但这些人员往往缺乏会计和档案管理的专业知识，而具备会计和档案管理技能的人员又缺乏计算机信息技术能力。这种跨领域的专业知识缺乏，导致信息化管理和财务管理之间的脱节，进而影响到财务系统的高效运行和数据管理的规范性。此外，许多高校在人才招聘上存在偏差，倾向于招聘学术理论型的教师，却

忽视了金融、信息化以及档案管理等行政服务技能型人才的引进。由于对这些实践管理能力强的人才需求不足,许多高校在面对财务信息化建设和档案管理优化时,缺乏足够的高层次专业人才。即使是一些位于一线城市拥有985、211等资源优势的高校,仍然难以招聘到和留住具备实践管理能力的人才,造成了财务管理水平和信息化建设水平的提升困难。

三、没有健全的档案管理规范和制度

目前,高校的电子财务档案管理还处于相对滞后的状态,主要表现为缺乏针对电算化会计档案的完善管理制度。目前,高校财务档案的管理依据仍然是针对传统纸质档案的《会计档案管理办法》,这一管理框架没有针对电子化财务档案的特殊要求和信息管理规范。因此,尽管电子财务档案已逐步成为财务管理的主要形式,但在管理上仍存在许多不适应新形势的地方,无法满足快速发展的信息化需求。这种制度滞后使得电子财务档案的管理面临许多问题。

首先,缺乏明确的管理流程。由于没有完善的管理规范和制度,高校的电子财务档案管理流程不明确,导致管理工作无法顺畅进行。很多高校将电子档案管理工作交由会计人员代为处理,但由于这些人员并非专职从事档案管理,缺乏专业的档案管理知识,导致档案管理工作存在疏漏和混乱。同时,许多高校也没有设置专门的电子档案管理岗位,进一步加剧了这种管理上的混乱。管理上的混乱不仅影响了档案管理的效率,还浪费了时间和人力资源。

其次,财务电子档案的后续利用也存在很大问题。许多高校的财务档案属于保密档案,一旦封存,通常就不再被使用。这样的管理模式导致了财务档案信息资源的严重浪费。在现代高校的管理中,财务档案应当成为一个重要的参考资料,能够为学校提供关于过往经济活动和管理决策的数据支持。然而,在实际操作中,这些档案往往被束之高阁,缺乏对历史数据的反思与运用,导致大量有价值信息没有得到有效利用,错失了档案作为资源的潜力。

四、缺乏系统维护,易发生数据安全事故

在现代高校中,财务电子档案的管理和维护至关重要。随着信息化建设的推进,财务档案的电子化使得数据存储和处理变得更加便捷,但也带来了新的安全隐患。若未能定期维护财务电子档案,容易导致数据丢失、泄露或被恶意篡改,进而引发严重的安全事故。当前,许多高校在电子档案管理方面缺乏专业的系统维护人员,这使得财务数据面临较高的安全风险。尤其是在网络安全方面,许多高校没有足够的安全防护措施,网络系统易受攻击,暴露在各种网络安全威胁之下。举例来说,"勒索病毒"已经成为高校信息安全的重大隐患,不仅使部分高校的财务数据被锁定而无法访问,甚至导致了数据的永久丢失。而一些高校的服务器甚至没有安装防火墙,完全暴露在外部网络环境中,缺乏有效的防护措施。因此,高校需要加强对财务电子档案的系统维护,提升网络安全防护能力,确保数据的安全性和完整性。

五、内部管理运行机制整体不够顺畅

高校的内部管理存在多个结构性问题,这些问题对财务电子档案的管理工作产生了直接影响,尤其是协调沟通不畅和信息共享的低效性,限制了资源的合理配置与管理效率的提升。一方面,高校内部各个机构仍然表现出较为严重的"各自为政"现象,部门之间缺乏有效沟通与协作,导致信息难以融合和共享,这不仅增加了工作中的重复性与冗余,也延缓了决策与改革的执行。由于各部门之间沟通不畅,管理效率相对低下,规划和布局的实施进度常常滞后,改革推进过程中沟通成本高且时效性差,这些问题直接影响了财务电子档案的规范化管理与落实。

另一方面,虽然信息化管理的创新在基层一线有所探索,但创新的效果通常局限于局部,未能跨部门得到有效推广。由于各部门的信息孤岛化现象,很多创新仅停留在个体或小范围的实施阶段,缺乏广泛的支持和共识,导致其难以形成系统性的规模效应。尤其在高校领导层中,可能出现外行领导内行的情况,使得信息化改革难以突破原有的管理瓶颈。管理体

制上的垂直化与信息传递的扁平化之间存在明显矛盾，这种矛盾不仅影响了跨部门合作的顺畅进行，也使得信息共享的效率大打折扣，进一步加剧了管理模式上的不协调，阻碍了电子档案管理等信息化工作的有效实施。

第二节 高校财务电子档案管理的改善措施

一、财务电子档案的信息收集编制

在财务电子档案管理中，信息收集的完整性和准确性是至关重要的。因此，首先需要设定一个合理的财务信息收集区间，确保其具有连续性和不间断性。该区间的长度可以根据具体业务量的大小或项目的周期来确定，常见的设定方式包括按月份、季度或年度进行收集，同时也可以根据项目的不同需求，进行分段、分项或全程收集。最关键的是，无论采用何种方式，都必须保证收集区间的连续性，避免因中断而导致数据遗漏或不准确。

其次，电子档案的存储安全至关重要，尤其是在选择存储介质时，应优先考虑质量高、可靠性强的存储介质。所有财务数据应当进行备份，并确保备份的完整性和一致性。通常，财务数据应存储在磁性介质中，并进行光盘刻录，确保备份的有效性和长期存储。必要时，也应采用纸质介质进行备份，以确保数据的多重存储，减少因硬件故障或其他不可预见问题导致的数据丢失。

随着信息技术的不断发展，软硬件环境的更替成为管理工作中不可忽视的环节。由于数字信息技术更新换代迅速，相关系统和程序也需要及时进行适应性调整。为了确保电子档案在新的软硬件环境下能够正确读取和转换，财务部门必须持续关注技术进展，必要时进行设备和软件的更新换代。此时，备份原始数据和相关软件环境版本就显得尤为重要，它们将为今后的信息转换和恢复提供有力保障。

最后，为了确保电子档案管理的规范化与可追溯性，必须对操作人员进行详尽的记录，制作操作登记簿，明确记录每一项操作的具体人员及时间。这不仅有助于后续的追溯与管理，也能为出现问题时的责任划分提供明确依据。通过规范操作记录和登记资料，确保管理流程的透明性与清晰度，从而提高整体管理的效率与安全性。

二、财务电子档案的整理与保存

财务电子档案的管理是确保整个财务管理工作顺利进行的基础，尤其是其整理与保存过程。要确保电子档案的高效性和安全性，除了财务、档案管理的知识外，还需要结合现代电子技术的应用，才能实现精确、高效的管理。这一管理过程的首要任务是根据存储介质的不同特点采取相应的整理与保存措施，以保证档案能够长期有效存储并防止数据丢失或损坏。因此，选择合适的存储介质并创造一个合适的存储环境至关重要。

良好的储存环境是保存财务电子档案的基本保障，这要求存储空间要保持清洁，定期通风，且对温湿度进行严格控制，避免环境因素对档案造成不利影响。不同的存储介质有不同的要求。例如，磁性介质因其易受外部磁场干扰，需要远离磁场或专门放入磁场屏蔽柜内，并采取分开存储的策略，以防万一。此外，数据的备份也应遵循严格的管理程序，备份内容要载明操作员姓名、操作环境及时间等信息，确保数据在不同存储介质中的一致性与完整性。

光盘介质则有更高的存储要求，因其表面容易受损，必须使用防尘储柜进行存放，以避免灰尘或刮擦影响读取质量。光盘还应有坚固的保护壳，以避免外界压力和碰撞对盘面造成物理损害。在此过程中，要特别注意每张光盘的标签与内容记录，以方便后续查询和使用。

纸质介质，虽然作为电子档案的辅助文本，其存储要求较为简单，但也必须保证存储环境的适宜性。纸质文件应避免阳光直射及潮湿环境，应放置在干燥、通风且无光源照射的地方，从而避免字迹褪色、纸张变脆等情况发生。

因此，确保财务电子档案的长期保存和有效利用，必须从多个方面入手，不仅要依靠合适的存储介质，还需在储存过程中考虑到环境的各项要求，通过周全的措施确保电子档案的安全和完整。

三、高校财务电子档案的充分利用

高校财务电子档案的管理不仅体现了高科技电子介质的应用，还代表了档案管理工作高效性的核心。财务电子档案所包含的丰富数据为高校的后续财务决策提供了有力的支持，合理利用这些档案能够显著提高管理效率和决策质量。首先，财务电子档案的查阅非常便捷，利用计算机检索系统可以快速查询需要的财务资料，但由于磁性介质易被篡改，因此需要专门设立只读模式的查阅终端，避免数据在查询过程中受到修改。其次，财务电子档案的数据不仅能用于查阅，还能进行高效的计算与分析，帮助决策者快速得到财务分析结果。然而，由于涉及的数据广泛且操作复杂，必须由专门的工作人员在内控专用计算机上执行这些任务，确保操作的安全性并避免潜在风险。此外，为确保数据安全和防止数据被篡改，采用双备份技术至关重要，这样可以保证主备盘之间的数据一致性和完整性，同时要注意软硬件环境的合理匹配，避免因系统兼容性问题导致的数据错误或丢失。通过这些措施，财务电子档案的管理能够实现高效、安全、精准的数据处理，最大化其应用价值。

第二十章

高校财务活动内部控制的评价与监督

第一节 高校财务活动内部控制评价

一、高校财务活动内部控制的自我评价

高校财务活动的内部控制评价是一个高校自行组织实施的重要过程,其主要目的是评估财务活动中的内部控制措施是否有效,并通过评价得出结论,从而提供改进意见,确保财务管理的规范性和透明度。

(一)内部控制评价的实施主体

为了确保评价的专业性和公正性,评价工作需要明确由哪个部门或人员来进行,通常情况下,审计部门会被指定为执行内部控制评价的主体。根据《行政事业单位内部控制规范(试行)》的规定,单位负责人应当指定专门部门或专人负责,并出具内部控制自我评价报告。该报告不仅要总结内部控制评价的结果,还要对控制措施的有效性进行综合评估,为高校决策层提供改进财务管理的依据和参考。

(二)内部控制评价的内容

高校财务工作中的内部控制自我评价是对财务管理和控制体系有效性的全面评估,重点关注内部控制设计和执行的有效性。在设计有效性方面,评价的核心是确保内部控制要素的完整性和合理性,即所有为实现控制目标所必需的控制措施都被充分考虑并恰当地设计。这些设计必须具备合理性,确保能够为实现财务管理目标提供充分保障。

而在执行有效性方面,则更强调设计好的控制措施是否能够得到正确的实施。也就是说,即便内部控制设计已具备合理性,若控制程序未能按照设定要求执行,依然无法实现预定的控制目标。因此,评估的重点不仅在于内部控制的设计是否符合要求,更在于控制措施是否能够得到严格执

行，从而保证控制目标的实现。评价内部控制执行的有效性，应当从以下四个方面着重进行考虑：

1. 各项财务工作的业务控制在评价期内运行得怎么样；
2. 各项财务工作的业务控制内容是否得到持续、一致的执行与贯彻；
3. 各项财务工作的相关内部控制机制、管理规则、岗位责任制、内部控制措施是否得到行之有效的执行与贯彻；
4. 各项财务执行业务控制的相关工作人员是否具备必要的能力、水平与权限。

（三）内部控制自我评价报告

在高校财务管理中，审计部门负责对财务内部控制进行评价，并在评价完成后及时编写自我评价报告。该报告的核心内容应包括对内部控制有效性的评价，明确指出财务活动中存在的各类缺陷和不足，并根据评估结果提出切实可行的整改建议。高校负责人在接收到报告后，需要根据报告中提出的问题和建议，做出相应的决策，并制定具体的整改措施。接着，负责人应监督整改措施的实施，确保所有改进措施得到有效执行。高校财务内部控制的运行是一个持续的循环往复的动态过程，内部控制的设计是内控循环和运行的前提与基础，内部控制执行在高校财务管理系统和日常运营中占据着重要的地位，发挥着重要作用。

二、高校财务活动内部控制评价的目标

高校财务内部控制评价的目标包括不断促进高校提高财务风险的管控意识和管理手段，不断促进高校各级管理者和员工强化内部控制的主动性与自觉性，不断提高和完善高校内部控制的制度建设，促进与提高高校不断增强各项业务与财务信息之间的管理信息关联性，提高各项财务管理与服务信息的可靠性、完整性与及时性，促进提高高校各项财务风险管理水平。

三、高校财务活动内部控制评价体系建设的原则

针对当前我国高校财务管理及内部控制现状，高校内部控制评价应遵

循以下原则。

（一）全面性原则

高校财务活动内部控制评价应以《行政事业单位内部控制规范（试行）》等国家相关法律法规和相关规定为依据，包括内部控制的设计及运行，涵盖高校各项财务工作的方方面面，涉及各项财务工作事项，对实现财务控制目标的各个方面都要进行全面、系统、综合的评价；同时还要考察财务活动内部控制的设计是否覆盖了高校全部财务活动、财务活动的全过程、财务活动内部控制所有关键岗位、各相关部门及工作人员。

（二）重要性原则

高校财务活动的内部控制评价应基于全面的评估框架，并采用风险导向的方法进行。具体而言，评价应考虑风险的发生概率及其对控制目标的潜在影响，进而确定需要重点评估的业务事项、关键单位和高风险领域。通过这种方式，可以确保评价的重点集中在那些对高校财务安全与运营至关重要的部分。此外，评价还应关注内部控制设计是否充分覆盖高校的关键经济活动和可能带来重大风险的领域。

（三）适配性原则

高校财务活动内部控制评价应坚持适配性原则，考虑内部控制设计是否与单位所处环境、业务特点、复杂程度以及风险管理要求相匹配。任何财务控制指标都要符合高校的实际情况，指标的设置高度要合理，不能过高，否则短期内无法实现，也不能过低而使之失去效果，无论在形式上还是内容上都要符合本校的实际情况，探索出一套完全适合自己的指标，才能够最大限度地发挥出内控评价体系的作用。

（四）客观性原则

高校财务活动的内部控制评价应根据具体的高校背景进行，充分考虑其外部环境、发展阶段、资产规模以及学校特色等因素。通过结合这些实际情况，能够更准确地揭示财务管理过程中的潜在风险，确保风险评估的全面性和针对性。在此基础上，评价应客观地评估财务内部控制的设计与实际运行是否有效,判断其是否能够有效支持学校的财务目标。同时,评价过程需要依据充分且适当的证据,确保最终报告能够真实、客观地反映财务控制的实施情况,从而为高校财务管理提供具有实质性参考价值的改进建议。

(五)经济性原则

由于内部控制体系建设需要成本,加之学校经济资源有限,因此在财务活动内控指标设置上要本着经济性原则,不必过分追求面面俱到,要区分各项一般性财务活动和重点业务领域。在评价结果方面,应该注意联系实际,着重分析控制核心以及关键风险点,从重要因素上寻找内部控制评价的切入点,避免胡子眉毛一把抓,工作不分主次。

四、内部控制评价的方法

在高校开展内部控制检查评价工作时,必须根据具体的被评价单位情况,选择适当的评价方法,以全面和客观地评估内部控制的设计和实施效果。为了确保评价结论的准确性,评估工作需要运用多种方法进行证据收集,包括个别访谈、调查问卷、专题讨论、实地查验、抽样和比较分析等。这些方法有助于从不同角度和维度收集有关内部控制是否有效的证据。证据的充分性是指所收集的证据应足够多和具有代表性,能够为内部控制评价结论提供可靠的支持;而证据的适当性则是指这些证据应与控制设计及其实际运行紧密相关,并能准确反映实际控制情况。

(一)个别访谈法

个别访谈法是了解单位内部控制基本情况的一种重要方法。评价人员在开展访谈前,应根据评价目标和具体要求,制定详细的访谈提纲,确保访谈内容涵盖关键领域,能够有效收集相关信息。为了提高访谈的效率和准确性,评价人员可根据实际需要,提前通知被访谈人员进行准备。这样不仅能够帮助被访谈人员了解访谈的重点,确保访谈过程更加顺利,还能够为评价人员提供更加充分和有价值的反馈。

(二）调查问卷法

调查问卷法在内部环境评价中具有重要作用，它通过系统化的方式来帮助评估单位或对象的内部控制设计和运行情况。具体而言，调查问卷通常包括三个主要部分：填列项目、控制描述和支持性文档。填列项目部分根据高校财务活动的实际情况，明确被评价单位需要填写的内部控制评价内容，以便系统收集相关信息；控制描述部分要求被评价单位对所涉及的控制措施进行详细描述，说明是否存在相应的控制，并如实填写这些控制的设计和实际运行情况；支持性文档部分要求被评价单位提供与控制措施相关的文件或资料，如财务规章制度、会议纪要以及财务人员行为守则等。这些资料能够为评价提供更为直观和可靠的依据，确保评估结果的客观性和准确性。

（三）专题讨论法

专题讨论法是一种重要的控制活动评价方法，广泛应用于评估和改善企业内部控制的有效性。通过召集与特定业务流程相关的管理人员，专题讨论法能够针对经济业务流程中的关键环节或具体问题展开深入讨论。这一方法不仅有助于识别控制活动中的潜在缺陷，还能够集思广益，形成有效的缺陷整改方案，尤其对于涉及财务、业务和信息技术等多个领域的控制问题具有特别重要的作用。通过跨部门的合作和讨论，能够综合各方面的意见和专业知识，确保整改方案的全面性和可操作性。

（四）穿行测试法

穿行测试法是一种重要的评估财务内部控制有效性的方法，它通过选择一笔经济业务作为样本，追踪该业务从起始点到终点的整个流程。在此过程中，穿行测试法能够全面了解业务流程的运作情况，帮助识别流程中的关键控制环节。这一方法不仅有助于发现潜在的控制缺陷，还能够评估各环节控制设计和实际运行的有效性。

（五）实地查验法

实地查验法是一种重要的评估工具，主要用于高校资产的盘点和清查，尤其是对存货和实物资产的出入库环节进行现场核查。这一方法的核心目的是验证资产管理过程中安全性目标的实现情况。在执行过程中，高校需要制定统一的测试工作表，并从特定的样本库中抽取样本，对照业务记录、财务单证等文件进行核对。通过这一流程，实地查验法能够有效识别和验证与资产安全目标相关的各项控制措施是否得到了充分执行，从而确保高校资产管理的有效性。

（六）抽样法

抽样法是评估高校业务流程内部控制有效性的一种常用方法。根据业务发生频率和固有风险的高低，测试人员从样本库中抽取一定比例的业务样本，据此判断所抽样本的控制水平，进而推断整个业务流程的内部控制效果。抽样法主要包括随机抽样和其他抽样两种方式。随机抽样是按照随机原则，从样本库中抽取一定数量的样本进行测试，而其他抽样则根据人工选定的标准或特定条件从样本库中选择样本进行测试。使用抽样法时，测试人员需首先确认样本库的完整性，确保其包含了符合测试要求的所有样本。

（七）比较分析法

比较分析法是一种通过分析和比较数据间的关系、趋势或比率来评估内部控制有效性的方法。高校可以利用这一方法，将当前收集的数据与历史数据、行业标准或最优数据进行对比，从中识别出异常波动的情形。通过重点检查这些异常波动，评价人员能够识别潜在的控制问题，进而评估和改进高校财务管理中的内部控制机制。

五、高校财务活动内部控制评价的程序

（一）高校财务活动内部控制评价部门的设置

高校财务活动的内部控制评价工作通常由校内的审计部门或其他专门机构负责。

（二）高校财务活动内部控制评价的程序

该评价工作的程序较为系统，通常包括几个关键环节：首先，制订详

细的评价工作方案,明确评价的目标、方法和步骤;其次,组建专业的评价工作组,确保各个环节有专业人员参与;然后,实施现场测试,收集数据并评估实际的内部控制情况;最后,将测试结果进行汇总,形成全面的评价报告,对内部控制的有效性进行总结,并提出整改建议。

1. 制订评价工作方案

高校财务内部控制评价部门在开展工作时,应充分结合高校的实际情况及财务管理的相关要求,针对财务活动中可能存在的高风险领域和重要业务事项进行全面分析。基于这一分析,部门应制订出科学合理的评价工作方案。该方案应详细明确评价的范围、具体任务、参与人员、进度安排以及费用预算等内容,并在方案完成后提交学校领导机构审批,以确保方案的可行性与合规性。为了提高评价的效率和效果,方案设计应根据内部控制系统的成熟度来灵活选择评价方式。在内部控制系统初期,全面综合评价有助于推动工作的深入开展,形成有效的内部控制框架;而在系统逐步成熟后,可根据实际情况采用重点评价或专项评价的方式,从而提高财务活动内部控制评价的针对性和高效性。

2. 组成评价工作组

在高校财务活动的内部控制评价中,评价部门需要根据学校批准的方案,组织成立专门的工作组,确保其成员含有熟悉相关业务的骨干人员。这些成员在执行内部控制评价工作时,必须严格遵守回避制度,以避免任何潜在的利益冲突。此外,为提高评价的专业性和客观性,高校可以选择聘请或委托外部中介机构来实施财务活动的内部控制评价。特别需要注意的是,提供审计服务的会计师事务所不得同时为同一高校提供内部控制评价服务,从而确保审计与评价过程的独立性和公正性。

3. 实施现场测试

高校财务活动内部控制评价工作组根据评价工作方案确定的内部控制评价范围,入驻被评价单位,实施现场测试。现场测试的一般步骤为:

高校财务活动的内部控制评价工作是一个系统性的过程,涉及多个步骤和详细的评估程序。首先,评价工作组需要全面了解被评价单位的基本情况,包括财务管理规章制度、经济业务运行的范围、财务预算的完成情况,以及财务部门的组织结构、职责分工等。通过与被评价单位的充分沟通,工作组能够深入掌握财务活动的实际运行状况和存在的问题。这一过程为后续的评价工作提供了必要的背景信息。其次,工作组根据获取的信息,合理确定评价的范围、检查重点以及抽样数量,并结合评价人员的专业背景进行合理分工。这样可以确保评价的高效性和针对性。接下来,评价工作组根据既定的方案开展现场检查测试,运用多种评价方法综合评估内部控制设计与运行的有效性。所有检查和测试的结果都会被详细记录在工作底稿中,并在测试过程中对发现的控制缺陷进行初步认定。工作组成员应遵循客观、公正的原则,确保所有评价结果的准确性,并与被评价单位进行及时沟通,以便于即时反馈。最后,工作组会汇总评价人员的工作底稿,编制并审核现场评价报告,最终向被评价单位提交评价结论。在此过程中,工作底稿和现场评价报告会经过交叉复核和审核,确保评价结论的客观性和准确性。最终,评价结论将提交给高校内部控制评价部门,完成整个评价流程。

4. 汇总评价结果

财务活动内部控制评价部门的主要职责是对各评价工作组的结果进行汇总,全面复核内部控制中识别出的缺陷,并对其进行分类整理。通过对缺陷的成因、表现形式及风险程度的综合分析,部门能够定性或定量地评估缺陷的严重性,并根据控制目标的影响程度确定缺陷的等级。对于已认定的内部控制缺陷,部门不仅要求责任单位及时进行整改,还要跟踪整改落实情况,确保改进措施得以有效实施。如果某些缺陷已造成损失或负面影响,学校则需追究相关责任人员的工作责任,以保障财务活动内部控制体系的健全和财务管理的安全性与合规性。

5. 编报评价报告

财务活动内部控制评价部门在对各工作组汇总的评价结果和认定的控制缺陷进行复核后,全面分析内部控制工作的整体情况,确保评价过程中的客观、公正与完整性。依据这些分析结果,部门编制详尽的内部控制评价报告,并根据学校相关部门的需求,将报告报送或通过其他方式合理利用,以期为学校的财务管理提供有效的决策依据,进一步改进内部控制体系和风险管理机制。

六、高校财务活动内部控制评价的缺陷认定

(一)内部控制缺陷的定义与分类

内部控制缺陷是评价内部控制有效性的负向维度,通常反映了内部控制目标未能实现的情况。在高校的财务活动中,认定内部控制缺陷应依赖于日常监督、专项监督和年度评价的结合,形成全方位的监督体系。高校内部控制评价部门在进行缺陷认定时,需要综合分析所有相关信息,提出合理的认定意见,并按照规定的权限和程序进行审核,最终确认缺陷的性质和等级。这些缺陷可以按照不同的分类方式进行划分,包括设计缺陷与运行缺陷、财务报告相关缺陷与非财务报告相关缺陷,以及根据影响程度划分的重大缺陷、重要缺陷和一般缺陷。

1. 设计缺陷和运行缺陷

内部控制缺陷是影响财务活动内部控制有效性的关键因素。根据其成因,内部控制缺陷可分为设计缺陷和运行缺陷。设计缺陷指的是内部控制系统的设计不科学或不合理,即使系统能够正常运行,也无法有效实现既定的控制目标。这种缺陷通常来源于对业务流程、风险管理或控制策略的错误判断或不完善设计。而运行缺陷则发生在设计合理的情况下,实际操作过程中未能严格按照设计要求执行,导致系统运行与设计初衷之间出现脱节,从而无法达到预期的控制效果。这类缺陷通常是员工未能严格遵循控制程序、监督机制不健全或执行力不足等原因所导致。

2. 财务报告内部控制缺陷和非财务报告内部控制缺陷

财务报告内部控制缺陷直接影响财务报告的真实性和完整性,主要表现为会计确认、计量、记录和报告等环节中的问题。这些缺陷可能导致财务数据的失真,从而影响高校的财务决策和对外报告。具体而言,财务报

告内部控制缺陷可分为财务报表缺陷、会计基础工作缺陷以及与财务报告相关的信息系统控制缺陷等。财务报告内部控制缺陷虽不直接影响财务报告的准确性，但它们可能对高校财务活动的合法合规性、资产安全性、运营效率等其他关键目标产生不利影响，进而影响学校的财务稳定性和业务运营的效果。

3. 重大缺陷、重要缺陷和一般缺陷

在高校的日常监督、专项监督和年度评价过程中，内部控制评价工作组扮演着至关重要的角色。该工作组依托现场测试获取的证据，初步认定内部控制缺陷，并根据缺陷的影响程度将其分类为重大缺陷、重要缺陷和一般缺陷。

重大缺陷是指多个控制缺陷的组合，可能导致高校财务工作严重偏离控制目标，产生较大负面影响；重要缺陷则是较轻的缺陷，虽其经济后果低于重大缺陷，但仍可能使财务活动偏离控制目标，必须引起学校的重视和关注；而一般缺陷则为较小的、影响较低的缺陷。高校可以根据自身情况，依据上述分类原则，设定具体的认定标准。

（二）内部控制缺陷的报告和整改

企业内部控制评价部门在日常监督和专项监督的基础上，应编制内部控制缺陷认定汇总表，确保对发现的缺陷进行系统的记录和总结。该部门需要结合对缺陷成因、表现形式以及其影响程度的详细分析，开展全面复核。通过对缺陷的综合评估，提出认定意见并按规定的权限和程序进行审核。部门必须确保通过标准化的流程进行缺陷的最终认定，从而确保企业内部控制体系的有效性，并为改进措施的制定提供科学依据。

1. 内部控制缺陷报告

内部控制缺陷报告应当采取书面形式。在内部控制缺陷管理中，一般缺陷和重要缺陷通常需要向财务部门的上级领导进行报告。高校应根据这些缺陷的影响程度来合理确定报告的时限。具体来说，一般缺陷和重要缺陷应按规定进行定期报告，以便及时采取改进措施；而对于重大缺陷，由于其可能对财务活动产生较大影响，应当采取即时报告的方式，确保能够迅速采取措施进行整改，以防止更大的风险或损失。

财务活动内部控制缺陷认定汇总表，参见表20-1。

表20-1 财务活动内部控制缺陷认定汇总表

被评价单位：　　　　　　　　　　评价区间：自　年　月　日至　月　日
被评价单位内部控制领导小组组长：　　评价小组组长：

财务报告内部控制缺陷

1. 影响会计报告缺陷评价		
影响的会计科目	流程（控制点）	影响会计报告潜在的错报金额/万元
影响会计报告潜在的错报金额（合计）/万元		
被检查单位期末资产总额/万元		被检查单位当期主要业务收入/万元	
错报指标（%）1（错报指标=潜在错报金额合计/被检查单位当期主要业务收入与期末资产总额较高者）	错报指标（%）2（错报指标=潜在错报金额合计/被检查单位当期主要业务收入）	影响会计报表缺陷等级

2. 会计基础工作缺陷	
缺陷事项	判定依据［××流程（××控制点），判定相关资料及原因］
（1）会计人员缺乏必要的任职资格和胜任能力。	
（2）会计凭证未按照规定装订、保管和归档，或会计凭证丢失。	

续表

缺陷事项	
（3）会计工作交接不完整，使会计凭证、会计账簿、会计报表和其他会计资料丢失，或现金、票据、印章和其他实物等丢失。	
（4）未建立或未执行内部会计管理制度，如内部会计管理体系、岗位的职责和标准等。	
……	
会计基础工作缺陷合计/个	

3.财务报告相关的信息系统控制缺陷

缺陷事项	判定依据[××流程（××控制点），判定相关资料及原因]
（1）信息化管理机构不健全，职责落实不到位。	
（2）财务信息系统关键业务权限过大或未能实现不相容岗位相分离。	
（3）信息系统安全管理员、系统管理员、应用系统管理员等角色未能实现不相容岗位相分离。	
（4）重要系统未按期进行数据备份或备份数据不能恢复。	
……	
财务报告相关的信息系统控制缺陷合计/个	
缺陷等级和数量	

2.内部控制缺陷整改

高校在面对认定的财务活动内部控制缺陷时，应当制订详细的整改方案。该方案需明确各管理层级及单位的职责分工，以确保能够有效并及时地解决控制中的主要问题和重大风险，确保内部控制的设计和运行能够达成预定目标。特别是对于认定为重大缺陷的情况，高校应采取切实可行的应对策略，以控制风险，并对涉及的责任单位或人员进行追责，确保问题得到彻底整改。此外，整改方案还应包括明确的整改目标、内容、步骤、措施、方法及具体期限，若整改期限超过一年，应细化近期目标和远期目标，并列出相应的整改工作任务，确保每个阶段的目标能够逐步实现，最终达到有效的内部控制目标，从而提升财务管理的整体质量和风险防控能力。

第二节　高校财务活动内部控制监督

按照实施主体的不同，高校财务活动内部控制监督主要分为内部监督和外部监督。内部监督主要是高校内部对其自身进行的监督检查，是高等学校依据《中华人民共和国会计法》《会计基础工作规范》《高等学校财务制度》《企业内部控制审计指引》等法律法规和制度，在学校的统一领导下，各层级员工共同参与实施的完整系统，它是一个动态的过程，主要借助于学校财务收支、会计核算、会计检查、审计等方法对内部控制各项措施实施监督。外部监督主要是由财政部门、审计部门承担，同时，教育主管部门、税收部门和物价部门、纪检监察部门也能对内部控制制度的监督发挥积极的作用。高校在财务管理中应当高度重视内部监督制度的建设与完善，确保财务活动的规范化与透明化。具体而言，高校应明确各相关单位或岗位在内部监督中的职责与权限，制定详细的监督程序与要求，确保监督工作能够高效、有序地开展。此外，必须对内部控制的整体运行情况进行定期的跟踪与监测，及时发现管理中的不足和潜在风险，并采取有效的调整措施。

一、内部控制的外部监督机构

外部监督是由国家相关部门组织实施的，旨在对高校财务活动的合规性和透明度进行监督。主要负责监督的部门包括财政、审计、税收、物价等监督机构，它们通过定期检查与评估，确保高校财务管理符合国家的法律法规。同时，纪检监察等部门也在其中发挥重要作用，对高校内部控制进行独立的监督和审查，以发现潜在的风险和不规范行为。

（一）财政部门的外部监督

国务院财政部门及其派出机构和县级以上各级人民政府财政部门应当对单位内部控制建立和实施情况进行监督检查，有针对性地提出检查意见和建议，并督促单位进行整改。这是为高等学校整个财务活动进行的指导性监督，以保证国家利益与高校利益的一致性。

（二）审计部门的外部监督

国务院审计机关及其派出机构和县级以上各级人民政府审计机关对单位进行审计时，应当了解单位内部控制建设和实施的有效性，揭示出相关内部控制的缺陷，有针对性地提出审计处理意见与建议，并督促单位进行整改，审计监督是对财务监督的再监督，具有独立性，与学校财务部门内部进行的财务监督目标一致。

（三）税收部门的外部监督

税收部门的监督是指国家税务机关，依照有关税收法律法规对高等学校的有关财务活动包括内部控制建设进行检查与督促，要求高等学校严格履行纳税义务，依法纳税，并对高校财务活动中涉及税务代管代扣的各项规章制度是否得到正确的贯彻执行进行检视。

（四）物价部门的外部监督

物价部门的监督是指各级人民政府的价格主管部门，依据价格管理的法律法规，对高等学校的有关财务活动包括内部控制建设进行检查与监督，对高等学校的各类学生收费行为、收费项目和收费标准进行检查与监督，并对高校财务活动中涉及各类收费的各项规章制度是否得到正确的贯彻执行进行检视。

（五）纪检监察部门的外部监督

高校内控建设的目标之一是有效防范舞弊和预防腐败。预防腐败是通过内部和外部的检查监督结合起来共同实现的。纪检监察部门的主要工作职责就是,负责管辖范围内单位党风廉政建设和行使行政监察权力。纪检监察部门在对高校开展纪检监察过程中,应对其内部控制建立和实施情况进行监督检查,并将高校内部控制的建立和实施情况作为对学校领导干部考核的内容之一,以便进一步提升高校开展内部控制建设的积极性和主动性,同时通过加强内部控制扎实推进惩治和预防腐败体系建设。

（六）教育主管部门的外部监督

《教育部直属高校经济活动内部控制指南（试行）》规定：高校应依法接受教育、财政、审计、纪检监察等部门对学校内部控制建立和实施情况进行的监督检查。高校的主管部门应在全面管理高等学校各项工作的基础上,根据国家相关法律法规制定适合本单位、本系统的内部控制规定,要求所属单位贯彻执行,对高校财务活动内部控制建立健全和执行情况进行监督检查,保证通过规范管理、有效控制、追责问效、防范风险,保证高校的良性运转与可持续发展。

二、内部控制的内部监督机构

高等学校的内部控制监督机构主要由审计、监察、纪检等部门组成,负责对学校内部控制体系的建设与实施情况进行全面监督和检查。这些机构在保障高校财务和管理合规性方面起着至关重要的作用。为了确保监督工作能够高效开展,高校应建立健全内部监督制度,明确各相关部门在监督中的职责与权限,并规定详细的监督程序和要求。

参考文献

一、期刊类

[1] 董必荣，凌华，潘魏灵. 我国公办大学内部控制问题研究 [J]. 会计研究，2016（8）：73-80.

[2] 赵映红. 高校内部控制缺陷及优化对策分析 [J]. 当代会计，2021（14）：143-145.

[3] 李华军. 高校内部财务治理影响因素及治理成效分析：基于 54 所高校的问卷调查 [J]. 会计之友，2018（7）：141-145.

[4] 杨思静. 行政事业单位内部控制建设现状及自我评价研究：基于 A 省问卷调查的分析 [J]. 会计师，2020（18）：63-65.

[5] 张靖淋，曹文婷. 内部控制视角下高校财务风险预警机制优化研究 [J]. 会计师，2023（23）：83-85.

[6] 许晶. 内部控制视角下的高校财务风险预警指标体系构建及完善策略 [J]. 财会学习，2018（11）：37-38.

[7] 乔晶煜. 事业单位财务内部控制问题分析与创新 [J]. 财会学习，2023（1）：164-166.

[8] 孙晴. 新会计制度下强化基层事业单位财务内部控制研究 [J]. 财会学习，2023（1）：167-169.

[9] 由爽. 高校科研经费内部控制体系的构建分析 [J]. 经济师，2022（7）：76-77.

[10] 朱明霞. 试论高校会计内部控制体系的建立 [J]. 商讯，2022（18）：62-65.

[11] 李云，李俊，罗琦. 高校内部控制体系建设的思路与途径：以 J

高校为例[J].财会通讯,2023(6):123-128.

[12] 王玉洁,刘铁雷,宋吉鑫.高校内部控制环境的独有约束及其改善策略:基于COSO框架的视角[J].国家教育行政学院学报,2016(3):70-75.

[13] 张耀方.科研项目经费包干制改革试点成效的分析与思考:基于地方政府和高校政策的视角[J].中国高教研究,2022(10):75-81.

[14] 华秋红.基于全面预算管理强化基层行政单位内部控制研究[J].商业会计,2022(7):102-105.

[15] 黄晓燕.高校内部控制评价面临的问题与解决对策[J].财会学习,2021(31):172-175.

[16] 杜晓丽.高校财务内控制度问题和解决策略研究[J].财会学习,2021(24):195-196.

[17] 修俊勇,康彦丛.高校内控控制评价优化研究[J].质量与市场,2020(23):42-43.

[18] 张长文.高校内部控制评价指标体系研究[J].商业观察,2021(9):81-83.

[19] 苏琳,赵景龙.内部控制视角下高校财政专项管理研究[J].教育财会研究,2020,31(3):51-54.

[20] 齐天华,林丽.黑龙江省属高校内部控制现状调查与分析[J].黑龙江高教研究,2014(11):54-57.

[21] 朱晓婷,刘利琼.高校内部控制现状及存在问题研究[J].中国行政管理,2017(1):155-157.

[22] 杨从印,刘晓华.高校内部控制建设现状、困难及对策:基于高校内部控制建设自评报告的分析[J].财会通讯,2019(11):122-125.

[23] 刘威.基于模糊综合评价的高校财务内控评价研究[J].会计之友,2016(7):119-122.

[24] 李静.高校内部控制体系建设的探讨[J].经济师,2019(8):208-209.

[25] 郑宝珍.新形势下加强事业单位财务内控管理的必要性与对策[J].行政事业资产与财务，2022（21）：90-92.

[26] 郭文菲.探究内控流程规范化下事业单位财务制度的建立与健全应用[J].财会学习，2023（5）：168-170.

[27] 刘斌，谭翀，郭珊珊.基于政府会计制度的高校财务信息化建设探析[J].会计之友，2020（14）：51-56.

二、图书类

[1] 教育部经费监管事务中心.高校内部控制风险点梳理和基本制度框架参考[M].北京：中国地质大学出版社，2017.

[2] 贾小强，郝宇晓，卢闯.财务共享的智能化升级：业财税一体化的深度融合[M].北京：人民邮电出版社，2020.

[3] 刘罡.高校财务内部控制实务[M].北京：中国农业大学出版社，2018.

[4] 洪涛，戴永秀，王希.高校财务内部控制建设与风险防控体系研究[M].北京：中国财富出版社，2019.

[5] 刘永泽.行政事业单位内部控制制度设计操作指南[M].大连：东北财经大学出版社，2015.

三、学位论文类

[1] 欧思力.基于风险管理的H高校财务内部控制优化研究[D].南华大学，2018.

[2] 任莹莹.信息化背景下高校财务管理存在的问题及对策[D].宁波大学，2017.

[3] 游美君.G高校内部控制研究[D].广西师范大学，2018.

[4] 宋妙妮.廉政建设新形势下高校财务内部控制问题研究[D].湖南

中医药大学，2015.

[5] 潘斯雯. 信息化环境下高校内部控制的优化研究 [D]. 西南交通大学，2017.

[6] 吴雪娟. 我国高校内部控制体系研究 [D]. 湖北工业大学，2014.

[7] 王建康. 新时代下高校内部控制审计问题及强化路径 [N]. 财会信报，2022-10-10（5）.

后 记

本书从筹划到完稿历时一年，其间多次酝酿，反复修改。现书稿初成，掩卷回望，从最初的理论框架搭建到数十所高校的实地调研，从深夜伏案的孤灯星火到团队讨论的炬光灼见，这段历程既是对高校财务内控体系的深耕，亦是对学术初心的淬炼。谨以此文，略述成书之思，并致谢忱。

本书以《行政事业单位内部控制规范（试行）》为纲领，聚焦高校财务管理特有的复杂性与公益性，从内部控制五要素切入，系统剖析预算编制、科研经费管理、资产管理、收支业务等关键环节的风险点，并提出相应的防控措施。写作过程中，我们深刻体会到：内部控制绝非冰冷的流程约束，而是"以规促效、以控护廉"的治理智慧。

感谢河南省教育厅的资助，为本研究提供了坚实的物质基础；感谢相关专家拨冗指导，让本书的案例分析更具时代价值。同时，十余所高校的财务工作者无私分享一线经验，他们的困惑与突破、坚守与创新，构成了本书最真实的研究底色。还要向出版社编辑团队致敬，是你们的专业与耐心，让庞杂的数据与理论得以清晰呈现。

展望未来，数字化浪潮正重塑高校财务生态。区块链技术、人工智能、大数据共享、信息化技术的迅速崛起既为内部控制体系建设注入新活力，也对传统财务管理模式提出新挑战。本书虽尽力融合前沿理念，但理论与实践的长河奔涌不息，唯愿本书研究能为后续深入研究和高校财务工作者提供一些帮助。

高校财务内控之路，道阻且长，行则将至。愿此书能化作星火，照亮更多同行者的探索征程。

曲岩　孙金玫　任莹

2025 年 4 月